高等院校会计专业创新型精品系列教材

会计学原理

KUAIJIXUE YUANLI

（第二版）

主　编　蒋乐平　刘卫红
副主编　李　婵　付丽琴
　　　　刘书秀　梁　钰

微信扫码　申请资源

南京大学出版社

图书在版编目(CIP)数据

会计学原理 / 蒋乐平，刘卫红主编. —2 版. —南京：南京大学出版社，2023.12

ISBN 978 - 7 - 305 - 27392 - 6

Ⅰ. ①会… Ⅱ. ①蒋… ②刘… Ⅲ. ①会计学 Ⅳ. ①F230

中国国家版本馆 CIP 数据核字(2023)第 218661 号

出版发行 南京大学出版社
社　　址 南京市汉口路 22 号　　邮　　编 210093

书　　名 会计学原理
KUAIJIXUE YUANLI
主　　编 蒋乐平 刘卫红
责任编辑 陈 嘉　　编辑热线 025 - 83592315

照　　排 南京开卷文化传媒有限公司
印　　刷 江苏凤凰扬州鑫华印刷有限公司
开　　本 787 mm×1092 mm 1/16 印张 16.25 字数 406 千
版　　次 2023 年 12 月第 2 版 2023 年 12 月第 1 次印刷
ISBN 978 - 7 - 305 - 27392 - 6

定　　价 45.00 元
网　　址：http://www.njupco.com
官方微博：http://weibo.com/njupco
微信服务号：njuyuexue
销售咨询热线：(025)83594756

FOREWORD 前言

经济越发展，会计越重要。伴随着经济全球化的不断发展与完善，会计作为一门国际通用商务语言，深受社会各界的重视。会计学原理是经济管理类专业的基础课程，是学生了解企业资金运作流程，掌握财务知识的“敲门砖”。

本书以会计信息为核心，以会计循环为主线，系统阐述会计学的基本原理与基本方法。本书共12章，主要介绍会计学基本理论和基本会计核算，内容包括会计含义、会计目标、会计假设、会计对象、会计要素、会计账户与复式记账、会计凭证、会计账簿、会计报表和会计核算与组织程序、会计信息化实务工作案例。本书主要以工业企业为背景，介绍工业企业筹资环节、生产环节、供应环节、销售环节、利润形成及分配环节等主要环节的典型会计账务的处理。

本书理论部分言简意赅，实务内容与会计工作紧密结合。为了增强教材的实用性，本书关注会计学科前的知识更新，参照最新会计准则与近年税收改革相关政策对教学内容进行设计，并且结合企业会计理论与实践中的热点问题以章节“知识拓展”的方式进行展示，有利于拓宽学生视野，激发学生探索与应用会计知识的兴趣。同时，本书配套有复习指导书《会计学原理习题及实训案例》，方便学生课前预习及课后巩固相关章节知识点，以提高学生的实际操作与职业判断能力。

本书主要为以应用型人才培养为目标的独立学院会计学专业的学生编写，也适用于应用型普通本科院校、高职高专的会计学、财务管理专业和其他经济管理类专业学生，还可作为会计工作人员业务参考与能力提升的专业用书。

由于编委组成员的理论水平和专业知识有限，书中的不足甚至错误在所难免，希望各位专家、同行和读者批评指正！

本书编委组

CONTENTS

目 录

第一章　总　论

引入案例

会计学原理，是为经济管理类专业学生开设的一门应用型课程，更是会计学、会计学(注册会计师专门化)、财务管理方向学生的重要专业课程。作为会计学科的基础，会计学原理是一块敲门砖。在课程开始之前，老师总是会遇到这样的情况：甲同学问："学完会计学原理是不是就可以做会计了?"乙同学问："学习会计学可以在哪些岗位上工作呢?"……本章将会解答同学们对会计学习的一些疑惑。让我们一起从基础会计知识学习开始，坚持不懈，朝着既定的方向，按照科学的方法进行会计学习，走好职业人生的第一步。

学习目的与要求

1. 熟悉会计的产生与发展中的里程碑事件；
2. 掌握会计的概念、基本特征，会计的本质；
3. 掌握会计的对象、目标及职能；
4. 基本了解会计方法及学科体系、会计准则体系。

第一节　会计的产生与发展

一、会计的产生

会计作为一项记录、计算和考核收支的工作，在公元前1000年左右就出现了。但是，具体诞生在何时、发源于何地，至今尚很难确切地加以考证。最初的会计只是作为生产职能的附带部分，伴随着社会经济的不断发展，"会计"经历了古代会计、近代会计和现代会计三个发展阶段。会计随着人类社会生产的发展和经济管理的需要而产生、发展并不断得到完善。人类社会的生存和发展是以物质资料的生产为基础的。在生产活动中，要想以最少的劳动耗费创造最多的物质财富，就需要会计的参与。随着人类社会的发展，会计也由简单的记录和计算逐渐发展成为以货币为主要计量单位综合核算和监督单位经济活动的一种经济管理工作。

我国"会计"命名起源于西周，西周时代政治、经济和文化的发展为会计的起源提供了客观条件。西周是我国奴隶制发展的鼎盛时期，这一阶段，无论是农业、手工业、畜牧业、商业以及经济制度的建设都是前所未有的。西周王朝较之以前的朝代都要更注重对各经济部门的严格控制，并注重其中的财政与会计工作，以至于推动了官厅会计的发展。

“会”与“计”连用成为中国会计发展史上具有深刻意义和影响的专业名词，在西周时代它用以表示中国人最初对会计基本概念的认识，以及这一概念的最初含义。“会计”两字的连用，形成专有名词，其含义在西周有关的典章制度中体现出来，最早见于《周礼》。《周礼》中把主管会计的官员称为“司会”，会计的功能在书中有详尽的阐述。到了战国时代，《孟子》中又记录有孔子对会计的评述。汉代许慎的《说文解字》中称“会，合也”“计，会也，算也”。清代数学家焦循对“会计”予以了更详细的注释：“会，大计也。然则零星算之为计，总合算之为会。”

二、会计的发展

会计的发展可划分为古代会计、近代会计和现代会计三个阶段。现代会计按服务对象不同，主要分为财务会计和管理会计。

（一）古代会计

古代会计阶段一般是指复式记账法出现以前的漫长时期，至少可追溯到原始社会的“结绳记事”（见图1-1）和“刻契记事”（见图1-2）。最初的会计只是作为生产职能的附带部分，即由生产者在生产时间之外附带地把收入、支出等事项记载下来，只有当生产力发展到一定水平，出现剩余产品之后，它才逐渐地从生产职能中分离出来，成为一种独立的职能，并产生了从事这一工作的专职人员。在这一阶段，会计的特点是以实物和货币作为计量单位，作为生产职能的附带部分，以官厅会计为主，会计核算采用“单式记账法”。

图1-1 结绳记事

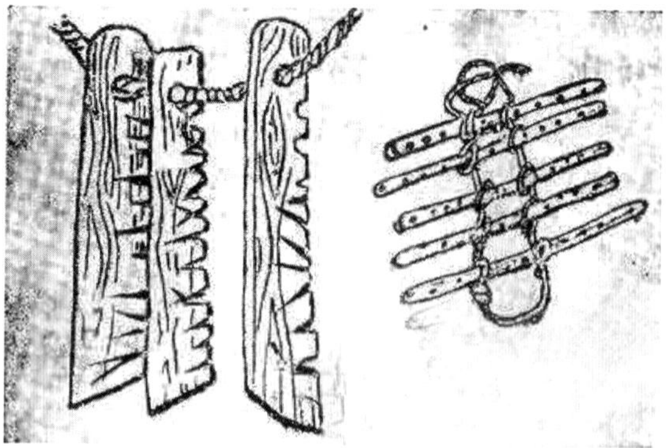

图1-2 刻契记事

（二）近代会计

这一阶段是从运用复式簿记开始的。在近代会计阶段，有两个重要的事件，称为近代会计发展史上的两个里程碑。

中世纪地中海的一些城市是世界贸易中心，其中，意大利的佛罗伦萨、热那亚、威尼斯等地的商业和金融业特别繁荣，日益发展的商业和金融业要求不断改进和提高复式记账方法。为了适应实际需要，1494年，意大利传教士、数学家卢卡·帕乔利出版了一本著作《算术、几何、比及比例概要》，其中一章“簿记论”，全面系统地介绍了威尼斯的复式记账法，并从理论上给予必要的阐述。该书推动了复式簿记在全球范围内的广泛传播，从而影响了许多国家的会计发展。因此，该书的出版被誉为会计发展史上重要的里程碑，并标志着近代会计的开始。

随着18世纪末和19世纪初的产业革命的发展，出现了股份有限公司这种经营形式，从而对会计提出了更高的要求，会计服务对象不断扩大，会计的内容从记账、算账，发展到编制和审查报表，并且企业会计还需接受外界的监督。所以，1853年在英国成立了世界上第一个会计师协会——爱丁堡会计师公会，该事件被认为是近代会计发展史上的第二个里程碑。

在近代会计阶段，会计的特点是以货币作为主要计量单位；作为独立的管理职能，以企业会计为主；会计核算采用“复式记账法”，形成一套完整的会计核算方法，使会计成为一门学科。

（三）现代会计

进入20世纪50年代，随着生产社会化程度的提高，市场竞争日益激烈，现代会计逐步在发达的市场经济国家发展和完善起来。现代会计将传统会计记账方法与现代电子计算和信息技术相结合，会计由手工簿记系统逐步向电子数据处理系统发展。会计理论、方法随着企业内部和外部对会计信息的不同要求而分化为两个子系统：财务会计与管理会计。1952年，国际会计师联合会正式通过“管理会计”这一专业术语，标志着会计正式划分为“财务会计”和“管理会计”两大领域。

财务会计是传统会计的继续和发展，它的主要内容是核算企业的经济活动，以向投资者、债权人和企业外部其他利益相关者提供投资决策。管理会计是从传统会计系统中分离出来的，也叫“对内报告会计”，主要是为企业内部管理服务，侧重于对企业的经济活动进行预测、确定较优经营和投资方案、分析差异原因、控制经营成本、对经济活动业绩进行考核和评价等。因此，经营预测、决策分析、全面预算、责任会计和成本控制是管理会计的主要内容。介于它们之间的成本会计也常被人们当作一个相对独立的领域提出来。

现代会计除了上述方面的发展外，还有许多的发展领域，如公允价值会计、人力资源会计、通货膨胀会计、现值会计、资本成本会计和国际会计等。经济越发展，会计越重要。经济全球化促进了会计国际化，随着计算机、网络、通信等先进信息技术与传统会计工作的融合，会计信息化得到不断发展，为企业经营管理、控制决策和经济运行提供了实时、全方位的信息。

第二节　会计的概念、特征及本质

一、会计的概念

会计是以货币为主要计量单位，运用专门的方法，核算和监督一个单位经济活动的一种经济管理工作。随着经济的发展，会计已经成为现代企业的一项很重要的管理工作。

企业的会计工作主要是通过一系列会计程序，对企业的经济活动和财务收支进行核算和监督，反映企业财务状况、经营成果和现金流量，反映企业管理层受托责任履行情况，为会计信息使用者提供决策有用的信息，并积极参与经营管理决策，提高企业经济效益，促进市场经济的健康有序发展。

二、会计的特征

会计的基本特征主要表现为以下五个方面。

（一）会计是一种经济管理活动

现代会计由财务会计和管理会计组成。从管理会计的角度看，会计是对一个单位的经济活动进行确认、计量和报告，做出预测，参与决策，实行监督，旨在实现最佳经济效益的一种管理活动。从职能属性看，核算和监督本身是一种管理活动；从本质属性看，会计本身就是一种管理活动。

（二）会计是一个经济信息系统

从财务会计的角度看，会计侧重于对外提供信息。它将分散的经营活动转化为货币化的会计信息，提供有关业绩、问题及企业资金、劳动、所有权、收入、费用、利润、债权、债务等信息。可见，会计是以提供财务信息为主的经济信息系统，是企业经营的计分牌，是企业内部管理者和外部利益相关者进行相关经济决策的重要依据，因而会计又被称为“企业语言”。

（三）会计以货币作为主要计量单位

会计主体的经济活动是多种多样、错综复杂的。为了实现会计目的，必须综合地反映会计主体的各项经济活动，这就要求有一个统一的计量尺度。经济活动中通常使用劳动计量单位、实物计量单位和货币计量单位。劳动计量、实物计量只能从不同的角度反映企业的生产经营情况，计量结果通常无法直接进行汇总、比较。货币作为统一的价值尺度，便于统一衡量和综合比较，能够全面反映企业的生产经营情况。因此，会计需要以货币作为主要计量单位，其他计量单位为辅助对企业经济活动进行全面反映。

（四）会计具有核算和监督两项基本职能

会计的基本职能是对经济活动进行核算和监督。会计核算是指为经济管理搜集、处理、存储和输送各种会计信息。会计监督是指通过调节、指导、控制等方式，对特定主体的经济活动的真实性、合理性和合法性进行考核与评价，并采取措施，施加一定的影响，以实现预期的目标。

（五）会计工作需要采用一系列专门的方法

会计方法是反映和监督会计对象，实现会计目标的手段，是从事会计工作所使用的各种技术方法，一般包括会计核算方法、会计分析方法和会计检查方法等。其中，会计核算方法是会计方法中最基本的方法。会计分析方法和会计检查方法主要是在会计核算方法的基础上，利用提供的会计资料进行分析和检查。这些方法相互依存、相辅相成，形成一个完整的体系。

三、会计的本质

会计本质只能是会计本身所固有的决定会计性质、面貌和发展的最重要的特点，是指决定会计发展的那种基本规定性。由此可见，如何对会计本质进行把握是会计内涵研究的一个核心问题，是最基本的会计理论问题之一，直接关系到会计理论的构建。和任何事物的本质一样，会计的本质是通过现象来表现的，必须透过现象去把握。在中外会计界，人们对会计本质的认识历来存在分歧。综合起来，主要有以下两种观点。

（一）会计信息系统论

会计信息系统论认为，会计是旨在提高企业和各单位活动的经济效益，加强经济管理而建立的一个以提供财务信息为主的经济信息系统。会计信息系统论认为，会计在本质上是一个信息系统，它一端与信息源联系着，另一端与信息联系着，并包含着信息获取、信息传输、信息贮存、信号处理、特征提取、分类判断、反馈控制、测量显示等环节。会计信息系统论强调会计的反映职能，强调会计主要是通过反映客观而科学的信息，为管理提供咨询服务。

（二）会计管理活动论

会计管理活动论认为，会计是以货币为主要计量单位，对企事业单位或者其他组织的经济活动进行连续、系统、全面地反映和监督的一种经济管理活动。会计管理活动论强调会计的控制职能，强调会计是作为企业管理的一个管理子系统来发挥作用。

伴随着会计理论界与实务界的不断探讨与实践，“管理活动论”和“信息系统论”的观点正日趋接近。管理活动论承认信息和系统的存在，只是管理活动论强调这个系统的主要职能应是控制和监督，而不仅仅反映信息提供；信息系统论同样承认会计系统是管理系统的一部分，只是强调其主要职能是提供信息，为决策咨询服务，对管理起到决策支持作用。葛家澍教授等学者将会计定义为：“会计是旨在提高企业和各单位活动的经济效益，加强经济管理而建立的一个以提供财务信息为主的经济信息系统。”该定义对两大流派有关会计本质的解释进行了综合，既注意到了会计本质所反映的过程，也注意到了会计本质所反映的结果；既注意到了信息所反映的内容，又注意到了信息本身。

在市场经济中，“二论合并”既提高了会计工作的地位，促进了会计职能的发展，也有利于会计人员提升分析预测水平，提供更多管理决策有用信息。可见，深入了解会计的本质既有利于会计人员参与决策，提高企业经济效益；又可开阔视野，使会计人员认识到信息是一项重要的资源，会计提供的财务信息和其他经济信息对于经济决策至关重要。

第三节　会计的对象与目标

一、会计的对象

（一）会计对象的一般含义

会计的对象是指会计所核算和监督的内容，具体是指社会再生产过程中能以货币表现的经济活动，即资金运动或价值运动。因此，凡是特定主体能够以货币表现的经济活动（通常又称为价值运动或资金运动），都是会计核算和监督的内容，也就是会计的对象。由于会计需要以货币为主要计量单位对一定会计主体的经济活动进行核算和监督，所以会计并不能核算和监督社会再生产过程中的所有经济活动。

由于会计服务的主体（如企业、事业、行政单位等）所进行的经济活动的具体内容和性质不同，会计对象的具体内容往往有较大的差异。即使都是企业，工业、农业、商业、交通运输业、建筑业和金融业等不同行业的企业，其资金运动也均有各自的特点，会计对象的具体内容也不尽相同，其中最具代表性的是工业企业。下面以工业企业为例，说明企业会计的对象。

（二）企业会计的对象

工业企业是从事工业产品生产和销售的营利性经济组织，其再生产过程是以生产过程为中心的供应、生产和销售过程的统一。为了从事生产经营活动，企业必须拥有一定数量的资金，用于建造厂房、购买机器设备、购买原材料、支付职工工资、支付经营管理过程中各种必要的开支等，生产出的产品经过销售后，收回的货款还要补偿生产经营过程中垫付的资金、偿还有关债务、上缴税金等。在生产经营过程中，资金的存在形态不断地发生变化，构成了企业的资金运动。只要企业的生产经营活动不停止，生产经营过程不中断，其资金就始终处于运动之中。

企业的资金运动随着生产经营活动的进行贯穿于企业再生产过程的各个方面。企业的资金运动包括资金的投入、资金的循环与周转（即资金的运用）和资金的退出三个基本环节，既有一定时期内的显著运动状态（表现为收入、费用、利润等），又有一定日期的相对静止状态（表现为资产与负债及所有者权益的恒等关系）。企业资金运动过程，如图 1－3 所示。

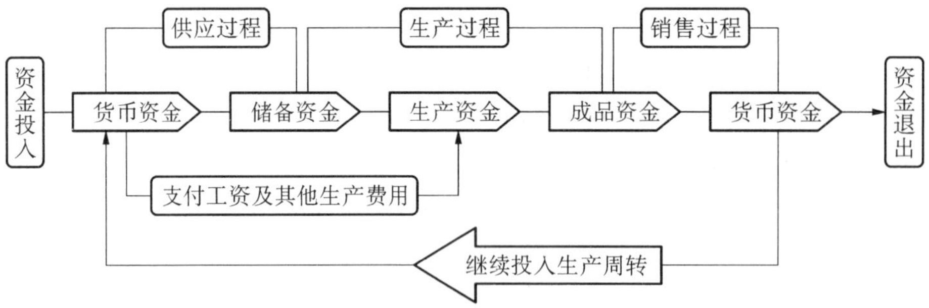

图 1－3　企业资金运动过程

1. 资金的投入

资金的投入包括企业所有者投入的资金和债权人投入的资金两部分，前者属于企业所有者权益，后者属于企业债权人权益（即企业的负债）。投入企业的资金一部分构成流动资产（如货币资金、原材料等），另一部分构成非流动资产（如厂房、机器设备等）。资金的投入是企业资金运动的起点。

2. 资金的循环与周转

企业将资金运用于生产经营过程，就形成了资金的循环与周转。它又分为供应过程、生产过程、销售过程三个阶段。

(1) 供应过程。供应过程又称为采购过程，它是生产的准备过程。在这个阶段，为了保证生产的正常进行，企业需要用货币资金购买并储备原材料等劳动对象以及机器设备等劳动工具，要发生买价、运输费、装卸费等材料或固定资产采购成本，与供应单位发生货款的结算关系。同时，随着采购活动的进行，企业的资金从货币资金形态转化为储备资金形态。

(2) 生产过程。生产过程既是产品的制造过程，又是资产的耗费过程。在这个阶段，劳动者借助于劳动手段将劳动对象加工成特定的产品，企业要发生原材料等劳动对象的消耗、劳动力的消耗和固定资产等劳动手段的消耗等，构成了产品的使用价值与价值的统一体。同时，随着劳动对象的消耗，资金从储备资金形态转化为生产资金形态；随着劳动力的消耗，企业向劳动者支付工资、奖金等劳动报酬，资金从货币资金形态转化为生产资金形态；随着固定资产等劳动手段的消耗，固定资产和其他劳动手段的价值通过折旧或摊销的形式部分地转化为生产资金形态。当产品制成后，资金又从生产资金形态转化为成品资金形态。

(3) 销售过程。销售过程是产品价值的实现过程。在这个阶段，企业将生产的产品销售出去，取得销售收入，发生货款结算等业务活动，资金从成品资金形态转化为货币资金形态。

由此可见，随着生产经营活动的进行，企业的资金从货币资金形态开始，依次经过供应过程、生产过程和销售过程三个阶段，分别表现为储备资金、生产资金、成品资金等不同的存在形态，最后又回到货币资金形态，这种运动过程称为资金的循环。资金周而复始地不断循环，称为资金周转。

3. 资金的退出

企业在生产经营过程中，为社会创造了一部分新价值，因此，当企业收回的货币资金大于投入的资金时，这部分增加额就是企业的利润。企业实现的利润，按规定应以税金的形式上交一部分给国家，还要按照有关合同或协议偿还各项债务，另外，还要按照企业章程或董事会决议向投资者分配股利或利润。这样，企业收回的货币资金中，用于交纳税金、偿还债务和向投资者分配股利或利润的这部分资金就退出了企业的资金循环与周转，剩余的资金则留在企业，继续用于企业的再生产过程。

上述资金运动的三部分内容，构成了开放式的运动形式，是相互支撑、相互制约的统一体。没有资金的投入，就不会有资金的循环与周转；没有资金的循环与周转，就不会有债务的偿还、税金的上交和利润的分配等；没有这类资金的退出，就不会有新一轮资金的投入，也就不会有企业的进一步发展。

二、会计的目标

会计目标亦称会计目的，是要求会计工作完成的任务或达到的标准。会计目标是关于会计系统所应达到境地的抽象范畴，是沟通会计系统与会计环境的桥梁，是连接会计理论与会计实践的纽带。在不同历史阶段，会计的具体目标是不同的，会计目标受到环境因素的影响，随着环境因素的变化而变化。有关会计目标主要存在两种观点：一是受托责任观；二是决策有用观。

（一）受托责任观

受托责任观产生的经济背景是企业所有权与经营权相分离，并且投资人与经营者之间有明确的委托与受托关系。受托责任观认为，财务会计的主要目标是管理当局向投资者、债权人等报告资源的运用情况，即评价受托经济责任。由于所有权和经营权的分离，资源的受托者就负有了对资源的委托者解释、说明其活动及结果的义务。因此，会计的目标就是向资源的提供者报告资源受托管理的情况。

（二）决策有用观

决策有用观是 20 世纪 70 年代美国注册会计师协会出资成立的特鲁彼拉特委员会在对会计信息使用者进行了大量的实证调查研究后得出的结论。该委员会在 1973 年提出的研究报告中，明确提出了十二项财务报表的目标，其基本目标是“提供据以进行经济决策所需的信息”。决策有用观的主要观点是：会计的目标是为了做出关于利用有限资源的决策，包括确定重要的决策领域以及确定目的和目标而提供有关的信息。

从上述介绍可以看出，受托责任观重在委托者报告受托者的受托管理情况，主要是从企业内部来谈的，而决策有用观是从企业会计信息的外部使用者来谈的，实际上，两者并不矛盾，都暗示了“会计信息观”，即会计目标是提供信息。在受托责任观下，会计目标是向资源委托者提供信息；在决策有用观下，会计的目标是向信息使用者提供有用的信息。不但向资源委托者，而且还包括债权人、政府等和企业有密切关系的信息使用者提供决策有用的信息。同时，两者侧重的角度不同。受托责任观是从监督角度考虑，主要是为了监督受托者的受托责任；决策有用观侧重于信号角度，即会计信息能够向信息使用者传递使其决策有用的信号。两者之间相互联系、相互补充。

国际会计准则委员会（IASC）在其发布的《关于编制和提供财务报表的框架》中对上述两种观点做了综合性描述：① 财务报表的目标是提供经济决策中有助于一系列使用者的关于企业财务状况、经营业绩和财务状况变动的资料。② 财务报表还反映企业管理当局对交付给它的资源的受托管理责任和经营责任的成果。使用者之所以评估企业管理当局的受托管理工作，是为了能够做出经济决策。例如，是保持还是卖出其对企业的投资，是续聘还是更换管理者等。

根据我国 2014 年 7 月颁布的《企业会计准则——基本准则》第四条，会计目标应是：“向财务会计报告使用者提供与企业财务状况、经营成果和现金流量等有关的信息，反映企业管理层受托责任履行情况，有助于财务会计报告使用者做出经济决策”。可见，我国会计准则规定的会计目标同时体现了“受托责任观”与“决策有用观”。

第四节　会计的职能与方法体系

一、会计的职能

会计的职能是指会计在经济管理过程中所具有的功能。会计的职能有多种，并随着经济的发展及会计内容和作用的不断扩大而发展变化。从会计的本质来讲,会计核算和会计监督是会计的两项基本职能;同时,会计还具有预测经济前景、参与经济决策、评价经营业绩等拓展职能。

(一)基本职能

1. 会计核算职能

会计核算职能,又称会计反映职能,是指会计以货币为主要计量单位,对特定主体的经济活动进行确认、计量和报告。

会计确认是指依据一定的标准、辨认哪些数据能否输入、何时输入会计信息系统及如何进行报告的过程。会计确认解决的是定性问题,以判断发生的经济活动是否属于会计核算的内容、归属于哪类性质的业务、是作为资产还是负债或其他会计要素等。会计确认分为初始确认和后续确认。

会计计量是指在会计确认的基础上确定具体金额,会计计量解决的是定量问题。会计报告是确认和计量的结果,即通过报告,将确认、计量的结果进行归纳和整理,以财务报告的形式提供给信息使用者。

会计核算的内容主要包括以下几个方面:① 款项和有价证券的收付;② 财物的收发、增减和使用;③ 债权、债务的发生和结算;④ 资本、基金的增减;⑤ 收入、支出、费用、成本的计算;⑥ 财务成果的计算和处理;⑦ 需要办理会计手续、进行会计核算的其他事项。

会计核算职能是会计的首要职能,具有以下三个方面的特点:

(1) 会计核算主要是利用货币计量单位对经济活动的数量进行核算。

由于经济活动的复杂性,只有将经济活动以货币量化表示,并将其按一定的程序进行加工处理生成会计数据,才能反映经济活动的全过程及其结果。会计核算以货币量度为主、以实物量度及劳动量度等为辅,从数量上综合核算各单位的经济活动状况。

(2) 会计核算具有完整性、连续性和系统性。

完整性是指对所有的会计对象都要进行确认、计量和报告,不能遗漏;连续性是指对各种经济业务应按照其发生的时间顺序依次进行登记;系统性是指对会计提供的数据资料应当按照科学的方法进行分类,系统地加工、整理、汇总,以便为经济管理提供其所需的各类会计信息。

(3) 会计核算不仅记录已发生的经济业务,还要面向未来,为各单位的经营决策和管理控制提供依据。

对已经发生的经济活动进行事后的确认、计量和报告,通过加工提供大量的信息资料,反映经济活动的现实状况及历史状况,这是会计核算的基本工作。但是,随着商品经济的发展,市场竞争日趋激烈,企业经营规模不断扩大,经济活动日益复杂化,经营管理需要加强预见性。为此,会计要在事中、事后核算的同时进一步发展到事前核算、分析和预测经济前景,为经营管理决策提供更多的经济信息,这样才能更好地发挥会计的管理功能。

2. 会计监督职能

会计监督职能,又称会计控制职能,是指对特定主体经济活动和相关会计核算的真实性、合法性和合理性进行监督检查。

真实性审查是指检查各项会计核算是否根据实际发生的经济业务事项进行。

合法性审查是指保证各项经济业务符合国家的有关法律法规，遵守财经纪律，执行国家的各项方针政策，杜绝违法乱纪的行为。

合理性审查是指检查各项财务收支是否符合特定对象的财务收支计划，是否有利于预算目标的实现，是否有奢侈浪费行为，是否有违背内部控制制度要求等现象，为增收节支、提高经济效益严格把关。

会计监督职能主要有以下两个特点：

(1) 会计监督主要是通过价值指标进行的。

会计核算利用货币计量形成的价值指标来综合地反映经济活动过程及其结果，会计监督主要是依据这些价值指标来全面、及时、有效地控制单位的经济活动。

(2) 会计监督要对单位经济活动的全过程进行监督，分为事前监督、事中监督和事后监督。

事前监督是在经济活动开始前进行的监督，即依据国家制定的有关法规和制度及经济活动的一般规律，对未来经济活动的合法性、合理性和可行性进行审查。

事中监督是对正在发生的经济活动过程进行的监督，即在日常会计工作中，对所取得的会计核算资料进行审查，从中发现偏离预期目标的不利因素，促使有关部门采取措施，调整经济活动，使其按照预定的目标和规定的要求进行。

事后监督是对已发生的经济活动进行的监督，即依据事先制定的目标、标准和要求，通过分析已形成的会计信息，对已发生的经济活动的合法性、合理性和效益性进行的考核和评价。

3. 会计核算职能与监督职能的关系

会计核算与会计监督两项基本职能相辅相成、辩证统一。会计核算是会计监督的基础，没有会计核算所提供的各种信息，会计监督就失去了依据；而会计监督又是会计核算质量的保障，如果只有会计核算没有会计监督，就难以保证会计核算所提供信息的真实性和可靠性。从会计核算和会计监督在会计职能中的地位来看，两者都是基本职能，但会计核算是最基本的职能，处于主导地位，而会计监督则存在于会计核算的过程之中。

（二）拓展职能

随着生产力水平的日益提高，社会经济关系的日益复杂和管理理论的不断深化，会计所发挥的作用日益重要，其职能也在不断丰富和发展。除了基本职能外，会计还具有预测经济前景、参与经济决策、评价经营业绩等职能。

1. 预测经济前景

会计预测是根据已有的会计信息和相关资料，对生产经营过程及其发展趋势进行定量或者定性的判断、预计和估测，找到财务方面的预定目标，作为下一个会计期间实行经济活动的指标。

2. 参与经济决策

会计决策是指会计按照提供的预测信息和既定目标，在多个备选方案中，帮助主管人员选择最佳方案的过程，为企业生产经营管理提供与决策有关的信息。

3. 评价经营业绩

会计评价是以会计核算资料为基础,结合其他相关资料,运用专门的方法,对经济活动的过程和结果进行分析,做出公正、真实、客观的综合评判。

二、会计的方法体系

会计方法体系,是指由各种彼此独立而又相互联系的会计方法所组成的有机统一整体。包括会计核算方法、会计分析方法、会计检查方法、会计预测方法、会计决策方法和内部会计控制方法。

(一) 会计核算方法

会计核算方法是指对会计对象进行连续、系统、全面的确认、计量和报告所采用的各种方法。会计对象的多样性和复杂性,决定了用来对其进行反映和监督的会计核算方法不能采取单一的方法形式,而应该采用科学系统的核算方法体系。会计核算方法由设置会计科目与账户、复式记账、填制和审核凭证、登记账簿、成本计算、财产清查和编制财务会计报表等具体方法构成。这七种方法并不是独立存在的,而是互相联系、相互依存、彼此制约的,它们共同构成了一个完整的、科学的会计核算方法体系。各种会计核算方法之间的关系如图 1-4 所示。

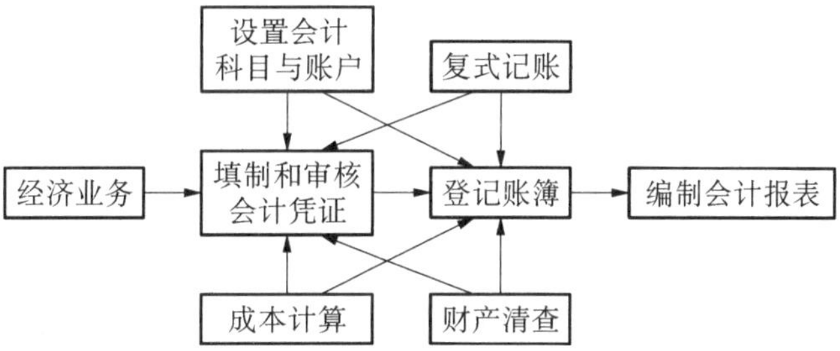

图 1-4 各种会计核算方法之间的关系

(二) 会计分析方法

会计分析方法是一个经济学名词,其方法伴随着经济数据分析方法的发展日趋科学化、多样化。在此,本书介绍两组比较常用的会计分析方法:会计定性与定量分析方法、会计静态与动态分析方法。

(1) 会计定性分析方法,是指分析人员运用自己的主观判断,对企业的资金成本、利润等方面进行分析的一种方法。它一般适用于缺乏历史会计资料或其他资料的分析。常用的定性分析方法有:调查分析法和经验分析法。

(2) 会计定量分析方法,是指运用统计技术,考察事物的规定性,从而把握事物性质的一种分析方法。常用的定量分析方法有:比较分析法、时间序列分析法和因果分析法等。

(3) 会计静态分析方法,是对已发生的经济活动成果,进行综合性的对比分析的一种分析方法。常用的静态分析方法有:相对数分析法、平均数分析法、比较分析法、结构分析法、因素替换分析法、综合计算分析法、价值系数分析法等。

(4) 会计动态分析方法,是对企业正在进行的经济活动进行分析的一种方法。常用的动态分析方法有:指数分析法、发展速度分析法、ABC 分析法、平均递增率分析法、季节变动分析法、网络分析法、移动平均数分析法和费用效益分析法等。

(三) 会计检查方法

会计检查是会计工作的重要组成部分。它是根据国家的有关法规及方针政策、制度和规定,利用会计凭证、账簿、报表等资料,对经济业务活动、财务收支的合法性、合理性,对会计资料的真实性与完整性以及财务制度和财经纪律的遵守情况所进行的检查。

(四) 会计预测方法

会计预测方法是指会计人员不仅可以对资金运动(会计对象)这一客观存在的过去和现在进行反映,而且可以在此基础上预测其未来。未来的资金运动是现实资金运行的合乎逻辑的延续,在现实的资金运动中就已经包含着未来资金运动的萌芽。只要会计人员正确地反映现实的资金运动,把握资金运动发展的规律性,就有可能对其未来做出科学的预测。

(五) 会计决策方法

会计决策方法是指会计人员为了解决企业资金运动过程中所出现的问题和把握机会而制定和选择活动方案的过程。决策是会计管理的最高形式,在会计信息系统高速发展的时代,软件化会计决策支持系统已经成为会计决策方法科学化的重要手段。

(六) 内部会计控制方法

内部会计控制方法是指为保证内部会计控制有效执行的一系列措施和方法。合理、良好的内部会计控制方法,既可以有效地防止企业会计信息失真、降低各种风险,又能很好地发挥会计信息系统的监督、管理职能。财政部颁布的《内部会计控制规范——基本规范(试行)》明确指出:“内部会计控制的方法主要包括:不相容职务相互分离控制、授权批准控制、会计系统控制、预算控制、财产保全控制、风险控制、内部报告控制、电子信息技术控制等。”

上述各种会计方法紧密联系,相互依存,相辅相成,形成了一个完整的会计方法体系。作为广义的会计方法,它们既相互联系,又相对地独立。每种会计体系方法均可以扩展成独立的研究对象,形成较为独立的会计学科。会计核算方法是整个会计方法体系的基础,其他方法都是会计核算方法的继续、发展和保障。学习会计首先应从掌握会计核算方法入手,基础会计学就是主要阐述的会计核算方法的课程,也是学生向其他会计方法领域拓展学习的基石。

第五节　会计的学科与准则体系

一、会计的学科体系

伴随着经济的发展,经过会计学理论与实务界的不断研究和探索,现代会计的学科体系已经逐步成型，其基本框架图如图 1－5 所示。

- 会计学科体系
  - 理论会计学
    - 会计史
    - 会计理论
      - 规范会计理论
      - 实证会计理论
  - 应用会计学
    - 财务会计
      - 企业会计
      - 非营利组织
      - 国际会计
    - 管理会计
      - 传统的管理会计
        - 成本会计
        - 责任会计
      - 现代的管理会计
        - 作业成本会计
        - 现金流动会计
        - 质量成本管理会计
        - 生命周期成本管理会计
        - 资本成本管理会计
        - 增值会计
        - 战略管理会计
        - 环境管理会计
        - 人力资源管理会计
        - 国际管理会计
        - ……
    - 审计
      - 国家审计
      - 单位内部审计
      - 注册会计师审计

图 1－5　现代会计学科体系

会计学科体系可以大致分为：理论会计学和应用会计学。理论会计学包括会计史和会计理论。应用会计学内容较广，且伴随着经济发展还在不断更新扩展，主要包括财务会计、管理会计、审计三个领域。

在我国高等院校会计专业所设置的课程中，通常按研究内容结合研究层次，将会计学专业的主干课程分为会计学原理（基础会计学或初级会计学）、中级财务会计、高级财务会计、成本会计、管理会计、会计信息系统、财务管理、统计学、审计学等。其中，基础会计学是学习其他课程的基础，它主要介绍会计学的基本理论、基本方法、基本技能以及会计工作组织和法规制度等。除此以外，经济学、管理学、法学等相关课程也是会计专业不可缺少的。

二、我国会计准则的构成

会计准则是反映经济活动、确认产权关系、规范收益分配的会计技术标准，是生成和提供会计信息的重要依据，也是政府调控经济活动、规范经济秩序和开展国际经济交往等的重要手段。会计准则具有严密和完整的体系。我国已颁布的会计准则有《企业会计准则》《小企业会计准则》《政府会计制度——行政事业单位会计科目和报表》。

（一）《企业会计准则》

我国现行《企业会计准则》由财政部制定，于 2006 年 2 月 15 日发布，自 2007 年 1 月 1 日起在上市公司范围内施行，并鼓励其他企业执行。本准则对加强和规范企业会计行为，提高企业经营管理水平和规范会计处理，促进企业可持续发展起到指导作用。我国的企业会计准则体系包括基本准则、具体准则、应用指南和解释公告等。

1. 基本准则

基本准则是企业进行会计核算工作必须遵守的基本要求，是企业会计准则体系的概念基础，是制定具体准则、会计准则应用指南、会计准则解释的依据，也是解决新的会计问题的指南，在企业会计准则中具有重要的地位。基本准则包括总则、会计信息质量要求、财务会计报表要素、会计计量、财务会计报告等 11 章内容。

2. 具体准则

具体准则是在基本准则的指导下，处理会计具体业务标准的规范。其具体内容可分为一般业务准则、特殊行业和特殊业务准则、财务会计报告准则三大类。

一般业务准则是对一般经济业务的确认、计量要求，如存货、固定资产、无形资产、职工薪酬、所得税等。

特殊行业和特殊业务准则是对特殊行业的特定业务的会计问题做出的处理规范，如生物资产、金融资产转移、套期保值、原保险合同、合并会计报表等。

财务会计报告准则主要是各类企业通用的报告类准则，如财务报表列报、现金流量表、合并财务报表、中期财务报告、分部报告等。

3. 应用指南

应用指南从不同角度对企业具体准则进行细化，解决实务操作问题。它是对具体准则相关条款的细化和对有关重点、难点问题提供操作性规定，包括具体准则解释部分、会计科目和财务报表部分。

4. 解释公告

解释公告主要为了深入贯彻实施企业会计准则，解决执行中出现的问题，同时实现会计准则持续趋同和等效。财政部于 2007 年 11 月至 2012 年 11 月陆续制定了《企业会计准则解释第 1 号》(财会〔2007〕14 号)、《企业会计准则解释第 2 号》(财会〔2008〕11 号)、《企业会计准则解释第 3 号》(财会〔2009〕8 号)、《企业会计准则解释第 4 号》(财会〔2010〕15 号)、《企业会计准则解释第 5 号》(财会〔2012〕19 号)。

（二）《小企业会计准则》

小企业一般是指规模较小或处于创业和成长阶段的企业，包括规模在规定标准以下的法人企业和自然人企业。

小企业具有一些共同特点：一是规模小，投资少，投资与见效的周期相对较短，同样投资使用劳动力更多；二是对市场反应灵敏，具有以新取胜的内在动力和保持市场活力的能力；三是环境适应能力强，对资源获取的要求不高，能广泛地分布于各种环境条件中；四是在获取资本、信息、技术等服务方面处于劣势，管理水平较低。2011 年 10 月 18 日，财政部发布了《小企业会计准则》，要求符合适用条件的小企业自 2013 年 1 月 1 日起执行，并鼓励提前执行。《小企业会计准则》一般适用于在我国境内依法设立、经济规模较小的企业，具体标准参见《小企业会计准则》和《中小企业划型标准规定》。

（三）《政府会计制度》

政府会计准则及其制度是财政管理的重要基础，是现代财政制度的重要组成内容。2017 年 10 月，财政部印发了《政府会计制度——行政事业单位会计科目和报表》（以下简称《制度》），这是继《政府会计准则——基本准则》，存货、投资、固定资产、无形资产、公共基础设施、政府储备物资等 6 项具体准则以及固定资产准则应用指南出台以来，政府会计改革工作取得的又一重要成果，标志着具有中国特色的政府会计标准体系初步建成。

自 2019 年 1 月 1 日起，政府会计准则制度在全国各级各类行政事业单位全面施行。执行政府会计准则制度的单位，不再执行《事业单位会计准则》《行政单位会计制度》。军队、已纳入企业财务管理体系执行《企业会计准则》或《小企业会计准则》的事业单位，不执行政府会计准则制度。

本章小结

本章概述了会计的产生与发展，通过学习，可以深入理解会计的产生和发展是以社会生产力的发展为动力的，是社会经济环境的推动使会计实务与理论不断向前发展。同时，本章需要着重掌握一些会计基本原理，具体包括会计的概念、基本特征、本质、职能与目标。并且，应了解会计核算的基本程序与方法，会计准则体系，这些知识将在以后章节中得到应用和拓展。

知识拓展　　中外会计名家

一、近代会计之父——卢卡·帕乔利

卢卡·帕乔利，1445 年出生于意大利托斯卡地区的一座名叫博尔戈·圣塞波尔罗的小镇。他所著的《数学大全》，有一部分篇章是介绍复式簿记的，正是这一部分篇章，成为最早出版的论述 15 世纪复式簿记发展的总结性文献，集中反映了到 15 世纪末期为止威尼斯的先进簿记方法，从而有力地推动了西式簿记的传播和发展，被誉为近代会计之父。

二、美国现代会计理论之父 ——威廉·A.佩顿

威廉·A.佩顿（美国），1889 年 7 月 9 日出生于美国密执安，分别于 1915 年、1916 年、1917 年在密执安大学获学士、硕士、博士学位。1922 年，佩顿出版了经典名著《会计理论》，该书是早期倡导会计主体观的代表作。1940 年，佩顿与利特尔顿合作出版了《公司会计准则绪论》，该书被认为是经典的、具有开创性的会计理论著作。

三、“会计理论结构”研究先导者——A.C.利特尔顿

A.C.利特尔顿（美国），1886 年出生于美国的伊利诺伊州，大学里学习的是管理专业，一个偶然的机会改变了他的一生，利特尔顿开始关注注册会计师行业。1940 年，他与佩顿合著《公司会计准则绪论》，并于 1953 年出版在会计理论研究方面极具影响力的《会计理论结构》一书。他与佩顿一起，被认为是会计学界优秀学者的代表。

四、中国第一位会计师——谢霖

谢霖（1885—1969）在日本早稻田大学毕业获商学士学位，回国后任中国银行总司账，随即在银行进行会计改革，率先在中国使用国际通行的借贷记账法。1918 年 6 月，他上书北洋政府建议制订会计师制度，后获委草拟章程；同年9月，北洋政府农商部颁布《会计师暂行章程》，谢霖随即获颁第一号会计师证书。

五、“中国会计之父”——潘序伦

潘序伦(1893—1985)，美国哥伦比亚大学商学士，1927年回上海开设潘序伦会计师事务所，次年改名为立信会计师事务所，并分设会计专科学校、会计补习学校、会计编译所、会计图书用品，在全国各地形成庞大的会计企业集团，培养了大量会计精英。20世纪80年代初立信复办至今，其影响深远。

六、我国会计管理学派的创始人——阎达五

阎达五出生于1929年1月，山西省祁县人，1949年初进入华北大学(中国人民大学前身)，中国人民大学正式成立后，阎教授作为该校会计专业的创始人之一，一直从事会计教学和科研工作。1980年，他与杨纪琬教授合作，在中国会计学会成立大会上发表了题为“开展我国会计理论研究的几点意见——兼论会计学的科学属性”的学术论文，第一次明确提出了会计管理的概念。之后，他们又进一步阐述和论证会计管理理论，在我国会计学界和会计实际工作者中产生了重大影响，并引起国外会计学者浓厚的兴趣。

七、我国社会主义会计制度的奠基人——杨纪琬

杨纪琬(1917—1999)毕业于上海商学院，1949年调财政部工作，1957年任会计司副司长，1980年任司长，1985年改任顾问，是中国注册会计师协会首任会长，1993年任财政部会计准则中方专家咨询组组长。中国官方发表的《杨纪琬同志生平》中称他为“新中国会计界公认的一代名师”，为中国会计制度和会计准则的建设、会计理论、会计教育和注册会计师事业的发展，贡献毕生精力，做出了巨大而杰出的贡献。

八、中国新会计学科体系的主要创始人——娄尔行

娄尔行，生于1915年7月15日，祖籍浙江绍兴。1937年毕业于国立上海商学院会计系，同年赴美国密歇根大学企业管理研究生院深造，1939年毕业，获企业管理硕士学位(MBA)。1950年起，先后在上海财经学院、上海社会科学院、复旦大学和上海财经学院(现上海财经大学)任教授，并担任上海财经大学会计学系主任、名誉系主任。娄尔行是我国当代最有影响的会计学家之一，是新会计学科体系的主要创始人，为推动中国会计理论的发展做出了重要贡献，在国内外会计界享有很高的声誉。

九、中国“资金运动学派”代表人——葛家澍

葛家澍，1921年3月出生于江苏兴化，是我国著名会计学家，厦门大学教授、博士生导师。中国会计学会顾问，财政部会计准则委员会委员兼会计理论专业委员会主任委员。20世纪60年代创建了“会计对象是资金运动(价值运动)”的理论，被称为资金运动学派；与李儒训合作的《社会主义经济核算与经济效果》是中国第一本经济核算理论和经济效果计量方面的统编教材；1981年提出“会计信息系统”的综合思想体系，引起了学术界的普遍关注。

十、中国管理会计的开拓者和奠基人——余绪缨

余绪缨，1922年8月出生于江西靖安，曾任厦门大学管理学院教授，博士研究生导师，管理学博士后流动站学术带头人，厦门大学文科学术委员会委员。余先生在“关于建立能适应中国社会主义现代化建设需要的会计学科体系问题——兼论与此有关的几个会计理论问题”一文中提出会计是一个信息系统。“会计是一个信息系统”的论点后来发展成为中国会计理论界有关会计本质的主流观点。与此同时，余先生还在中国率先致力于现代管理会计这一新兴学科的引进、开拓和发展。

本章思考题

1. 谈谈会计发展过程中的重要里程碑事件有哪些。
2. 思考“会计的对象”的应用意义，并以工业企业为例阐述资金运动的过程。
3. 思考会计的基本职能与拓展职能之间的关系。
4. 思考会计基本方法有哪些，试阐述它们之间的关系。
5. 会计学科体系中哪些课程是你感兴趣的，为什么？
6. 思考会计实际操作能力与职业判断能力的区别与联系。

第二章　会计基础理论

引入案例

光明股份有限公司是由四个股东共同出资建立的股份制企业，资金总额 3 000 万元，股东 A 出资现金 500 万元，股东 B 出资机器价值 900 万元，股东 C 出资厂房价值 500 万元，股东 D 出资土地价值 1 100 万元。用于制造甲、乙两大系列产品。经营者不满足现状，在企业建立后向银行借入长期借款 2 000 万元。会计师如何将公司的资金完整地记入企业账本的？如果你是公司的会计，请指出该案例公司所涉及的会计要素及各自的金额是多少，现有数据能体现会计恒等式的关系吗？

学习目的与要求

1. 掌握各类会计要素的概念、特点和构成内容；
2. 掌握会计恒等式，明确经济业务的发生对会计恒等式中各会计要素的影响及变化规律；
3. 理解会计核算基础与会计基本假设；
4. 明确会计信息质量的八大基本特征；
5. 掌握会计确认、计量及其要求。

第一节　会计要素

一、会计要素的含义

会计要素（Accounting Elements）是对会计对象的基本分类，是会计对象的具体化，是反映会计主体的财务状况和经营成果的基本单位。

我国《企业会计准则——基本准则》将会计要素分为资产、负债、所有者权益、收入、费用和利润六个会计要素。其中，资产、负债和所有者权益三项会计要素侧重反映企业的财务状况，构成资产负债表要素；收入、费用和利润三项会计要素侧重于反映企业的经营成果，构成利润表要素。

二、会计要素的内容

（一）资产

1. 资产的含义

资产是指企业过去的交易或者事项形成的，由企业拥有或者控制的，预期会给企业带来经济利益的资源。它包括各种财产、债权和其他权利，是企业生产经营活动持续下去的基础和保障。

2. 资产的特征

(1) 资产是由企业过去的交易或者事项形成的。

资产是过去已经发生的交易或事项所产生的结果，资产必须是现实的资产，至于未来的、尚未发生的交易或事项所可能产生的结果，则不属于资产范畴，不能作为资产确认。例如，企业已经实现销售但尚未收回的货款可以作为应收账款资产入账，但企业计划采购的物资由于尚未进行实际采购则不能作为企业资产入账。

(2) 资产是企业拥有或者控制的资源。

这里的“拥有”是指企业享有某项资产的所有权；而“控制”则是指会计主体目前虽然尚未取得该项资产的产权，但实质上已掌握了该项资产的未来收益和风险，如融资租入固定资产尽管企业并未取得其所有权，但由于其租赁期相当长，基本接近于该资产的整个使用寿命期，按照实质重于形式原则，可以认为企业控制了该资产的使用以及其所带来的经济利益，所以承租方应将其作为资产予以确认。

(3) 资产预期会给企业带来经济利益。

预期会给企业带来经济利益，是指资产具有直接或间接给企业带来现金或现金等价物的流入。例如，产品直接销售出去能实现价值的增值，为企业带来收益；机器设备虽然不用于直接销售，但能够通过其正常运转生产出产品，从而间接为企业带来价值增值。因此，产品、设备等均属于企业的资产。如果某一项目预期不能给企业带来经济利益，那么就不能将其确认为企业的资产。

3. 资产的分类

资产按其流动性(即变现能力)的不同，可以分为流动资产和非流动资产。

(1) 流动资产。

流动资产是指预计在一个正常营业周期中变现、出售或耗用，或者主要为交易目的而持有，或者预计在资产负债表日起一年内(含一年)变现的资产，以及自资产负债表日起一年内交换其他资产或清偿负债的能力不受限制的现金或现金等价物，主要包括货币资金、交易性金融资产、应收票据、应收账款、预付账款、应收利息、应收股利、其他应收款、存货等。

货币资金是指以货币形态存在的资产，包括库存现金、银行存款和其他货币资金。其他货币资金包括外埠存款、银行汇票存款、银行本票存款、信用卡存款、信用保证金存款等。

交易性金融资产是企业持有的以公允价值计量且其变动计入当期损益的、以交易性为目的的持有债券投资、股票投资、基金投资、权证投资等金融资产。

应收票据是指企业因销售商品、提供劳务等收到的商业汇票，包括商业承兑汇票和银行承兑汇票。

应收账款是指企业因销售商品、提供劳务等经营活动而应向客户收取(但暂未收到)的款项。

预付账款是指企业按照购货合同规定预付给供应商的款项。

存货是指企业在日常活动中持有以备出售的产成品或商品、处于生产过程中的在产品、在生产过程和提供劳务过程中耗用的材料和物资等。工业企业的存货主要包括原材料、燃料、辅助材料、周转材料、在产品和产成品等。

(2) 非流动资产。

非流动资产又称为长期资产，是指除流动资产以外的资产，主要包括持有至到期投资、长期股权投资、固定资产、无形资产以及其他非流动资产等。

持有至到期投资是指企业购入的准备持有至到期收回的债券投资，以及企业委托银行或金融机构向其他单位贷出的款项等。

长期股权投资是指企业以购买企业股票或其他直接方式(如直接投入现金、固定资产或无形资产等)取得被投资企业股权。长期股权投资的主要目的在于影响和控制被投资企业的经营决策以取得更大的利益。

固定资产是指企业为生产商品、提供劳务、出租或经营管理而持有的、使用寿命超过一个会计年度、单位价值较高的有形资产，包括房屋及建筑物、机器设备、运输工具以及其他与生产、经营有关的器具、工具等。

无形资产是指企业为生产商品、提供劳务、出租给他人或为管理目的而持有的、没有实物形态的非货币性长期资产，包括专利权、非专利技术、商标权、著作权、土地使用权、特许经营权等。

其他非流动资产是指除了上述资产以外的其他资产，如长期待摊费用。长期待摊费用指企业已经支出，但摊销期在一年以上(不含一年)的各项费用，如租入固定资产的改良支出等。

(二) 负债

1. 负债的含义

负债是指企业过去的交易或者事项形成的，预期会导致经济利益流出企业的现时义务。

2. 负债的特征

(1) 负债是由过去的交易和事项形成的。

负债是由过去发生的交易和事项形成的，尚未发生的交易或者事项不能确认为负债。例如，购买货物或接受劳务会产生应付账款；接受银行贷款会产生偿还贷款的义务。只有源于已经发生的交易和事项，会计上才能确认为负债。企业将在未来发生的承诺、签订的购买合同等不能形成企业的负债。

(2) 负债是企业承担的现时义务

这是负债的基本特征。“现时”体现了负债的时间概念，是指企业在现行条件下已经承担的义务，未来交易或事项形成的义务，不属于现实义务，不应当确认为企业的负债。

(3) 负债预期会导致经济利益流出企业。

预期会导致经济利益流出企业是负债的一个本质特征，如果不会导致经济利益流出企业，就不符合负债的定义。负债通常是在未来某一日期通过交付资产(包括现金和其他资产)或提供劳务来清偿。有时，企业也可以通过承诺新的负债或转化为所有者权益来了结一项现有的负债，但最终都会导致企业经济利益的流出。

3. 负债的分类

按偿还期限的长短，负债通常分为流动负债和非流动负债。

（1）流动负债。

流动负债是指将在一年或者超过一年的一个营业周期内清偿的债务。企业流动负债主要包括短期借款、应付及预收款项等。

短期借款是指企业从银行或其他金融机构借入的期限在一年以下的各种借款。

应付及预收款项是指企业在日常生产经营过程中发生的各种债务，包括各种应付款项（应付票据、应付账款、应付职工薪酬、应交税费、应付利息、应付股利、其他应付款）和预收账款等。

（2）非流动负债。

非流动负债是指偿还期在一年或者超过一年的一个营业周期以上的债务，也可以解释为除流动负债以外的各种负债的统称。企业非流动负债主要包括长期借款、应付债券、长期应付款等。

长期借款是指企业从银行或其他金融机构借入的期限在一年以上的各种借款。企业借入长期借款，主要是为了长期工程项目。

应付债券是指企业为筹集长期资金而实际发行的长期债券。

长期应付款是指除长期借款和应付债券以外的其他长期应付款项，包括应付引进设备款、融资租入固定资产应付款等。

（三）所有者权益

1. 所有者权益的含义

所有者权益是指企业资产扣除负债后由所有者享有的剩余权益。公司的所有者权益又称为股东权益。

2. 所有者权益的分类

所有者权益按其形成方式不同可分为实收资本、资本公积、盈余公积和未分配利润。

（1）实收资本。

实收资本是指企业的投资人按照企业章程或者合同、协议的约定，实际投入企业的资本。它包括企业从事生产经营的启动资金和追加资金形成的所有权，是企业注册成立的基本条件之一，也是企业承担民事责任的财力保证。实收资本是所有者权益的主要构成内容。实收资本在股份制企业称为“股本”。

（2）资本公积。

资本公积是指企业的非生产经营活动和资本投入形成的资本积累。资本公积主要包括资本（股本）溢价和其他资本公积。资本公积主要用于转增资本。

（3）盈余公积。

盈余公积是指企业按照规定从净利润中提取的留存收益，包括法定盈余公积金、任意盈余公积金。盈余公积可以用来弥补企业的亏损和按照法定程序转增资本。符合规定条件的企业，也可以用盈余公积分派现金股利。

法定盈余公积金是指企业按照我国公司法规定的比例（一般为10%），从净利润中提取的盈余公积金。

任意盈余公积金是指企业经股东大会或类似机构批准后按照规定的比率，从净利润中提取。

(4) 未分配利润。

未分配利润是企业未做分配的利润。它在以后年度可继续进行分配,在未进行分配之前,属于所有者权益的组成部分。从数量上来看,未分配利润是期初未分配利润加上本期实现的净利润,减去提取的各种盈余公积和分出的利润后的余额。

未分配利润有两层含义:一是留待以后年度处理的利润;二是未指明特定用途的利润。相对于所有者权益的其他部分来说,企业对于未分配利润的使用有较大的自主权。

(四) 收入

1. 收入的含义

收入是指企业在日常活动中形成的、会导致所有者权益增加的、与所有者投入资本无关的经济利益的总流入。

日常活动是指企业销售商品、提供劳务等日常经营活动。

2. 收入的特征

(1) 收入产生于企业的经常性经营活动,而不是从偶发交易或事项中形成。例如,工商企业销售商品、提供劳务所带来的经济利益流入属于收入的范畴;出售固定资产、无形资产属于偶发交易或事项,带来的经济利益流入是利得,而不是收入。

(2) 收入能导致企业所有者权益的增加,但不是投资者投入的资本。

(3) 收入只包括本企业经济利益的流入,不包括为第三方或客户代收的款项。

(4) 收入可能导致企业资产的增加,也可能导致企业负债的减少,或者二者兼而有之。

3. 收入的构成

收入主要包括主营业务收入、其他业务收入和投资收益等。

(1) 主营业务收入,亦称基本业务收入,是指企业从事主要经营活动而取得的收入。主营业务收入在制造业主要是销售产成品、自制半成品等取得的收入,在商品流通企业主要是销售商品取得的收入。

(2) 其他业务收入,亦称为附营业务收入,是指企业从事主营业务以外的经营活动所取得的收入。在制造业,其他业务收入主要是指销售材料、转让技术、出租固定资产和包装物、转让无形资产使用权以及从事运输等非工业性劳务取得的收入。

(3) 投资收益是指企业对外投资所取得的利得减去投资损失后的净额。

应予以强调的是,上面所说的收入是指狭义的收入。广义的收入还包括直接计入当期利润的利得,即营业外收入。营业外收入是指企业发生的与其生产经营活动无关的各项收入,包括处置固定资产净收益和取得的罚款收入等。

(五) 费用

1. 费用的含义

费用是指企业在日常活动中发生的、会导致所有者权益减少的、与所有者分配利润无关的经济利益的总流出。

2. 费用的特征

(1) 费用发生于企业的日常活动,而不是发生于偶发的交易或事项,如企业为生产产品和提供劳务所发生的耗费等。日常经营活动以外的偶发交易或事项造成的耗费属于企业的损失和支出，而不是费用，如出售固定资产发生的净损失等。

(2) 费用的发生最终导致企业所有者权益的减少。相对于收入而言，费用不可避免地减少企业收益，直接减少所有者权益。

(3) 费用与向所有者分配利润无关。经营过程中发生的费用与向所有者分配利润都可能导致经济利益流出企业，但两者有着本质的区别。经营过程中发生的费用是为了取得盈利而发生的相应耗费，与收益具有配比作用。向投资者分配利润是一种投资增值的返还，与资本密切相关。

3. 费用的构成

(1) 狭义的费用，包括营业成本和期间费用。

营业成本是指生产经营过程中与经营活动直接有关的成本费用开支，分为主营业务成本和其他业务成本。

期间费用是指与产品生产或劳务提供无直接关系，不参与成本计算而计入某一会计期间的费用，包括销售费用、管理费用和财务费用。

成本与费用虽然都是企业经济资源的耗费，但它与费用又有一定的区别，成本是费用的对象化，是为生产某种产品或提供某种劳务而发生的费用。企业发生的费用不一定都计入成本，因此费用按是否计入产品成本，可分为生产成本和期间费用。生产成本是指与产品生产或劳务提供直接有关的费用，包括为生产产品和提供劳务而发生的直接材料费、直接人工费以及企业内部各生产部门为组织、管理生产所发生的间接费用。这些费用计入产品成本后，从产品销售收入中得到补偿。由于产品生产费用必须对象化到具体的产品中去，所以产品生产费用又可称为产品生产成本。

(2) 广义的费用，包括各种损失和所得税费用等。

所谓损失，是指由企业非日常活动所发生的、会导致所有者权益减少的、与所有者分配利润无关的经济利益的流出。在企业会计中主要表现为营业外支出、所得税费用。

营业外支出是指企业发生的、与其生产经营活动无直接关系的各项支出，包括非流动资产处置损失、非货币性资产交换损失、债务重组损失、公益性捐赠支出、非常损失、盘亏损失等。

所得税费用是指企业从当期利润中扣除的所得税。

（六）利润

1. 利润的含义

利润是指企业在一定会计期间的经营成果。利润包括收入减去费用后的净额、直接计入当期利润的利得和损失等。

2. 利润的特征

(1) 利润是收入和费用两个会计要素配比的结果。当某一会计期间的收入大于费用时，表现为企业利润；反之，则表现为企业亏损。

(2) 利润的形成导致所有者权益的增加，亏损的发生则造成所有者权益的减少。

3. 利润的构成

利润指标包括营业利润、利润总额和净利润。

(1) 营业利润。

营业利润是指营业收入减去营业成本、期间费用、税金及附加、资产减值损失，再加公允价值变动收益(减损失)和投资收益(减损失) 后的余额。计算公式如下：

$$\text{营业利润}=\text{营业收入}-\text{营业成本}-\text{期间费用}-\text{税金及附加}-\text{资产减值损失}+\text{公允价值变动收益(一损失)}+\text{投资收益(一损失)}$$

(2) 利润总额。

利润总额是营业利润与营业外收支净额之和。营业外收支净额是指营业外收入减去营业外支出后的余额。利润总额的计算公式如下：

利润总额＝营业利润＋营业外收入－营业外支出

(3) 净利润。

净利润也称税后利润，是指利润总额扣除按所得税法规定计算的应纳所得税后的余额。净利润的计算公式如下：

净利润＝利润总额－所得税费用

第二节　会计等式

一、会计等式的含义

会计等式也称为会计恒等式、会计方程式，是指明各会计要素之间的基本关系的恒等式。会计对象可概括为资金运动，具体表现为会计要素，每发生一笔经济业务，都是资金运动的一个具体过程，每个资金运动都必须涉及相应的会计要素，从而使全部资金运动所涉及的会计要素之间存在一定的相互关系，会计要素之间的这种内在关系可以通过数学表达式予以描述，这种表达会计要素之间基本关系的数学表达式就叫会计等式。

(一) 静态会计等式

任何企业的注册成立及其经营活动的开展都需要有一定数量的资金。从资金的占用形态看，企业资金的占用形态表现为各种资产；从资金的来源形态看，企业资金来源于投资者投入的资金和债权人借入的资金，投资者和债权人对企业的资产都有相应的要求权。对企业资产的要求权在会计术语中称为权益。资产与权益，是对同一事物即企业资金从两个不同视角所做出的定性描述。从定量的角度考察资产与权益的数量关系，必然存在着相等的关系，用公式表示如下：

资产＝权益

由于权益包括投资者权益与债权人权益，上式可以变换为以下等式：

资产＝债权人权益＋所有者权益

资产＝负债＋所有者权益

以上会计等式是以相对静止的观点，反映企业的资产、负债、所有者权益三个会计要素之间在一定时点上的数量平衡关系。它们同时也表明：企业有一定量的资产就必定有一定量的权益、有一定量的权益就必定有一定量的资产；企业不存在无权益的资产，也不存在无资产的权益。

（二）动态会计等式

企业的目标是从生产经营活动中获得收入，实现利润。企业在取得收入的同时，必须要发生相应的费用。将一定期间内的收入与费用相比较，收入大于费用的差额为盈利；反之，收入小于费用的差额为亏损。因此，收入、费用和利润三个要素之间的关系可以用公式表示为：

收入－费用＝利润

这一等式也称之为第二会计等式、增量会计等式，反映了企业某一时期收入、费用和利润的恒等关系，标明了企业在某一会计期间所取得的经营成果，是编制利润表的理论依据。

（三）扩展的会计等式

资产＝负债＋所有者权益＋（收入－费用）

或　　资产＝负债＋所有者权益＋利润

资产＋费用＝负债＋所有者权益＋收入

以上公式称为扩展的会计等式，反映企业在会计期间任一时点的六个会计要素之间的动态平衡关系。由于收入、费用和利润这三个要素的变化实质上都表现为所有者权益的变化，在会计期末，企业对利润进行分配后，留存收益归入所有者权益后，会计等式又表现为：

资产＝负债＋所有者权益

（四）经济业务的发生对会计等式的影响

企业生产经营过程中发生的各种经济业务会影响相关要素，使这些要素发生增减变化，进一步必然会影响由会计要素所构成的会计等式。但是，无论发生怎样的经济业务，都不会影响会计等式的恒等关系，因此，上述会计等式又称为恒等式。企业经济业务千变万化，对基本会计等式“资产＝负债＋所有者权益”的影响有多种可能性，但归纳起来不外乎以下四大类九小类。

类型Ⅰ：经济业务的发生引起会计恒等式左右两边金额同时增加，且金额相等，故等式保持平衡。

类型Ⅱ：经济业务的发生引起会计恒等式左右两边金额同时减少，且金额相等，故等式保持平衡。

类型Ⅲ:经济业务的发生引起会计恒等式左边即资产内部项目此增彼减,且金额相等,变动后资产总额不变,故等式保持平衡。

类型Ⅳ:经济业务的发生引起会计恒等式右边即负债和所有者权益内部项目发生增减变动,且金额相等,变动后负债和所有者权益总额不变,故等式保持平衡。

据此,还可将四大类经济业务进一步具体化,可分为九小类,如表 2-1 所示。

表 2-1　经济业务与会计恒等式的关系

经济业务		资产	=	负债	+	所有者权益
类型Ⅰ	1	增加		增加		
	2	增加				增加
类型Ⅱ	3	减少		减少		
	4	减少				减少
类型Ⅲ	5	增加 减少				
类型Ⅳ	6			增加　减少		
	7					增加　减少
	8			增加		减少
	9			减少		增加

下面举例说明经济业务的发生对会计恒等式的影响。

【例 2-1】　甲公司 2×20 年 5 月 31 日的资产、负债、所有者权益的情况如表 2-2 所示。

表 2-2　资产负债表

名称:甲公司　　　　2×20 年 5 月 31 日　　　　单位:万元

资　产	金　额	负债及所有者权益	金　额
库存现金	80	短期借款	500
银行存款	240	应付账款	450
应收账款	350	其他应付款	105
其他应收款	40	应付职工薪酬	10
原材料	1 500	应付利息	15
库存商品	870	应付债券	1 000
固定资产	1 900	负债合计	2 080
无形资产	1 200	实收资本	3 000
		资本公积	1 000
		盈余公积	100
		所有者权益合计	4 100
资产合计	6 180	负债及所有者权益合计	6 180

该公司 2×20 年 6 月发生的经济业务及其对会计等式影响分析如下:

(1) 投资者向公司增加货币投资 100 万元，资金已存入银行。

该项经济业务的发生，使资产要素中的银行存款项目增加 100 万元，所有者权益要素中的银行存款项目增加 100 万元，所有者权益要素中的实收资本项目增加 100 万元。会计等式为：

资产(6 180＋100)＝负债(2 080)＋所有者权益(4 100＋100)

资产(6 280)＝负债(2 080)＋所有者权益(4 200)

(2) 公司购进原材料 50 万元，货款未付。

该项经济业务的发生，使资产要素中的原材料项目增加 50 万元，负债要素中的应付账款项目增加 50 万元。会计等式为：

资产(6 280＋50)＝负债(2 080＋50)＋所有者权益(4 200)

资产(6 330)＝负债(2 130)＋所有者权益(4 200)

(3) 公司偿还到期的银行借款 100 万元。

该项经济业务的发生，使资产要素中的银行存款项目减少 100 万元，负债要素中的短期借款项目减少 100 万元。会计等式为：

资产(6 330－100)＝负债(2 130－100)＋所有者权益(4 200)

资产(6 230)＝负债(2 030)＋所有者权益(4 200)

(4) 联营期限已满，按合同以银行存款 50 万元退还联营单位投资。

该项经济业务的发生，使所有者权益要素中的实收资本项目减少 50 万元，资产要素中的银行存款项目减少 50 万元。会计等式为：

资产(6 230－50)＝负债(2 030)＋所有者权益(4 200－50)

资产(6 180)＝负债(2 030)＋所有者权益(4 150)

(5) 公司从银行提取现金 10 万元备用。

该项经济业务的发生，使资产要素中的银行存款项目减少 10 万元，资产要素中的库存现金项目增加 10 万元。会计等式为：

资产(6 180－10＋10)＝负债(2 030)＋所有者权益(4 150)

资产(6 180)＝负债(2 030)＋所有者权益(4 150)

(6) 公司决定从资本公积中拿出 200 万元转增实收资本，已办理转账手续。

该项经济业务的发生，使所有者权益要素中的资本公积项目减少 200 万元，所有者权益要素中的实收资本项目增加 200 万元。会计等式为：

资产(6 180)＝负债(2 030)＋所有者权益(4 150－200＋200)

资产(6 180)＝负债(2 030)＋所有者权益(4 150)

(7) 公司向银行借款 300 万元归还到期的应付货款 300 万元。

该项经济业务的发生，使负债要素中的短期借款项目增加 300 万元，负债要素中的应付账款项目减少 300 万元。会计等式为：

资产(6 180)＝负债(2 030＋300－300)＋所有者权益(4 150)

资产(6 180)＝负债(2 030)＋所有者权益(4 150)

(8) 债券到期，公司按照合同将该可转换债券中 500 万元转为股本，已办理转资手续。

该项经济业务的发生，使负债要素中的应付债券项目减少 500 万元，所有者权益要素中的实收资本项目增加 500 万元。会计等式为：

资产(6 180)＝负债(2 030－500)＋所有者权益(4 150＋500)

资产(6 180)＝负债(1 530)＋所有者权益(4 650)

(9) 联营到期，按合同规定向甲投资者退还投资 500 万元，款项尚未支付。

该项经济业务的发生，使所有者权益要素中的实收资本项目减少 500 万元，负债要素中的其他应付款项目增加 500 万元。会计等式为：

资产(6 180)＝负债(1 530＋500)＋所有者权益(4 650－500)

资产(6 180)＝负债(2 030)＋所有者权益(4 150)

以上分析与计算结果表明：涉及资产、负债、所有者权益变化的经济业务的发生，均不会破坏“资产＝负债＋所有者权益”这一会计等式的平衡。因为任何一项经济业务的发生，都会导致资金运动，引发会计要素的增减变化，但任何类型的经济业务的发生，都不会破坏“资产＝负债＋所有者权益”会计等式的平衡关系。

第三节　会计基本假设与会计基础

一、会计基本假设

会计基本假设是企业会计确认、计量和报告的前提，是对会计核算所处时间、空间等所做的合理设定。只有在这些设定下，一系列会计核算方法才能成立并具体运用。

会计基本假设是人们在逐步认识和总结长期会计实践活动后所做的合乎逻辑的推理和概括，具有较强的理论性，是构建会计理论体系的基础。会计活动受制于不断变化的社会、经济、科技、文化等环境的影响，如果不对会计工作的前提做出假定，就无法确立会计目标，无法提出会计信息质量特征，从而无法开展会计活动。因此，会计假设是组织、指导会计活动的理论基础，是生成会计信息、保证会计目标实现的重要前提条件。会计基本假设包括会计主体、持续经营、会计分期和货币计量四项。

（一）会计主体

会计主体是指会计核算和监督的特定单位，它明确了会计确认、计量、记录和报告的空间范围，即为谁记账、算账和报账，会计核算和财务报告的编制应集中反映特定对象的经济活动，并将其与其他经济实体区别开来。

会计主体是会计工作为其服务的特定单位或组织。会计主体假设是指会计核算应当以企业发生的各项经济业务为对象，记录和反映企业本身的各项经济活动。也就是说，会计核算是反映一个特定企业的经济业务，只记本主体的账。尽管企业本身的经济活动总是与其他企业、单位和个人的经济活动相联系，但对于会计来说，其核算的范围既不包括企业所有者本人，也不包括其他企业的经济活动。会计主体假设明确了会计工作的空间范围。

要区分会计主体和法律主体的界限。一般而言，法律主体必然是会计主体，但会计主体不一定是法律主体。会计主体可以是一个有法人资格的企业，也可以是由若干家企业通过控股关系组织起来的集团公司，还可以是企业、单位下属的二级核算单位。独资、合伙企业都是会计主体，但都不是法人。例如，一家企业集团，由一家母公司控股若干子公司而形成，不论是母公司还是子公司均为独立的法律主体，但为了全面了解企业集团的财务状况、经营情况以及现金流状况，就应将企业集团作为一个会计主体编制合并报表。在此，企业集团虽不属于法律主体，但却是会计主体。除此以外，如企业管理的企业年金，也不属于法律主体，但也应作为会计主体，对其每项基金进行会计确认、计量、记录和报告。

会计只核算会计主体范围内的经济活动，才能正确反映会计主体的资产、负债和所有者权益的情况，才能正确提供反映会计主体财务状况、经营情况以及现金流状况的会计报表，才能提供会计信息使用者所需要的信息，其投资者、债权人才能从会计记录和会计报表中得到有用的信息。所以，会计主体假设是持续经营假设、会计分期假设和其他会计核算的基础。

（二）持续经营

持续经营假设是指在可预见的将来，企业将会按照当前的规模和状态持续不断地经营下去，不会停业，也不会大规模削减业务。持续经营假设是对会计主体活动的时间范围无限延续所做的限定。

会计核算上所使用的一系列会计处理原则、会计处理方法都是建立在持续经营的假设的前提下的。企业是否持续经营，在会计处理原则、会计处理方法的选择上有很大的差异。例如，对资产的计价方法在持续经营状态下和处于清算状态时也是不同的，在持续经营下可以采纳实际成本法，在清算状态下则只能够采取公允价值（如市价、评估价值等）法；同样，也只有假定企业持续经营，才能够将固定资产的使用成本（折旧）分别计入各会计期间，而不是只计入某一期的成本。

持续经营假设不但界定了会计核算的时间范围，而且还是会计分期的前提。

（三）会计分期

会计分期就是将一个会计主体连续不断的生产经营活动所持续的时间人为地划分为一个个等分阶段，以分期结算盈亏和编制会计报告，从而及时提供会计信息给信息用户。会计分期假设是持续经营假设的必要补充，是对会计工作时间范围的具体划分。

在会计分期假设之下，会计主体应当合理划分会计期间。会计期间一般划分为年度和中期。会计年度可以采用公历年度，即以公历 1 月 1 日至 12 月 31 日为一个会计年度，世界上许多国家包括我国就采用的是公历年度；会计年度也可以采用营业年度，即以每年业务最清淡的时间点作为会计年度的起点和终点，如日本，是以每年的 4 月 1 日为会计年度的起点，第二年的 3 月 31 日为会计年度的终点。中期是指短于一个完整会计年度的报告期间，具体又可分为月份、季度和半年度。每一会计期间结束，都应及时结算账目和编制会计报表。

正是有了会计分期，才产生了本期和非本期的区别，才产生了权责发生制和收付实现制，进而出现了应收、应付、折旧、摊销等会计处理方法。只有正确地划分会计分期，才能准确地提供财务状况和经营成果的资料，才能进行会计信息的对比。

（四）货币计量

货币计量是指会计主体在会计核算过程中应采用货币作为计量单位记录、反映会计主体的经营状况。其他计量单位（如实物量度和劳务量度）也可以使用，但不占主要地位，同时假设币值稳定。

会计主体的经济活动千差万别，财产物资种类繁多，需要选择一种合理实用又简化的计量单位。货币作为商品的一般等价物，是衡量一般商品价值的共同尺度，有着其他计量单位（如重量、长度、体积、台、件等）不便于在量上进行汇总和比较的优势，能够充分反映会计主体的生产经营情况，从而成为会计计量的主要计量单位。

在会计核算中，可能涉及多种货币，由于各种货币单位之间的汇率是不断变化的，这就要求企业会计必须确立一种货币单位为记账用的货币单位，其他所有的货币、实物、债权债务等，都可以通过它来度量、比较和稽核。这一货币单位称之为“记账本位币”。我国《企业会计准则》规定：“会计核算以人民币为记账本位币”，同时还规定：“业务收支以外币为主的企业，也可以选定某种外币作为记账本位币，但编制的会计报表应当折算为人民币反映。”

货币计量还需注意货币币值稳定与否的问题。货币币值由于受宏观环境诸多因素（如汇率、利率、通货膨胀等）综合影响，币值实际上是经常变动的。按照国际惯例，当币值变动不大，或币值上下波动的幅度不大而且可以相互抵消时，会计核算时就可以不考虑这些影响，而仍然假设币值是稳定的。但如果客观环境发生了剧烈的变迁引发恶性通货膨胀时，会计核算就不应该再坚持币值稳定不变，而应该采取特殊的会计处理方法，如通货膨胀调整等。

上述会计四大假设具有相互依存、相互补充的关系。会计主体明确会计核算的空间范围，持续经营和会计分期明确会计核算的时间范围，而货币计量则为会计核算提供了必要的手段。

二、会计基础

会计基础是指会计确认、计量和报告的基础，是确认一定会计期间的收入和费用，从而确认损益的标准。企业在一定会计期间，为进行生产经营活动而发生的费用，可能在本期已支付货币资金，也可能在本期尚未支付货币资金；所形成的收入，可能在本期已收到货币资金，也可能在本期尚未收到货币资金；同时，本期发生的费用可能与本期收入的取得有关，也可能与本期收入的取得无关。诸如此类的经济业务必须以所采用的会计基础为依据进行处理。会计基础主要分为两种：权责发生制和收付实现制。

（一）权责发生制

权责发生制又称为应计制，是指收入和费用的确认应当以收入和费用的实际发生作为确认的标准，以便合理确认当期损益的一种会计基础。在权责发生制下，凡是属于当期实现的收入和发生的费用，不论款项是否收付，都应当作为当期的收入和费用；凡是不属于当期的收入和费用，即使款项已经在当期收付，也不能作为当期的收入和费用。

在会计事务中，企业交易或者事项的发生时间与相关货币收支时间有时并不完全一致。

那么，到底在什么时间确认收入的实现或费用的发生？这对于合理确定各期盈亏非常重要。例如，预收销货款、预付购货款等情况，虽然款项已经收到货款支付，但实际的经济业务在本期并未实现，为了更加真实、公允地反映特定会计期间的财务状况和经营成果，就不能将预收和预付的款项作为本期的收入和费用处理。

权责发生制主要是从时间上规定会计确认的基础，其核心是根据权责关系实际发生的期间来确认收入和费用。根据权责发生制进行收入与成本、费用的核算，其最大的优点是能够更加准确地反映特定会计期间真实的财务状况及经营成果。

【例 2-2】 甲企业的产品供不应求，乙企业为了能够买到甲企业的产品，1 月份预付了 10 万元给甲企业。3 月份甲企业将这部分已预收款的产品发送给乙企业。在权责发生制下，甲企业虽然 1 月份收到了货款，但因为尚未发货，所以并未取得收款的权利，不能确认为 1 月份的收入。而到了 3 月份，甲企业发出了产品给乙企业，履行了作为销售企业的义务，因此也有了收款的权利，所以应在 3 月份确认收入的实现。

【例 2-3】 甲企业在 2×20 年 1 月份预付了全年的财产保险费，每月 1 万元，一共 12 万元。由于该笔保险费将使得 2×20 年每个月受益(即发生了财产损失均能得到保险赔偿)，因此不能把 1 月份支付的 12 万元全部作为 1 月份的费用，而应按受益期分别计入各月的费用中，具体处理是在每月末将 1 万元计入该月保险费中。

在会计实务中，企业采用权责发生制这一会计基础确认、计量、记录和报告费用时，必然出现费用的支付期与其归属期(受益期)不一致的情况，表现为两种：一种是事先一次性支付，待以后再根据受益情况分期计入若干受益期的费用，其中，受益期在一个会计年度内的为待摊费用，受益期超过一个会计年度的为长期待摊费用；另一种是事先根据受益情况分期计入若干受益期的费用，待以后才一次性支付的应付费用。

(二) 收付实现制

收付实现制又称为现金制，它是以款项是否实际收到或支付现金作为确认本期收入和费用的标准，是与权责发生制相对应的一种会计基础。在收付实现制下，收入和费用的归属期间将与现金收付行为的发生与否密切地联系在一起。收付实现制以本期款项的实际收付作为确定本期收入、费用的标准。凡是本期实际收到的款项以及付出的款项，不论款项是否属于本期，都应作为本期的收入和费用；反之，凡是本期没有实际收到和付出的款项，即使应归属于本期，也不应作为本期的收入和费用。

在【例 2-2】中，采用收付实现制，甲企业 1 月份收到了 10 万元货款，就应在 1 月份确认收入实现；而在【例 2-3】中，甲企业在 1 月份预付的全年保险费也应确认为 1 月份的费用。

目前我国事业单位会计核算中，除经营业务采用权责发生制外，其他大部分业务采用收付实现制；政府会计由预算会计和财务会计构成。预算会计采用收付实现制，财务会计采用权责发生制。

第四节 会计信息质量特征

会计的目标是向财务会计报告使用者提供与企业财务状况、经营成果和现金流量等有关的会计信息，有助于财务会计报告使用者做出经济决策。要达到这一目标，必然要求会计信息应具备一定的质量特征。

会计信息质量要求是对企业财务报告中所提供会计信息质量的基本要求和标准，即会计应该提供什么样的会计信息。根据我国现行《企业会计准则——基本准则》规定，会计信息应满足以下八个质量特征，具体包括可靠性、相关性、可理解性、可比性、实质重于形式、重要性、谨慎性和及时性。其中，可靠性、相关性、可理解性和可比性是会计信息的首要质量要求，是企业财务报告中所提供会计信息应具备的基本质量特征；实质重于形式、重要性、谨慎性和及时性是会计信息的次级质量要求，是对可靠性、相关性、可理解性和可比性等首要质量要求的补充和完善。

一、可靠性

可靠性又称为真实性或客观性，它要求企业应当以实际发生的交易或者事项为依据进行确认、计量和报告，如实反映符合确认和计量要求的各项会计要素及其他相关信息，保证会计信息真实可靠、内容完整。如果财务报告所提供的会计信息是不可靠的，就会对投资者等使用者的决策产生误导甚至损失。为了贯彻可靠性要求，企业应当做到：

（1）以实际发生的交易或者事项为依据进行确认、计量，将符合会计要素定义及其确认条件的资产、负债、所有者权益、收入、费用和利润等如实反映在财务报表中，不得根据虚构的、没有发生的或者尚未发生的交易或事项进行确认、计量和报告。

（2）在符合重要性和成本效益原则的前提下，保证会计信息的完整性，其中包括应当编报的报表及其附注内容等应当保持完整，不能随意遗漏或者减少应予披露的信息，与使用者决策相关的有用信息都应当充分披露。

（3）包括在财务报告中的会计信息应当是中立的、无偏的。如果企业在财务报告中为了达到事先设定的结果或效果，通过选择或列示有关会计信息以影响决策和判断的，这样的财务报告信息就不是中立的。例如，在产品盘存估价以及固定资产使用年限的确定方面，确实需要会计人员进行主观判断，会计人员应尽量取得客观证据，减少估计误差，保证信息准确性。

二、相关性

相关性又称有用性，要求企业提供的会计信息应当与财务报告使用者的经济决策需要相关，有助于财务报告使用者对企业过去、现在或者未来的情况做出评价或者预测。而一项信息是否具有相关性取决于预测价值和反馈价值。

（一）预测价值

如果一项信息能帮助决策者对过去、现在和未来事项的可能结果进行预测，则该项信息具有预测价值。决策者可根据预测的结果，做出其认为的最佳选择。因此，预测价值是构成相关性的重要因素，具有影响决策者决策的作用。

（二）反馈价值

一项信息如果能有助于决策者验证或修正过去的决策和实施方案，即具有反馈价值。把过去决策所产生的实际结果反馈给决策者，使其与当初的预期结果相比较，验证过去的决策是否正确，总结经验以防止今后再犯同样的错误。反馈价值有助于未来决策。

会计信息质量的相关性要求，需要企业在确认、计量和报告会计信息的过程中充分考虑使用者的决策模式和信息需要。但是，相关性是以可靠性为基础的，两者之间并不矛盾，不应将两者对立起来。也就是说，会计信息在可靠性前提下尽可能地做到相关性，以满足投资者等财务报告使用者的决策需要。

三、可理解性

可理解性要求企业提供的会计信息应当清晰明了，便于财务报告使用者理解和使用。

可理解性也称明晰性。企业编制财务报告、提供会计信息的目的在于使用，而要使使用者有效使用会计信息，应当能让其了解会计信息的内涵，弄懂会计信息的内容，这就要求财务报告所提供的会计信息应当清晰明了，易于理解。只有这样，才能提高会计信息的有用性，实现财务报告的目标，满足向投资者等财务报告使用者提供决策有用信息的要求。

会计信息是否被使用者所理解，取决于信息本身是否易懂，也取决于使用者理解信息的能力。会计信息毕竟是一种专业性较强的信息产品，在强调会计信息的可理解性要求的同时，还要求使用者具有一定的有关企业经营管理和会计方面的知识。使用者也应设法提高自身的综合素质，以增强理解会计信息的能力。

四、可比性

可比性要求企业提供的会计信息应当具有可比性。具体包括下列要求。

（一）纵向可比

纵向可比是指同一企业对于不同时期发生的相同或者相似的交易或者事项，应当采用一致的会计政策，不得随意变更。

这是为了便于投资者等财务报告使用者了解企业财务状况、经营成果和现金流量的变化趋势，比较企业在不同时期的财务报告信息，全面、客观地评价过去、预测未来，从而做出决策。会计信息质量的可比性要求同一企业对于不同时期发生的相同或者相似的交易或者事项，应当采用一致的会计政策，不得随意变更。但是，满足会计信息可比性要求，并非表明企业不得变更会计政策，如果按照规定或者在会计政策变更后可以提供更可靠、更相关的会计信息，可以变更会计政策。有关会计政策变更的情况，应当在附注中予以说明。

（二）横向可比

横向可比是指同一时期的不同企业发生的相同或者相似的交易或者事项，应当采用规定的会计政策，确保会计信息口径一致、相互可比。即对于相同或者相似的交易或者事项，不同企业应当采用一致的会计政策，以使不同企业按照一致的确认、计量、记录和报告基础提供有关会计信息，以便于投资者等财务报告使用者评价不同企业的财务状况、经营成果和现金流量及其变动情况。

五、实质重于形式

实质重于形式要求企业应当按照交易或者事项的经济实质进行会计确认、计量和报告，不应仅以交易或者事项的法律形式为依据。

如果企业仅仅以交易或者事项的法律形式为依据进行会计确认、计量、记录和报告，那么就容易导致会计信息失真，无法如实反映经济现实和实际情况。

企业发生的交易或事项在多数情况下，其经济实质和法律形式是一致的。但在有些情况下，会出现不一致。例如，以融资租赁方式租入的资产虽然从法律形式来讲企业并不拥有其所有权，但是由于租赁合同中规定的租赁期相当长，接近于该资产的使用寿命；租赁期结束时承租企业有优先购买该资产的选择权；在租赁期内承租企业有权支配资产并从中受益等。因此，从其经济实质来看，企业能够控制融资租入资产所创造的未来经济利益，在会计确认、计量、记录和报告上就应当将以融资租赁方式租入的资产视为企业的资产，列入企业的资产负债表。

又如，企业按照销售合同销售商品但又签订了售后回购协议，虽然从法律形式上实现了收入，但如果企业没有将商品所有权上的主要风险和报酬转移给购货方，没有满足收入确认的各项条件，即使签订了商品销售合同或者已将商品交付给购货方，也不应当确认销售收入。

六、重要性

重要性要求企业提供的会计信息应当反映与企业财务状况、经营成果和现金流量有关的所有重要交易或者事项。

在实务中，如果会计信息的省略或者错报会影响投资者等财务报告使用者据此做出决策的，该信息就具有重要性。重要性的应用需要依赖职业判断，企业应当根据其所处环境和实际情况，从项目的性质和金额大小两方面加以判断。

例如，我国上市公司要求对外提供季度财务报告，考虑到季度财务报告披露的时间较短，从成本效益原则考虑，季度财务报告没有必要像年度财务报告那样披露详细的附注信息。因此，中期财务报告准则规定，公司季度财务报告附注应当以年初至本期末为基础编制，披露自上年度资产负债表日之后发生的、有助于理解企业财务状况、经营成果和现金流量变化情况的重要交易或者事项。这种附注披露，就体现了会计信息质量的重要性要求。

会计信息的提供强调重要性，一是基于成本效益原则，减少不必要的工作，有利于提高会计核算的经济效益；二是为了保证会计信息提供的及时性，过于求全可能会延误时间。除此以外，会计信息的主次不明也会影响信息使用者对信息的有效理解和使用。

七、谨慎性

谨慎性要求企业对交易或者事项进行会计确认、计量和报告时应当保持应有的谨慎，不应高估资产或者收益、低估负债或者费用。

在市场经济环境下，企业的生产经营活动面临许多风险和不确定性，如应收款项的可收回性、固定资产的使用寿命、无形资产的使用寿命、售出存货可能发生的退货或者返修等。会计信息质量的谨慎性，要求企业在面临不确定性因素的情况下做出职业判断时，应当保持应有的谨慎，充分估计到各种风险和损失，既不高估资产或者收益，也不低估负债或者费用。例如，要求企业对可能发生的资产减值损失计提资产减值准备、对售出商品可能发生的保修义务等确认预计负债等，就体现了会计信息质量的谨慎性要求。

谨慎性的应用也不允许企业设置秘密准备，如果企业故意低估资产或者收益，或者故意高估负债或者费用，将不符合会计信息的可靠性和相关性要求，损害会计信息质量，扭曲企业实际的财务状况和经营成果，从而对使用者的决策产生误导，这是会计准则所不允许的。

八、及时性

及时性要求企业对于已经发生的交易或者事项，应当及时进行确认、计量和报告，不得提前或者延后。

会计信息的价值在于帮助所有者或者其他方面做出经济决策，具有时效性。即使是可靠、相关的会计信息，如果不及时提供，就失去了时效性，对于使用者的效用就大大降低甚至不再具有实际意义。在会计确认、计量、记录和报告过程中贯彻及时性，一是要求及时收集会计信息，即在经济交易或者事项发生后，及时收集整理各种原始单据或者凭证；二是要求及时处理会计信息，即按照会计准则的规定，及时对经济交易或者事项进行确认、计量和记录，并编制出财务报告；三是要求及时传递会计信息，即按照国家规定的有关时限，及时地将编制的财务报告传递给财务报告使用者，便于其及时使用和决策。

在实务中，为了及时提供会计信息，可能需要在有关交易或者事项的信息全部获得之前即进行会计处理，这样就满足了会计信息的及时性要求，但可能会影响会计信息的可靠性；反之，如果企业等到与交易或者事项有关的全部信息获得之后再进行会计处理，这样的信息披露可能会由于时效性问题，对于投资者等财务报告使用者决策的有用性将大大降低。这就需要在及时性和可靠性之间做相应权衡，以最好地满足投资者等财务报告使用者的经济决策需要为判断标准。

上述八项会计信息的质量要求是相互联系的，企业在对交易进行会计确认、计量和报告时应综合运用，以确保会计信息的质量。

第五节　会计确认、计量及其要求

会计要从无数经济数据中辨认出含有会计信息的数据，使之能进入会计信息系统，通过加工处理转换成有用的信息，再输送给会计信息使用者。简而言之，会计核算的基本程序为：确认、计量、记录和报告。

一、会计确认与计量的含义

（一）会计确认

会计确认是按一定标准辨认和确定发生的经济业务是否可以作为会计要素进入会计核算系统的过程。要完成全部的会计确认需要进行两次，第一次在账簿中正式进行记录，称为初始确认；第二次是在会计报表中加以揭示，称为再确认。

1. 初始确认

初始确认主要是解决以下两个问题：

(1) 是否应予确认。对发生的经济业务，首先应按会计要素的定义、特征及确认条件确定其属于哪一会计要素，应如何在会计账簿中加以分类记录，以剔除那些不符合会计核算特定规范要求的经济业务进入会计核算系统。

(2) 何时予以确认。对应进行会计记录的经济业务，还有一个何时应予确认的问题。在商品经济条件下，由于商业信用的广泛存在，使得经济业务发生的时间与相应的现金收支行为发生的时间往往不能取得完全的一致，此时在选择确认的时间基础时就有两种选择：

收付实现制，即一切会计要素的确认，特别是对于收入、费用的确认，以是否收到现金作为确认的时间标准——只要收到现金或支出现金，不论其相应的权利或者义务是否形成都立即确认收入或费用。

权责发生制，即对于一切会计要素的确认，特别是对于收入与费用的确认，均以权利或义务是否形成为标志，而不论是否收到现金。

2. 在报表中列示的条件

经过确认、计量后，会计要素应该在报表中列示。资产、负债、所有者权益在资产负债表中列示，而收入、费用、利润在利润表中列示。

根据准则规定，在报表中列示的条件是：符合要素定义和要素确认条件的项目，才能列示在报表中；仅仅符合要素定义而不符合要素确认条件的项目，不能在报表中列示。

（二）会计计量

1. 计量单位

会计计量是以货币作为主要的计量单位，但也不排除以实物量度、劳动量度作为辅助量度。货币具有名义货币与实际购买力两种尺度。一般情况下，会计计量以法定的名义货币作为计量单位。

2. 会计计量属性

按照我国《企业会计准则——基本准则》规定，会计计量属性主要包括历史成本、重置成本、可变现净值、现值和公允价值等计量属性。

(1) 历史成本，又称实际成本。在历史成本计量下，资产按照购置时支付的现金或者现金等价物的金额，或者按照购置资产时所付出的对价的公允价值计算。负债按照因承担现时义务而收到的款项或者资产的金额，或者承担现时义务的合同金额，或者按照日常中为偿还负债预期需要支付的现金或者现金等价物的金额计算。

(2) 重置成本,又称为现行成本。在重置成本计量下,资产按照现在购买相同或者相似的资产所需支付的现金或者现金等价物的金额计算。负债按照偿付该项负债所需支付的现金或者现金等价物的金额计算。在实务中,重置成本多用于盘盈固定资产的计量等。

(3) 可变现净值。在可变现净值计量下,资产按照其正常对外销售所能收到现金或者现金等价物的金额扣减该资产至完工估计将要发生的成本、估计的销售费用以及相关税费后的金额计算。可变现净值一般用于存货资产减值情况下的后续计量。

(4) 现值。在现值计量下,资产按照预计从其持续使用和最终处置中所产生的未来净现金流入量的折现金额计算,负债按照预计期限内需要偿还的未来净现金流出量的折现金额计算。现值通常用于非流动资产可收回金额和以摊余成本计量的金融资产价值的确定等。例如,在确定固定资产、无形资产等的可收回金额时,通常需要计算资产预计未来现金流量的现值。

(5) 公允价值。公允价值是指在公平交易中,熟悉情况的交易双方自愿进行资产交换或者债务清偿的金额。在公允价值计量下,资产和负债按照在公平交易中熟悉情况的交易双方自愿进行资产交换或者债务清偿的金额计算。公允价值主要应用于交易性金融资产、可供出售金融资产的计量等。

3. 会计计量属性的选择

企业在对会计要素进行计量时,一般应当采用历史成本。在某些情况下,为了提高会计信息质量,实现财务报告目标,企业会计准则允许采用重置成本、可变现净值、现值、公允价值计量的,应当保证所确定的会计要素金额能够取得并可靠计量,如果这些金额无法取得或者可靠地计量的,则不允许采用其他计量属性。

如何更好地理解计量属性的定义?以资产为例,在某一时点上对资产进行计量时,历史成本是这一资产取得时的公允价值;重置成本是这个时点上取得该项资产的公允价值;可变现净值是这个时点上出售这项资产的公允价值;现值是这个时点上,不重新购置,也不出售,持续持有会带来的经济利益的公允价值;公允价值是在任何时候只要是发生有序交易时,出售资产所收到或转移负债所付出的价格。以下是对五种计量属性的理解,如表 2-3 所示。

表 2-3 五种计量属性的理解

计量属性	对资产的计量	对负债的计量
历史成本	按照购置时的金额	按照承担现实义务时的金额
重置成本	按照现在购买时的金额	按照现在偿还时的金额
可变现净值	按照现在销售时的金额	—
现值	按照将来所得的金额折现	按照将来所偿还的金额折现
公允价值	有序交易中出售资产所能收到的价格	有序交易中转移负债所需支付的价格

二、会计确认与计量的要求

对会计要素进行确认与计量不仅要符合一定的条件,而且还有在确认与计量的过程中遵守以下要求。

（一）划分收益性支出与资本性支出

企业应当合理划分收益性支出与资本性支出。凡支出的效益仅与本会计年度（或一个营业周期）相关的，应当作为收益性支出；凡支出的效益与几个会计年度（或几个营业周期）相关的，应当作为资本性支出。

划分收益性支出和资本性支出的目的在于正确确定企业的当期损益。具体来说，收益性支出是为了取得本期收益而发生的支出，应当作为本期的费用计入当期损益，列于利润表中。例如，已销售商品的成本、期间费用、所得税等。资本性支出是为了形成生产经营能力，为以后各期取得收益而发生的各种支出，应当作为资产反映，列于资产负债表中。例如，购置固定资产和无形资产的支出等。

（二）收入与费用配比

正确确定一个会计期间的收入和与其相关的成本、费用，以便计算当期的损益，这是配比的要求。

收入与费用配比包括两方面的配比问题：一是收入和费用在因果联系上的配比，即取得一定的收入时发生了一定的支出，而发生这些支出的目的就是为了取得这些收入；二是收入和费用在时间意义上的配比，即一定会计期间的收入和费用的配比。

（三）历史成本计量

历史成本计量，又称实际成本或原始成本计量，是指企业的各项财产物资应当按照取得或构建时发生的实际支出进行计价。发生物价变动时，也不得随意调整账面价值。

以历史成本为计价基础有利于对各项资产、负债项目的确认和对计量结果的验证和控制；同时，按照历史成本原则进行核算，使得收入与费用的配比建立在实际交易的基础上，防止企业随意改动资产价格造成经营成果虚假或任意操纵企业的经营业绩。

本章小结

会计要素是会计对象的具体化。会计要素分为资产、负债、所有者权益、收入、费用和利润六大类。会计要素之间不是彼此独立的，而是相互依存的，它们之间的关系构成会计恒等式：

资产＝负债＋所有者权益

利润＝收入－费用

会计基本假设是企业会计确认、计量和报告的前提，是对会计核算所处时间、空间等所做的合理设定。会计基本假设包括会计主体、持续经营、会计分期和货币计量四项。

根据我国现行《企业会计准则——基本准则》规定，会计信息应满足以下八个质量特征：可靠性、相关性、可理解性、可比性、实质重于形式、重要性、谨慎性和及时性。

会计确认是按一定标准辨认和确定发生的经济业务是否可以作为会计要素进入会计核

算系统的过程。要完成全部的会计确认需要进行两次，第一次在账簿中正式进行记录，称为初始确认；第二次是在会计报表中加以揭示，称为再确认。

会计计量通常以货币作为主要的计量单位。会计计量属性主要包括历史成本、重置成本、可变现净值、现值和公允价值等五种计量属性。

知识拓展　　**新成立公司必备的财务知识**

无论是什么类型的企业，财务永远是企业运营的关键。有些企业在成立初期，公司制度并不健全，各个部门员工也参差不齐，但财务作为公司的重中之重，是必须要管理好的。那么关于财务方面的知识有哪些呢？现在带大家来了解注册公司后必须要了解的10个财务知识。

1. 新注册公司的会计人员先做什么事？

新注册的公司，初始化状态，会计人员首先要做的是考虑财务的“顶层设计”，即建立和完善各项有关于财务的规章制度，确定公司即将使用的会计准则、制度，确定会计核算方法和涉及的税种类型，准备建立账簿。

建账需要准备的东西：首先，账本。

(1) 总账：一般采用“订本式账簿”。

(2) 明细账：一般采用“活页式”账页，格式主要有三栏式、数量金额式和多栏式。

(3) 日记账：主要有现金日记账和银行存款日记账。

(4) 备查账：根据单位是否需要来设置。

如果是用电脑记账的话，那就简单些，只需要启用新账套，设定科目，设计好报表就可以了。

其次，各种凭证和用具。

(1) 记账凭证：收款凭证、付款凭证、转账凭证。

(2) 报销凭证：借款单、费用报销单、收据等。

(3) 其他：记账凭证汇总表、记账凭证封面、凭证装订线、装订工具、科目章、记账用具(红、黑色笔、红蓝印泥、曲别针、大头针、胶水、口取纸等)。

最后，报表。

(1) 资产负债表。

(2) 利润表(损益表)。

(3) 现金流量表等相关会计报表。

2. 注册资金和注册资本一样吗？

不一样。注册资金是企业法人的注册资金，除国家另有规定的外，应与实有资金相一致，注册资金包括流动资金和固定资金，它反映的主要是企业的资产规模。注册资本是指由企业投资人认缴的，并向企业法人登记机关注册的出资总额。所有的股东投入的资本不得随意抽回，注册资金却随着实有资金的数量变化发生增减变化。

3. 新公司的第一张记账凭证是什么？

公司刚成立，一般是投资人或者股东出了钱，存进银行账户、购买存货或者添置固定资产、无形资产等。因此第一张记账凭证大致为如下式样：

借:银行存款/固定资产/存货/等

　　贷:实收资本

如果不是以股东名义注明投资款的形式打进基本户的,则:

借:固定资产/存货/××费用等

　　贷:其他应付款——某某人

4. 新公司应该建立哪些账簿类型?

新企业必须遵照《中华人民共和国会计法》以及统一的国家会计制度规定依法设置会计账簿。通常来说,设立的账簿类型主要有总账、明细账、日记账、备查账等。

总账用于分类登记企业全部经济业务,明细账用于登记某一类经济业务,较为细致。日记账包括银行日记账和现金日记账。备查账是辅助性质的账簿,企业可根据需要选择性设立,不做强制规定。

5. 建账的大致流程是什么?

新企业要根据行业要求和未来可能发生的会计业务情况,选取符合需要的账簿,再根据日常业务进行会计登记和处理。

主要流程为:根据企业性质,选择企业适用的会计准则;依据企业的业务量及账务处理程序,准备账簿;合理选择会计科目,主要看行业和企业自身管理的需要;财务软件系统信息初始化,建立账套。

6. 哪些税种到地税申报,哪些税种到国税申报?

增值税、消费税、车辆购置税等税种是到国税处缴纳的。其中增值税又分为一般纳税人和小规模纳税人。资源税、城建税、车船使用税、城镇土地使用税是在地税办理的,应向当地主管的税务机关申报。

其中,企业所得税和个人所得税可能在国税和地税都有涉及,应根据相应部分区分缴纳。

7. 每个月会计核算的流程是什么?

会计核算,也叫会计循环,从初始的凭证到最后的报表全过程,并且周期性循环。原始凭证到记账凭证,到登记明细账,汇总后记总账,再从总账到报表的编制。每个月的业务结束后,还要去税务机关自行报税、纳税。

8. 为什么初创企业要特别注意财务监控?

有很多新注册公司不到一年就倒闭了,直接原因是财务管理不善,不良坏账太多,流动资金短缺的现象频繁出现。初创企业负责人对财务监控应提起重视,不可将财务管理简单地视作记账,应该交由具备专业技能和素养的人员负责。

9. 在法定会计账册之外还可以设立其他账册吗?

不可以。私设账外账是一种违法违规行为。会计人员应该严格遵守职业道德,以诚实守信为本,不得私自设立账外账。

10. 固定资产可以使用哪些计提折旧方法?

主要的方法有年限平均法、工作量法、双倍余额递减法和年数总和法。

需要注意的是,固定资产的折旧年限和方法一旦确定下来,不得随意改变。如果确实需要变更,需要企业提出申请,在变更年度前报主管财政机关批准。

本章思考题

1. 什么是会计要素？我国企业会计准则中对会计要素是如何划分的？
2. 资产按流动性不同可以划分为哪些种类，各包括哪些内容？
3. 所有者权益包括哪些内容，它与负债有何不同？
4. 收入、费用各有哪些特点？我国会计准则中规定的收入与费用是广义的还是狭义的？
5. 生产成本和期间费用有何不同？
6. 为什么说无论经济业务如何发生，都不会影响会计恒等式的平衡关系？
7. 什么是会计假设？为什么要确定会计假设？
8. 我国会计准则中，关于会计期间的划分是如何规定的？
9. 什么是会计信息质量特征，它包括哪些内容？
10. 会计要素确认与计量的含义是什么？在进行确认与计量时，应遵循哪些要求？
11. 权责发生制与收付实现制在收入与费用的确认与计量方面有何区别？

第三章　账户与复式记账

引入案例

会计专业大二学生李明暑假期间到一家刚刚开业的小型超市实习。小超市老板总是感叹生意难做，入不敷出。让李明纳闷的是超市生意还不错啊，怎么会不赚钱呢？通过一个星期的细心观察，李明发现原来老板算了一笔糊涂账。

李明告诉超市老板："您用的这种记账方法太不科学了，只对现金支付进行的记录，没有对现金流入和流出的原因进行记录，而且没有对店面租金、装修费用等进行收入与费用期间配比，这样根本不能反映超市真实盈亏情况。"老板顿时恍然大悟，问："那有什么更好的记账方法吗？"李明建议老板应该设立相关账户，采用复试记账法进行核算，只有这样才能得出真正的盈亏数，了解实际财务状况。

会计的复试记账真的那么神奇吗？它有哪些规则和方法呢？下面就让我们一起来学习账户和复试记账相关知识吧。

学习目的与要求

1. 掌握会计科目与账户的基本内容，两者的区别与联系；

2. 深入理解复式记账法的理论依据与基本原则；

3. 重点掌握借贷记账法的应用，包括记账符号、账户结构、记账规则、会计分录、试算平衡、平行登记。

第一节　会计科目与账户

一、会计科目

（一）会计科目的概念

会计科目，简称科目，是对会计要素的具体内容进行分类核算和监督的项目。企业的经济业务类型多样，各个企业会计要素的具体内容各有不同，管理要求也有不同，为了全面、系统、详细地反映和监督各项经济业务的发生情况，以及由此引起的各项会计要素（资产、负债、所有者权益、收入、费用、利润）的增减变动，以便分门别类地为经济管理提供会计核算资料，使会计信息的使用者了解企业的具体经营状况，就有必要按各项会计要素分别设置会计科目。会计对象、会计要素与会计科目之间的关系如图 3－1 所示。

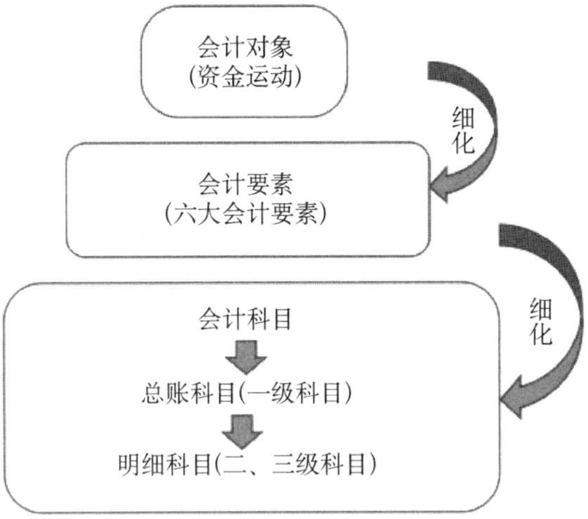

图 3－1　会计对象、会计要素与会计科目之间的关系

（二）会计科目设置的意义

会计科目是进行各项会计记录和提供各项会计信息的基础，在会计核算中具有重要意义，其主要表现在以下几个方面：

（1）会计科目是复式记账的基础。复式记账要求每一笔经济业务在两个或两个以上相互联系的账户中进行登记，以反映经济业务引起的资金增减变化情况。

（2）会计科目是编制记账凭证的基础。会计凭证是确定所发生的经济业务应记入何种科目以及分门别类登记账簿的依据。

（3）会计科目为成本计算与财产清查提供了前提条件。通过会计科目的设置，有助于成本核算，使成本计算成为可能；而通过账面记录与实际结存的核对，又为财产清查、保证账实相符提供了必备的条件。

（4）会计科目为编制会计报表提供了方便。会计报表是提供会计信息的主要手段，为了保证会计信息的质量及其提供的及时性，会计报表中的许多项目与会计科目是一致的，并根据会计科目所设置账户的本期发生额或余额填列。

（三）会计科目的设置原则

会计科目反映会计要素的构成及其变化情况，为投资者、债权人、企业经营管理者等提供会计信息。因此，企业设置会计科目必须遵循以下几项原则。

1. 合法性原则

为了保证会计信息的可比性，所设置的会计科目应当符合国家统一的会计制度的规定。对于国家统一会计制度规定的会计科目，企业可以根据自身的生产经营特点，在不影响会计核算要求和会计报表指标汇总，以及对外提供统一的财务会计报表的前提下，自行增设、减少或合并某些会计科目。

2. 相关性原则

会计科目的设置，应为提供有关各方所需要的会计信息服务，满足对外报告与对内管理的要求，如“固定资产”“实收资本”等科目提供的总括性指标基本上能满足企业外部有关方面的需要，而在“固定资产”总分类科目下按照固定资产的类别设置明细分类科目，所提供的明细核算资料，主要是为企业内部管理服务。

3. 实用性原则

企业的组织形式、所处行业、经营范围及业务种类等不同，在会计科目的设置上也应该有所区别。因此，会计科目设置应在符合合法性原则的基础上，所设置的会计科目也应符合单位自身特点，满足单位实际需要。对于会计科目的名称，在不违背会计科目使用原则的基础上，确定适合本企业的会计科目名称。

（四）会计科目的分类

会计科目是相互联系、相互补充的，共同组成了一个完整的会计科目体系。为了便于掌握和运用会计科目，有必要按一定标准对会计科目进行分类。

1. 按反映的经济内容分类

会计科目按照其反映的经济内容不同，可以分为资产类科目、负债类科目、共同类科目、所有者权益类科目、成本类科目和损益类科目。

（1）资产类科目。

资产类会计科目是指用于核算资产增减变化，提供资产类项目会计信息的会计科目。资产分为流动资产和非流动资产，其中反映流动资产的科目主要有“库存现金”“银行存款”“应收账款”“原材料”“库存商品”等，反映非流动资产的科目主要有“长期股权投资”“长期应收款”“固定资产”“在建工程”“无形资产”等。

（2）负债类科目。

负债类会计科目是指用于核算负债增减变化，提供负债类项目会计信息的会计科目。负债分为流动负债和长期负债，其中流动负债包括“短期借款”“应付账款”“应付职工薪酬”“应交税费”和“应付股利”等。

（3）共同类科目。

共同类会计科目是既有资产性质又有负债性质的科目，包括清算资金往来和货币兑换，主要有“清算资金往来”“货币兑换”“被套期项目”“套期工具”等。由于共同类会计科目适用于企业特殊经济业务，本阶段不做考核，了解即可。

（4）所有者权益类科目。

所有者权益类会计科目是指用于核算所有者权益增减变化，提供所有者权益有关项目会计信息的会计科目，包括“实收资本”“资本公积”“盈余公积”“本年利润”和“利润分配”等。

（5）成本类科目。

成本类会计科目是指用于核算成本的发生和归集情况，提供成本相关会计信息的会计科目，包括“生产成本”“制造费用”“劳务成本”“研发支出”等。

（6）损益类科目。

损益类会计科目是指用于核算收入、费用的发生或归集，提供一定期间损益相关的会计信息的会计科目,包括“主营业务收入”“主营业务成本”“税金及附加”“销售费用”“管理费用”“财务费用”“其他业务收入”“其他业务支出”“投资收益”“营业外收入”和“营业外支出”等。

在实际工作中,会计科目是会计制度规定的。通过设置会计科目对会计要素的具体化内容进行科学分类,可以为会计信息使用者提供科学、详细的分类会计信息。在会计核算的具体方法中,设置会计科目占有重要地位,它决定着账户的开设、报表结构设计,是正确进行会计核算的一个重要条件,也是会计核算的一种专门方法。

2. 按提供信息的详细程度及其统驭关系分类

会计科目按提供信息的详细程度及其统驭关系不同,一般可分为总分类科目和明细分类科目。设置总分类科目和明细分类科目的目的是方便会计的分工记账和满足管理部门不同层次会计信息的需求。其中,总分类科目又称一级科目,明细分类科目又可分为子目(二级科目)和细目(三级科目)。

(1) 总分类科目。

总分类科目,也称总账科目或者一级科目,是对会计要素具体内容进行总括分类、总括信息的会计科目,是进行总分类核算的依据。其名称应力求文字简练、含义明确、通俗易懂,其数量和粗细程度,应根据企业规模的大小、经济业务的繁简和管理需要而定。为了保证会计信息的可比性,更好地满足各方面的需要,总分类科目由财政部统一制定,以会计核算制度的形式颁布实施。

(2) 明细分类科目。

明细分类科目,又称明细科目,是对总分类账所反映的经济内容进行较为详细分类的会计科目。例如,“利润分配”科目属于一级科目,下设的“未分配利润”“提取法定盈余公积”“应付普通股股利”等科目属于二级科目。对于明细科目较多的总账科目,可在总分类科目下设置二级明细科目,在二级明细科目下可根据需要设置三级明细科目,如“应交税费——应交增值税(销项税额)”“生产成本——基本生产成本(A 产品)”。

总分类科目概括地反映会计对象的具体内容,明细分类科目详细地反映会计对象的具体内容。总分类科目对明细分类科目具有统驭和控制作用,明细分类科目是对其所属的总分类科目的补充和说明。其关系如表 3-1 所示。

表 3-1　总分类科目和明细分类科目的关系

<table>
<tr><th rowspan="2">总分类科目
(一级科目)</th><th colspan="2">明细分类科目</th></tr>
<tr><th>二级科目</th><th>三级科目</th></tr>
<tr><td rowspan="4">生产成本</td><td rowspan="2">基本生产成本</td><td>铝　板</td></tr>
<tr><td>生　铁</td></tr>
<tr><td rowspan="2">辅助生产成本</td><td>防锈剂</td></tr>
<tr><td>机　油</td></tr>
</table>

二、账户的设置

（一）账户的含义

会计科目只是对会计对象具体内容进行分类核算的项目，还不能进行具体的会计核算，为了全面、序时、连续、系统地反映和监督会计要素的增减变动，还必须设置账户。账户是根据会计科目设置的，具有一定的格式和结构，用于分类反映会计要素增减变动情况及其结果的载体。

（二）账户的基本结构及功能

为了全面、清楚地核算和监督经济业务所引起的会计要素数量上的变动，每一个账户都应有登记数量增加和数量减少的栏目，这就形成了账户的基本结构。账户分为左方、右方两个方向，其一方登记增加数，另一方登记减少数。账户的结构还应包括下列内容：

（1）账户的名称（即会计科目名称）；

（2）日期（根据记账凭证的日期填写）；

（3）凭证号数（账户记录的依据，目的是建立起凭证与账户、账簿之间的联系）；

（4）摘要（概要说明经济业务的内容）；

（5）左方及其金额和右方及其金额。

账户的一般格式如表 3－2 所示。

表 3－2　账户名称（会计科目）

单位：元

年		凭证编号	摘　要	发生额		借或贷	余　额
月	日			借　方	贷　方		

从账户名称、记录增加额和减少额的左右两方来看，账户结构在整体上类似于汉字“丁”和大写的英文字母“T”，因此，账户的基本结构在实务中被形象地称为丁字账户或者 T 型账户。T 型账户的基本结构如图 3－2 所示。

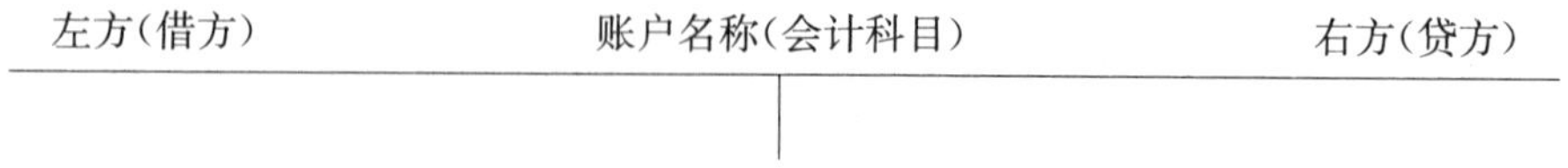

图 3－2　T 型账户的基本结构

账户的功能在于连续、系统、完整地提供企业经济活动中各会计要素增减变动及其结果的具体信息。其中，账户所提供的会计要素在特定会计期间增加或者减少的金额，分别称为账户的“本期增加额”和“本期减少额”，二者统称为账户的“本期发生额”；会计要素在会计期间的增减变动结果，称为账户的“余额”，具体表现为期初余额和期末余额。

账户的期初余额、期末余额、本期增加发生额和本期减少发生额统称为账户的四个金额要素。对于同一账户而言，它们之间的基本关系为：

期末余额＝期初余额＋本期增加发生额－本期减少发生额

即　　　　期末余额＝期初余额＋本期发生额

账户的本期发生额说明特定资金项目在某一会计期间的变动状况，提供“动态”经济指标；账户余额说明特定资金项目在某一时点的结存状况，提供“静态”经济指标。

（三）会计对象、会计要素、会计科目、账户之间的关系

1. 会计对象、会计要素与会计科目之间的关系

会计对象是会计核算和监督的内容，是社会再生产过程中的资金运动，是可以用货币表现的方面。会计要素是对会计对象的基本分类。而会计科目是在会计要素的基础上进一步分类的项目。

2. 会计科目与账户之间的关系

(1) 会计科目和账户所反映的会计对象的具体经济内容是相同的，两者口径一致，性质相同，都体现对会计要素具体内容的分类。

(2) 账户是根据会计科目开设的，账户是会计科目的具体运用。

(3) 会计科目是设置账户的依据，是账户的名称。根据总分类科目设置总分类账，根据明细分类科目设置明细分类账。

(4) 两者的区别。会计科目只是账户的名称，不存在结构，而账户则具有一定的格式和结构；会计科目仅说明反映的经济内容是什么，而账户不仅说明反映的经济内容是什么，还核算并监督该内容的增减变化及结余情况；会计科目的作用主要是为了开设账户，填制凭证所运用，而账户的作用主要是提供某一具体会计对象的会计资料，为编制财务报表所运用。

第二节　复式记账原理

一、记账方法概述

记账方法是指对客观发生的会计事项在有关账户中进行记录时所采用的方法。采用不同方法反映会计要素的变动，形成不同的记账方法。记账方法随着会计的产生和发展，经历了一个从单式记账到复式记账的逐渐完善的过程，会计核算中最早采用的是单式记账法，复式记账法是随着市场经济的发展在单式记账法的基础上逐步演变而成的。

（一）单式记账法

单式记账法是一种比较古老的记账方法，它是指一项经济业务发生后，只在一个账户中做单方面记录的一种记账方法。例如，企业将库存现金 2 000 元送存银行，只记库存现金支

出了 2 000 元，而不记银行存款的增加。很显然该记账方法通过单个账户记录，无法反映经济业务的来龙去脉，因而只是一种简单而又不完整的记账方法。因为单式记账法的种种缺点，这种方法早已被淘汰，现代会计使用的是复式记账法。

（二）复式记账法

复式记账法是指对发生的每一项经济业务，都要以相等的金额同时在两个或两个以上的相互联系的账户中进行登记的一种记账方法。例如，企业将库存现金 2 000 元送存银行，除了记账反映库存现金减少了 2 000 元，还需记账反映银行存款增加了 2 000 元。显然，该记账方法通过账户记录，能反映每一项经济业务的来龙去脉，因而是一种较完善的记账方法。复式记账法是在单式记账法的基础上通过长期的会计实践逐步发展而形成的，是最基本、最主要的会计方法之一，是一种科学的记账方法，被世界各国广泛采用。

复式记账法与单式记账法相比，具有以下两个明显的优点。

1. 能够全面反映经济业务内容和资金运动的来龙去脉

复式记账法对于发生的每一笔经济业务，都要在两个或者两个以上相互联系的账户中同时登记。这样，通过账户记录不仅可以全面、清晰地反映出经济业务的来龙去脉，而且还能通过会计要素的增减变动，全面、系统地反映经济活动的过程和结果。

2. 能够进行试算平衡，便于查账和对账

由于每项经济业务发生后，都要以相等的金额在有关账户中进行登记，因此，可以对账户记录的结果进行试算平衡，以便检查账户记录的正确性。

复式记账法根据记账符号不同，可分为借贷记账法、收付记账法和增减记账法三种。

借贷记账法以“借”和“贷”作为记账符号，是目前国际上通用的记账方法。我国《企业会计准则——基本准则》规定企业应当采用借贷记账法记账。同时，在我国行政事业单位也要求用借贷记账法记账。

收付记账法以“收”和“付”作为记账符号，是我国传统的复式记账法，现已被废弃。

增减记账法以“增”和“减”作为记账符号，这种记账方法是 20 世纪 60 年代我国商业系统改革记账方法时创设的，在 20 世纪 60 至 80 年代曾经广泛推广，现已废弃。

二、复式记账的理论依据与基本原则

（一）复式记账的理论依据

通过前面章节的学习，我们可以知道，会计的对象是资金运动，而企业经营过程中发生的每一项经济业务，都是资金运动的具体过程。只有把企业所有经济业务全面系统地进行核算，才能完整地反映企业资金运动的全貌，为信息使用者提供其所需要的全部核算资料。

企业发生的所有经济业务无非涉及资金增加和减少两个方面，并且某项资金在量上的增加或减少，总是与另一项资金在量上的增加或减少相伴而生。换言之，在资金运动中，一部分资金的减少或增加，总是有另一部分资金的增减变动作为变化的原因。这样就要求在会计记账的时候，必须把每项经济业务所涉及的资金增减变化的原因和结果都记录下来，从而完整、全面地反映经济业务所引起的资金运动的来龙去脉。复式记账法恰恰适应了资金运动的这一规律性的客观要求，把每一项经济业务所涉及的资金在量上的增减变化，通过两个或两个以上账户的记录予以全面反映。可见，资金运动的内在规律性是复式记账的理论依据。

（二）复式记账的基本原则

复式记账法在具体应用中必须遵循以下几项原则：

第一，以会计等式作为记账基础。

第二，对每项经济业务，必须在两个或两个以上相互联系的账户中进行等额记录。

第三，必须按经济业务对会计等式的影响类型进行记录。

第四，定期汇总的全部账户记录必须平衡。

通过复式记账的每笔经济业务的双重等额记录，定期汇总的全部账户的数据必然会导致会计等式的平衡关系。复式记账试算平衡有发生额平衡法和余额平衡法两种。

发生额平衡法，是将一定时期会计等式等号两边账户的发生额增、减交叉相加之和进行核对相等，其计算公式是：

全部账户本期借方发生额合计＝全部账户本期贷方发生额合计

余额平衡法，是将某一时点会计等式等号两边账户的余额分别加计总数进行核对相等，其计算公式是：

全部账户期末借方余额合计＝全部账户期末贷方余额合计

通过上述方法，如果试算平衡，说明账户金额记录基本正确。

第三节　借贷记账法

借贷记账法是以“借”“贷”两字为记账符号，对任何一笔经济业务都必须以借贷相等的金额在相互联系的两个或两个以上的有关账户中进行登记的一种复式记账方法。它是复式记账法应用最为广泛的一种方法。借贷记账法起源于13世纪的意大利，是世界上普遍采用的记账方法，也是我国法定的记账方法。

借贷记账法在会计核算应用中包括记账符号、账户结构、记账规则、会计分录、试算平衡几个方面的内容。

一、借贷记账法的记账符号

借贷记账法以“借”和“贷”作为记账符号，记账符号是用以指明经济业务记录方向而规定使用的符号，用来记录经济业务的增减变化方向。

借贷记账法起源于13世纪的意大利，最早出现在佛罗伦萨银行的账簿中，当时意大利沿海城市的商品经济特别是海上贸易已有很大的发展，在商品交换中，为了适应商业资本和借贷资本经营者的管理需要，逐渐形成的一种记账方法。“借”“贷”两字的含义，最初是从借贷资本家——银行的角度来解释的。对于银行收进的款项记在贷主名下，即债权人名下，指明贷这一笔款项的主人是谁，表示"我应给他"，即"我欠人"的债务；而将银行付出的款项记在借主名下，即债务人名下，指明借这一笔款项的主人是谁，表示"他应给我"，即"人欠我"的债权。此时的"借""贷"两字表示债权债务的变化，这也是"借""贷"两字最初的含义。

随着商品经济的不断发展，经济活动的内容日益复杂，记录经济业务已不再局限于货币资金的借贷业务，而逐渐扩展到财产物资、经营损益等非货币资金借贷业务，借贷记账法逐渐从金融业推广应用于工商业及其他行业。"借""贷"两个符号的登记内容也逐渐扩大，不再局限于登记债权、债务增减业务，而是逐渐扩展到登记财产物资及其经营损益等内容的增减变动业务。这样"借""贷"两字逐渐脱离了原来的字面含义，变成了纯粹的记账符号，成为会计上的专门术语。作为纯粹记账符号的"借"和"贷"，应当理解为账户上两个对立的方向。"借""贷"两方所代表的准确的经济内容，只有联系账户的具体性质才能确定。

二、借贷记账法的账户结构

借贷记账法以"借""贷"作为记账符号，在借贷记账法下，所有账户都设置"借方"和"贷方"，分别反映账户金额的增减变动。账户的左方为借方，右方为贷方，但借方和贷方既可以登记增加金额，又可以登记减少金额，具体哪方登记增加金额，哪方登记减少金额，则取决于账户所核算的经济内容和账户的性质，如表3-3所示。

表3-3 账户性质与记账符号对应关系

账户性质	借　方	贷　方	余额方向
资产	增加(＋)	减少(－)	借方
负债	减少(－)	增加(＋)	贷方
所有者权益	减少(－)	增加(＋)	贷方
收入	减少或转销(－)	增加(＋)	一般无余额
费用(成本)	增加(＋)	减少或转销(－)	一般无余额
利润	减少(－)	增加(＋)	借方或贷方

由表3-3可知，资产、成本费用类账户的增加用"借"表示，减少用"贷"表示；负债、所有者权益和收入类账户的增加用"贷"表示，减少用"借"表示。下面分别说明借贷记账法下资产类、负债和所有者权益类、成本类、损益类和利润类账户的基本结构。

（一）资产类账户的结构

在借贷记账法下，资产类账户的结构表现为：借方登记资产的增加额，贷方登记资产的减少额。在一个会计期间内，借方记录的合计数称为本期借方发生额，贷方记录的合计数称为本期贷方发生额，每一会计期间终了（即期末）将本期借方发生额与本期贷方发生额进行比较，其差额加上期初的借方余额称为期末余额。资产类账户的期末余额一般在借方，期末余额将转入下期，成为下一个会计期间的期初余额。资产类账户结构如图3-3所示。

借方	资产类 贷方
期初余额	
本期增加发生额	本期减少发生额
本期借方发生额合计	本期贷方发生额合计
期末余额	

图 3-3 资产类账户结构

资产类账户期末余额的计算公式：

期末余额＝期初借方余额＋本期借方发生额－本期贷方发生额

（二）负债和所有者权益类账户的结构

根据“资产＝负债＋所有者权益”这一会计等式，资产要素列在等式的左边，负债和所有者权益要素列在等式右边，左右两边永远相等。为保证会计账户的记录不破坏会计等式的平衡关系，负债和所有者权益类账户的结构应该与资产类账户的结构相反，即表现为：贷方登记负债和所有者权益的增加额，借方登记负债和所有者权益的减少额。每一会计期间终了(即期末)将借方发生额与贷方发生额进行比较，其差额加上期初的贷方余额称为期末余额。负债和所有者权益类账户的期末余额一般在贷方，期末余额将转入下期，成为下一个会计期间的期初余额。负债和所有者权益类账户结构如图 3-4 所示。

借方 负债、所有者权益类	贷方
	期初余额
本期减少发生额	本期增加发生额
本期借方发生额合计	本期贷方发生额合计
	期末余额

图 3-4 负债、所有者权益类账户结构

负债和所有者权益类账户期末余额的计算公式：

期末贷方余额＝ 期初贷方余额＋本期贷方发生额－本期借方发生额

（三）损益类账户的结构

损益类账户是为核算本年利润(即计算损益)所设置的账户，主要包括收入类账户和费用类账户。费用支出类账户的结构与资产类基本相同，增加额登记在账户的借方，减少额登记在账户的贷方。收入类账户的结构和负债、所有者权益类基本相同，增加额登记在贷方，减少额登记在借方。

需要说明的是，收入、费用类账户期末应将本期发生额全部结转到“本年利润”账户，结转后这两类账户期末余额为零，即无余额。成本与费用无本质区别，成本类账户期末如有余额应在借方，表示期末尚未完工的在产品成本，性质属资产。

收入类账户、费用类账户结构如图 3-5、图 3-6 所示。

借方	收入类　　　贷方
	期初余额
本期减少发生额 本期转销额	本期增加发生额
本期借方发生额合计	本期贷方发生额合计
	期末无余额

图 3－5　收入类账户结构

借方	费用类(成本类)　　　贷方
期初余额	
本期增加发生额	本期减少发生额 本期转销额
本期借方发生额合计	本期贷方发生额合计
期末无余额	

图 3－6　费用类(成本类)账户结构

（四）利润类账户的结构

利润类账户就是反映企业在一定时期内利润的实现和分配情况的账户。利润类账户可分为以下两类:① 反映利润实际情况的账户,比如"本年利润"账户;② 反映利润分配情况的账户,比如"利润分配"账户。利润类账户的结构与负债及所有者权益类账户大致相同,账户的贷方登记利润的增加额,借方登记利润的减少额。利润类账户期末余额可能在借方,也可能在贷方,期末如有余额在贷方,表示本期盈余,期末如有余额在借方,表示本期亏损。利润类账户的简化结构如图 3－7 所示。

借方	利润类账户　　　贷方
	期初余额
本期减少额 (费用转入) (利润分配)	本期增加额 (收入转入)
本期借方发生额合计	本期贷方发生额合计
借方余额(亏损)	贷方余额(盈余)

图 3－7　利润类账户结构图

综上所述,不同性质的账户,"借""贷"两字所代表的经济内容不同,其中,"借方"代表资产、成本和费用的增加,负债、所有者权益和收入的减少或转销;"贷方"代表资产、成本和费用的减少或转销,负债、所有者权益和收入的增加。经过上述分析,可以总结出一条规律:借贷记账法下各类账户的期末余额都在记录增加额的一方,如资产类账户的期末余额在借方,负债及所有者权益账户的期末余额在贷方。

三、借贷记账法的记账规则

借贷记账法的记账规则是“有借必有贷,借贷必相等”。这一记账规则的具体含义是:对于任何一项经济业务在采用借贷记账法记账时,在记入一个账户的借方的同时,必然记入另一个(或几个)账户的贷方;反之,在记入一个账户的贷方的同时,必然记入另一个(或几个)账户的借方。记入借方账户的金额与记入贷方账户的金额必然相等。根据会计恒等式,经济业务无论怎样复杂,均可概括为以下四种类型:

(1) 资产与所有者权益(或负债)同时增加,总额增加。

(2) 资产与所有者权益(或负债)同时减少,总额减少。

(3) 资产内部有增有减,总额不变。

(4) 所有者权益、负债有增有减,总额不变。

在实际运用借贷记账法的记账规则登记每一项经济业务时,一般应按下列 3 个步骤进行:

第一步,分析经济业务的内容,确定它所涉及的账户是哪些具体账户,并进一步分析这些账户是属哪一类账户。

第二步,分析经济业务所引起的各个会计要素是增加还是减少。

第三步,根据账户结构的具体内容确定哪些账户应记入借方,哪些账户应记入贷方,以及应记入各账户的具体金额。

下面举例说明借贷记账法的运用。

【例 3 - 1】 赣江实业有限公司收到某单位投入的资本 500 000 元存入银行。该公司银行存款期初余额 200 000 元,实收资本期初余额 300 000 元。

经济分析过程如下:

(1) 该业务涉及资产类账户——银行存款,所有者权益账户——实收资本;

(2) 银行存款减少,应付账款减少;

(3) 银行存款减少记贷方,金额 500 000;实收资本增加记贷方,金额 500 000。

T 型账户会计记录如下:

借	银行存款		贷
期初余额	200 000		
(1)	500 000		

借	实收资本		贷
		期初余额	300 000
		(1)	500 000

【例 3 - 2】 赣江实业有限公司用银行存款 150 000 元偿还前欠某公司账款。该公司应付账款期初余额 180 000 元。

经济分析过程如下:

(1) 该业务涉及资产类账户——银行存款,负债类账户——应付账款;

(2) 银行存款减少,应付账款减少;

(3) 银行存款减少记贷方,金额 150 000;应付账款减少记借方,金额 150 000。

T 型账户会计记录如下:

借	银行存款		贷
期初余额	200 000		
(1)	500 000	(2)	150 000

借	应付账款		贷
		期初余额	180 000
(2)	150 000		

【例 3－3】 赣江实业有限公司用银行存款 160 000 元购入一台生产用设备。该公司固定资产的期初余额 300 000 元。(假设不考虑相关税费。)

经济分析过程如下:

(1) 该业务涉及资产类账户——银行存款,资产类账户——固定资产。

(2) 银行存款减少,固定资产增加。

(3) 银行存款减少记贷方,金额 160 000;固定资产增加记借方,金额 160 000。

T 型账户会计记录如下:

借	银行存款		贷
期初余额	200 000		
(1)	500 000	(2) 150 000	
		(3) 160 000	

借	固定资产(某设备)		贷
期初余额	300 000		
(3)	160 000		

【例 3－4】 赣江实业有限公司从 B 公司购入一批原材料用于生产,价值 20 000 元,货款暂欠,材料已验收入库,该公司原材料的期初余额 50 000 元。(假设不考虑相关税费。)

经济分析过程如下:

(1) 该业务涉及资产类账户——原材料,负债类账户——应付账款;

(2) 原材料增加,应付账款增加;

(3) 原材料增加记借方,金额 20 000;应付账款增加记贷方,金额 20 000。

T 型账户会计记录如下:

借	原材料		贷
期初余额	50 000		
(4)	20 000		

借	应付账款		贷
		期初余额	180 000
(2)	150 000		
		(4)	20 000

【例 3－5】 赣江实业有限公司从银行提取现金 2 000 元备用,该公司库存现金期初余额 5 000 元。

经济分析过程如下:

(1) 该业务涉及资产类账户——银行存款,资产类账户——库存现金;

(2) 银行存款减少,库存现金增加;

(3) 银行存款减少记贷方,金额 2 000;库存现金增加记借方,金额 2 000。

T 型账户会计记录如下:

借	银行存款	贷
期初余额	200 000	
(1)	500 000	(2) 150 000
		(3) 160 000
		(5)　2 000

借	库存现金	贷
期初余额	5 000	
(5)	2 000	

从以上举例的几个例子可以看出，运用借贷记账法进行账务处理，必须在记入某一个账户借方的同时记入另一个账户的贷方，而且记入借方与记入贷方的金额总是相等的。由此，我们可以总结借贷记账法的记账规则：有借必有贷，借贷必相等。

四、会计分录

会计分录是会计工作的初始工作，编制会计分录，就意味着对经济业务做会计确认，为经济业务数据记入账户提供依据。

为了保证会计核算资料的正确性，当经济业务发生后，在记入账户以前，我们必须先根据经济业务的具体内容确定所涉及的账户名称，应借、应贷的方向和金额。实际工作中，该项工作通常是通过编制记账凭证来完成的。为了方便教学，我们往往不是真正编制记账凭证，而通过编制会计分录来代替。会计分录是按照借贷记账法记账规则的要求，确定某项经济业务应借（或应贷）账户名称、方向及其金额的记录。每笔会计分录都要包括三个要素：会计账户、记账符号和发生金额。会计分录基本格式如下：

借：××××（科目名称）　　×××（金额）
　贷：××××（科目名称）　　×××（金额）

现将前面举**【例 3－1】**至**【例 3－5】**经济业务的会计分录列式如下：

(1) 借：银行存款　　500 000
　　贷：实收资本　　500 000
(2) 借：应付账款　　150 000
　　贷：银行存款　　150 000
(3) 借：固定资产　　160 000
　　贷：银行存款　　160 000
(4) 借：原材料　　20 000
　　贷：应付账款　　20 000
(5) 借：库存现金　　2 000
　　贷：银行存款　　2 000

从上述会计分录中可以看出，会计分录有两种类型：一种是简单会计分录。简单会计分录就是指一个账户借方只同一个账户贷方发生对应关系的会计分录，它反映的账户对应关系，借方和贷方各只有一个账户，如上述的**【例 3－1】**至**【例 3－5】**。另一种是复合会计分录。复合会计分录是指经济业务发生以后，需在由三个或三个以上对应科目中记录其相互金额变化情况的会计分录。复合会计分录可以分为一借多贷、多借一贷和多借多贷的会计分录。一般来讲，复合会计分录实际上是由若干个简单会计分录合并而成的，凡是复合会计分录都可以拆分为若干个简单会计分录。下面就复合会计分录举例。

【例 3－6】 赣江实业有限公司购进原材料 50 000 元，其中 20 000 元货款以银行存款支付，其余 30 000 元货款尚未支付（暂不考虑增值税）。

借：原材料　　50 000
　贷：银行存款　　20 000
　　应付账款　　30 000

【例 3－7】 赣江实业有限公司用银行存款 90 000 元交纳税金 30 000 元和向投资者分配股利 60 000 元。该公司应交税费的期初余额为 0，应付股利的期初余额为 0。

借：应交税费　　30 000
　应付股利　　60 000
　贷：银行存款　　90 000

一般情况下复合会计分录均可分解为多个简单会计分录，如**【例 3－7】**可以分解成两笔简单会计分录。

（1）借：应交税费　　30 000
　　贷：银行存款　　30 000
（2）借：应付股利　　60 000
　　贷：银行存款　　60 000

【例 3－8】 赣江实业有限公司以银行存款 75 000 元、库存现金 5 000 元偿还银行短期借款 50 000 元和前欠某单位货款 30 000 元。该公司短期借款期初余额 75 000 元。

借：短期借款　　50 000
　应付账款　　30 000
　贷：银行存款　　75 000
　　库存现金　　5 000

从上述分析可以看出，复合会计分录实际上是由几个简单会计分录组合而成的，但通过复合会计分录，可以集中核算某项经济业务的全部情况，简化核算手续。为了保持账户的对应关系，一般不宜把不同类型的经济业务合并在一起编制多借多贷的会计分录。在实际工作中，会计分录是通过记账凭证的编制来完成的。

五、借贷记账法下的试算平衡

所谓借贷记账法下的试算平衡，是指根据会计等式的平衡原理，按照记账规则的要求，通过汇总计算和比较，来检查账户记录的正确性、完整性。

根据借贷记账法“有借必有贷，借贷必相等”的记账规则，对于每项经济业务，借与贷之间都存在平衡关系。因此，当一定会计期间全部经济业务的会计分录都记入相关账户后，所有账户的借方发生额合计数与贷方发生额合计数必然相等；全部账户的期末借方余额的合计数与期末贷方余额的合计数也必然相等。借贷记账法的试算平衡就是根据“资产＝负债＋所有者权益”的平衡公式，按照借贷记账法记账规则的要求，通过汇总计算和比较，来核查账户记录是否正确与完整的一种方法。

借贷记账法下的试算平衡关系包括发生额试算平衡和余额试算平衡两种，具体可用公式表示如下。

（一）发生额试算平衡

对于会计期内发生的全部经济业务，按照“有借必有贷，借贷必相等”的记账规则登记入账，其结果必然是各账户的借方发生额合计等于各账户的贷方发生额合计，用公式表示为：

全部账户的本期借方发生额合计＝全部账户的本期贷方发生额合计

以表 3－4 对**【例 3－1】**至**【例 3－8】**全部账户的发生额来进行试算平衡计算。

表 3－4 本期发生额试算平衡表

会计科目	本期发生额	
	借 方	贷 方
库存现金	(5) 2 000	(8) 5 000
银行存款	(1) 500 000	(2) 150 000 (3) 160 000 (5) 2 000 (6) 20 000 (8) 75 000 (7) 90 000
原材料	(4) 20 000 (6) 50 000	
固定资产	(3) 160 000	
应付账款	(2) 150 000 (8) 30 000	(4) 20 000 (6) 30 000
应交税费	(7) 30 000	
实收资本		(1) 500 000
应付股利	(7) 60 000	
短期借款	(8) 50 000	
合 计	1 052 000	1 052 000

（二）余额试算平衡

由于资产账户余额在借方，负债及所有者权益类账户的余额在贷方，所以，由会计恒等式可以直接得到本期所有账户的借方余额合计与贷方余额合计的恒等关系，可用以下公式表示：

全部账户的借方余额合计＝全部账户的贷方余额合计

该公式可分解为：

全部账户的借方期初余额合计＝全部账户的贷方期初余额合计

全部账户的借方期末余额合计＝全部账户的贷方期末余额合计

以表 3－5 对**【例 3－1】**至**【例 3－8】**全部账户的发生额及余额来进行试算平衡。

表 3－5　试算平衡表

会计科目	期初余额		本期发生额		期末余额	
	借　方	贷　方	借　方	贷　方	借　方	贷　方
库存现金	5 000		2 000	5 000	2 000	
银行存款	200 000		500 000	150 000 160 000 2 000 20 000 75 000 90 000	203 000	
原材料	50 000		20 000 50 000		120 000	
固定资产	300 000		160 000		460 000	
应付账款		180 000	150 000 30 000	20 000 30 000		50 000
应交税费		0	30 000		30 000	
实收资本		300 000		500 000		800 000
应付股利		0	60 000		60 000	
短期借款		75 000	50 000			25 000
合　计	555 000	555 000	1 052 000	1 052 000	875 000	875 000

在编制试算平衡表时，应注意以下几点：

（1）必须保证所有账户的余额均已记入试算平衡表。缺少任何一个账户的余额，都会造成期初或期末借方余额合计与贷方余额合计不相等。

（2）如果试算平衡表借贷不相等，肯定账户记录有错误，应认真查找，直到实现平衡为止。

（3）即便实现了试算平衡，也不能说明账户记录绝对正确，因为有些错误并不会影响借贷双方的平衡关系。例如：

① 整笔漏记某项经济业务，将使本期借贷双方的发生额等额减少，借贷仍然平衡；

② 整笔重记某项经济业务，将使本期借贷双方的发生额等额虚增，借贷仍然平衡；

③ 某项经济业务记录的应借应贷科目正确，但借贷双方金额同时多记或少记，其金额一致，借贷仍然平衡；

④ 某项经济业务记错有关账户，借贷仍然平衡；

⑤ 某项经济业务在账户记录中颠倒了记账方向，借贷仍然平衡；

⑥ 借方或贷方发生额中，偶然发生多记少记并相互抵销，借贷仍然平衡。

六、总分类账与明细分类账的平行登记

总分类账户是根据一级会计科目开设的，用以记录各会计要素具体内容增减变动总括情况的账户。总分类账户只以金额进行记录。明细分类账户是根据明细会计科目开设的，用以记录相关总账详细情况的账户。总分类账户和明细分类账户需要进行平行登记，具体原则如下：

(1) 依据相同。登记总分类账与明细分类账都要以相关的会计凭证为依据。

(2) 同期登记。对于所发生的一笔经济业务，根据有关会计凭证进行全面的分析，登记总分类账户的同时，还要在同一会计期间记入总分类账户所属的明细分类账。

(3) 同向登记。把有关会计科目的总分类账和明细分类账以相同方向进行登记，也就是说记入总分类账借方的同时，也要记入明细分类账会计科目的借方，如果是记贷方，同样要分别记入贷方。

(4) 等额登记。登记金额时总分类账的金额要与明细分类账的金额相等。

由于进行平行登记，总分类账户与所属明细分类账户存在以下关系：

总分类账户本期发生额＝其所属明细分类账户本期发生额合计

总分类账户期初余额＝其所属明细分类账户期初余额合计

总分类账户期末余额＝其所属明细分类账户期末余额合计

为了核对平衡登记的准确性，可编制“明细分类账户发生额及余额表”，并按照以上公式将指标的合计数直接与其所从属的总分类账户的有关指标进行核对。例如，表 3－6 为“原材料明细分类账户发生额及余额表”“原材料”总分类账户期初余额、本期发生额、期末余额均应与明细分类账“原材料——A”“原材料——B”“原材料——C”的合计数进行核对，以保证总分类账户与所属明细分类账户的准确记录。

表 3－6　原材料明细分类账户发生额及余额表

明细账户名称	计量单位	单价	期初余额		本期发生额				期末余额	
					收入		发出			
			数量	金额	数量	金额	数量	金额	数量	金额
A 材料	公斤	12	3 000	36 000	360	4 320	1 400	16 800	1 960	23 530
B 材料	件	16	1 200	19 200	660	10 560	800	12 800	1 060	16 960
C 材料	吨	40			60	2 400	10	400	50	2 000
合　计				54 200		17 280		30 000		42 480

总分类账户是所属明细分类账户的综合，对所属明细分类账户起统驭作用。明细分类账户是有关总分类账户的补充，对有关总分类账户起着详细说明的作用。总分类账户和明细分类账户在核算时需要进行平行登记，登记的会计凭证依据相同，核算内容相同，两者结合起来既总括又详细地反映同一事物，可以保证会计账户核算的全面性、准确性。

本章小结

本章阐述了会计科目与账户的基本概念与内容，并对会计科目与账户的联系与区别做了深入分析。会计科目与账户的使用要遵循某种科学的记账方法，即复式记账法。复式记账法的产生和发展对会计记账有深远的意义，本章对复式记账法中的理论与实务上的科学合理性进行了系统的阐述。

复式记账法中的借贷记账法是现今应用最为广泛的一种记账方法，本章对其记账符号、账户结构、记账规则、会计分录、试算平衡、总分类账户平行登记进行了深入分析，这些基本记账知识将在后面章节得到更为深入的应用与拓展。

知识拓展一　中国古代会计记账方法的演变与发展

中国原始社会末期，由实物记事（计数）、绘画记事（计数）、结绳记事（计数）、刻契记事（计数）等方式所体现的原始计量记录行为基本代表着同时期的“会计”行为，或者说，原始计量记录行为是会计的萌芽状态，并成为会计的直接渊源。

奴隶社会取代原始社会后，在原始计量的基础上，逐步形成最早的会计制度。中国有关会计事项记载的文字，最早出现于商朝的甲骨文，而“会计”称号的命名、会计的职称均起源于西周，这表明大约在西周前后，我国初步形成会计工作组织系统，而在当时也已形成了文字叙述式的“单式记账法”。

春秋以至秦汉，在会计原则、法律、方法方面均有所发展。孔子提出了中国最早的会计原则：“会计当而已矣”，它与目前的“客观性”原则相似。战国时期，中国还出现了最早的封建法典——《法经》，其中包含了“会计”方面的内容。秦汉时期，中国在记账方法上已超越文字叙述式的“单式记账法”，建立起另一种形式的“单式记账法”，即以“入”“出”为会计记录符号的定式简明会计记录方法。西汉时采用的由郡国向朝廷呈报财务收支簿——“上计簿”可视为“会计报告”。南北朝时期，苏绰创造“朱出墨入记账法”，规定以红记出、以墨记入。

唐宋时期，我国会计理论与方法进一步推进。首先，产生了《元和国计簿》《太和国计簿》《会计录》等具有代表性的会计著作；其次，创立了“四柱结算法”，把我国的簿记发展提到一个较为科学的高度，集中归纳了中式会计的基本原理，为后来的“龙门账”和“四脚账”的产生奠定了理论基础。四柱结算法中四柱平衡关系形成了会计上的方程式，这不仅成为我国传统的中式记账法（中式簿记）的一个特色，而且在世界范围内也一直沿用下来。

元代承袭旧制，在会计方面无大的发展。至明代，政府颇重会计报表，要求按旧管、新收、开除和实在四柱编报，报表逐级汇总上报，国家对报表有统一的编报格式和上报日期。到明代具有代表性的会计著作是《万历会计录》。

明末清初之际，中国又出现了一种新的科学的复式记账法——“龙门账法”。此方法是根据唐宋以来“四柱结算法”原理设计出的一种适合于民间商业的会计核算方法。“龙门账”的诞生为中式簿记由单式记账向复式记账的转变奠定了理论基础。到了清代，会计制度又有新的突破，即在“龙门账”的基础上设计发明了“四脚账法”，亦称“天地合账”，是中式簿记发展过程中出现的一种比较成熟的复式记账方法，由“三脚账”发展而成。它的记账方法有两种，一种是以现金记录，另一种是以现金与转账事项并重来记录。从四脚账法的原理来看,它与借贷记账法“有借必有贷,借贷必相等”的记账规则基本一致。清末,随着西式会计的引入,中式会计逐渐趋于衰落。

总而言之,中国古代会计制度经历了从文字叙述式到定式表达式、从单式簿记到复式簿记的演变过程。而单式簿记经历了从三柱结算法到四柱结算法的沿革,复式簿记则经历了从龙门账法到四脚账法的演进。

知识拓展二　为人民理财:红色会计的理念精髓

红色会计是指从1921年中国共产党建党开始到1949年新中国成立以前,党在组织管理和政权建设中的会计工作指导理念及会计实践活动。红色会计的理念是“为人民理财”,其制度设计紧紧围绕这一主题,通过“唤起民众”实现补充兵源、供给前线、获取武装斗争胜利的目的。

从1921年到1949年的28年时间里,中国共产党从一个不足百人的小党发展成拥有400多万名党员、领导着数量超过500万人民军队的大党,并成为中华人民共和国的执政党,其秘诀就在于始终不忘共产党人的初心和使命,致力于为中国人民谋幸福,为中华民族谋复兴。在这段艰苦的岁月里,红色会计的发展始终围绕并服务于“武装斗争”这一中心,通过开源节流,为革命事业提供了重要的物质保障。

中国共产党从成立之初即重视财经制度建设,但当时的制度建设更主要的是党组织的财经制度建设,直到确立了农村根据地的正确道路后,才进入红色政权的财会制度建设这一新的历史阶段。在“三湾改编”时,毛泽东同志就首创性地确立了红色政权会计的基本原则,即实行会计民主,官兵待遇相同,且账目接受公开监督。1931年11月,中华苏维埃共和国中央临时政府在江西瑞金成立,揭开了红色会计制度建设的新篇章——统一财政下的统一会计制度建设。全民族抗日战争时期,各抗日根据地经济极为落后,在这种情况下,统一财政、统一会计制度的意义更为凸显。当时,根据中央指示,各根据地普遍通过合理负担、救国公粮等方式获得财政收入。在财政支出方面,一方面精兵简政、厉行节约,严格控制各项开支;另一方面严厉打击贪污浪费,建设廉洁政府。

在艰苦卓绝的革命斗争中,中国共产党依靠人民群众,巩固了红色政权,改善了民生,也改变了中国的命运。在这个伟大的奋斗历程中,党领导开创的红色会计制度发挥了巨大作用,为我们留下了丰厚的历史文化遗产,也为党史学习、治国理政、会计学术研究等提供了有益启示。

本章思考题

1. 会计科目是什么?会计科目设置应遵循哪些原则?
2. 会计科目的分类有哪些,具体包括什么?
3. 账户与会计科目的联系与区别是什么?
4. 试述一个完整的账户结构应该包括哪些内容。
5. 思考账户的性质与记账符号的对应关系。
6. 试述会计分录的基本结构和应用方法。
7. 借贷记账法为什么会成为复式记账中应用最为广泛的一种?
8. 思考试算平衡的作用,试算平衡是否能证明会计记录完全正确。

第四章 企业主要经济业务的核算

引入案例

大三会计专业学生暑期实习在即，大家都在讨论找什么样的单位实习。教大家会计的罗老师正巧路过教室，大家就请老师来说说会计实习应注意哪些方面。

老师告诉大家，其实会计实务工作贯穿于社会的各个经济组织中，会计实习的岗位非常广泛，去哪里实习都是翻开了会计核算的一个或几个模块。我们在会计基础教学中一般以工业企业(制造企业)为例，因为工业企业会计核算模块最为完整，涉及"供应(采购)—生产—销售"全过程。其他企业可以比照工业企业进行核算，基本原理是一致的，大家可以灵活运用所学知识。如果你在手机专卖店实习，那么它一般没有"生产"环节，只需从工业企业的业务核算中减去"生产"模块即可。如果你在工厂车间实习成本核算，你只需要运用工业企业中的"供应(采购)"和"生产"两个模块进行成本核算即可。所以，会计实务工作是灵活多样的，除特殊行业外，一般企业基本会计业务其实都是我们学到的工业企业主要经济业务的拼拆组合。

学习目的与要求

1. 理解企业经济业务的基本流程，掌握资金运动的特点；
2. 熟练掌握资金筹集业务的账户设置和会计核算方法，包括投入资本和借入资本；
3. 熟练掌握企业资金周转全部过程，包括生产准备业务、产品生产业务、销售业务；
4. 熟练掌握企业财务成果形成与分配的核算，包括营业外收支、月末成本费用结转、所得税计算与结算、利润分配及年末结转等。

第一节 企业主要经济业务概述

企业一般是指以盈利为目的，运用各种生产要素(土地、劳动力、资本、技术和企业家才能等)，向市场提供商品或服务，实行自主经营、自负盈亏、独立核算的法人或其他社会经济组织。工业企业(制造企业)是从事工业产品生产和销售的营利性经济组织，其完整的生产经营过程由供应过程、生产过程和销售过程所构成。本章以工业企业为例，进行企业主要经济业务会计核算解析，其余企业可比照工业企业会计核算进行。

为了从事产品的生产与销售活动，企业必须拥有一定数量的资金，用于建造厂房、购买机器设备、购买材料、支付职工工资、支付经营管理中必要的开支等，生产出的产品经过销售后，收回的货款还要补偿生产中的垫付资金、偿还有关债务、上缴有关税金等。由此可见，工业企业的资金运动包括资金的投入、资金的循环与周转(包括供应过程、生产过程、销售过程三个阶段)以及资金的退出三部分,既有一定时期内的显著运动状态(表现为收入、费用、利润等),又有一定日期的相对静止状态(表现为资产与负债及所有者权益的恒等关系)。

一、资金筹集

工业企业要进行生产经营活动,必须拥有一定的财产物资作为物质基础,其财产物资的货币表现就是资金。

筹集资金是工业企业整个资金运动的起点和基本环节。资金的筹集渠道主要有两个方面:一是接受投资者投入的资金,形成企业的所有者权益;二是向债权人借入的资金,形成企业的负债。投资者投入的资本金和借入的资金形成企业主要的资金来源,资本金可以供企业长期运用,但企业取得的收益应该与投资者共享;而负债必须按期偿还本金和利息。

二、资金周转

工业企业的生产经营过程是由供应、生产、销售三个过程构成的,而且它的主要经济业务大都发生在这三个过程中,企业资金在这个环节中周而复始地循环周转。

(一)供应过程

供应过程是企业为了保证生产需要,用货币资金购建固定资产、购进原材料及其他储备物资的过程。因此,款项的结算、各项成本的确定、材料验收入库等成为供应过程的主要经济业务。在这一过程,企业的货币资金转化为储备资金。

(二)生产过程

生产过程是劳动者利用劳动资料对劳动对象进行加工的过程。在这一过程中,会发生原材料的耗用、工资的支付、固定资产的损耗、水电动力费等各项生产费用。因此,生产费用的发生、归集和分配,以及产品成本的计算是生产过程的主要经济业务。通过供应过程,企业的储备资金的一部分转化为生产资金,随着产品的完工、产成品验收入库,生产资金又转化为成品资金。

(三)销售过程

销售过程是将完工产品投入市场实现产品销售收入,计算并结转已销产品成本,支付广告费、业务招待费、运输费等,最终取得利润的过程。因此,产品销售收入的确认,销售货款结算,已销产品成本的计算及结转,销售费用的支付等是销售过程的主要经济业务。通过这一过程,成品资金又转化为货币资金。

三、财务成果形成与分配

财务成果的形成,即利润形成,是企业得以维持资金周转,进行再生产的基础。企业生产经营过程中要遵循配比原则将当期收入和费用(成本)进行抵减,其差额就是利润。利润的盈亏很大程度上反映了企业的经营业绩,因此,财务成果(利润)往往是评价企业管理层业绩的一项重要指标,也是投资者等财务会计报告使用者进行决策时的重要参考依据。

财务成果的分配，也可称为利润分配，是指按照国家法律法规及企业规章制度对企业当期或累计资金进行分配的统称。企业实现的利润，一部分要以所得税形式上缴国家，另一部分即税后利润，要按照规定的程序在各有关方面进行合理分配，如果是发生了亏损，还要按照规定的程序进行弥补。通过利润分配，一部分资金要退出企业，一部分资金要以公积金等形式继续参加企业的资金周转。

本章将以工业企业（制造企业）为例对一般企业日常经营过程中发生的主要经济业务进行逐步分析讲解，具体过程如图 4-1 所示。

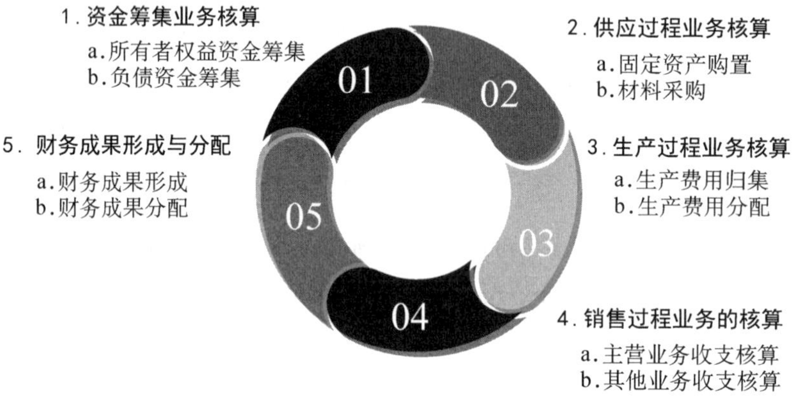

图 4-1 企业主要经济业务流程图

第二节 资金筹集业务的核算

企业要组织和完成生产经营活动，首要任务是为正常的生产经营活动筹集一定数量的资金。企业的资金筹集业务按其资金来源通常分为所有者权益资金筹集和负债资金筹集。

所有者权益资金筹集形成所有者权益，包括投资者的投资及其增值，这部分资本的所有则既享有企业的经营收益，也承担企业的经营风险。所有者向企业投入的资本，在一般情况下无须偿还，可供企业长期周转使用，是企业重要的资金来源之一。

负债资金筹集形成债权人的权益，主要包括企业向债权人借入的资金和结算形成的负债资金等，这部分资本的所有者享有按约收回本金和利息的权利。借入的资金必须按预定的借款用途使用、定期支付利息并到期偿还本金。

一、所有者权益资金筹集业务的核算

企业从投资人处筹集的资金形成企业所有者权益的重要组成部分，企业的所有者权益包括所有者投入的资本、直接计入所有者权益的利得和损失、留存收益等。其中，实收资本和资本公积是所有者直接投入企业的资本和资本溢价等，而盈余公积和未分配利润是企业经营过程中形成的利润留存，即留存收益。本节主要介绍实收资本和资本公积的核算。留存收益将在本章第六节财务成果业务的核算中进行阐述。

（一）账户设置

1.“实收资本”（或“股本”）账户

我国有关法律规定，投资者设立企业首先必须投入资本。《企业法人登记管理条例》规定，企业申请开业，必须具备国家规定的与其生产经营和服务规模相适应的资金。为了反映和监督投资者投入资本的增减变动情况，股份有限公司应通过“股本”科目核算，其他各类企业应通过“实收资本”科目核算。

为了核算与监督企业接受投资者投入资本的变动情况，应设置“实收资本”账户（在股份制企业应设置“股本”账户）进行总分类核算。

“实收资本”账户：所有者权益类账户，贷方登记接受投资者投入的注册资本，以及以资本公积与盈余公积转增资本的数额；借方登记企业按法定程序报经批准减少注册资本的数额；期末余额在贷方，反映企业投资者实际投资的数额。“实收资本”账户可按照投资人设置明细账。“实收资本”账户的结构和内容如图 4－2 所示。

借方　　　　　　实收资本	贷方
	期初余额
按法定程序报经批准减少的注册资本额	投资者投入的注册资本额 以资本公积或盈余公积转增资本的金额
	期末企业实收资本总额

图 4－2　“实收资本”账户的结构和内容

“股本”账户与“实收资本”账户类似，也属于所有者权益类账户，贷方登记股本的增加额，借方登记股本的减少额（如注销公司股份时冲减的股本），期末余额在贷方，反映企业期末股本的总额。

2.“资本公积”账户

资本公积是指企业收到投资者投入的超出其在企业注册资本（或股本）中所占份额的投资。资本公积是一种准资本或资本的储备形式，主要用于转增资本或股本。该账户可按资本公积的来源不同，分别设置“资本溢价（或股本溢价）”“其他资本公积”进行明细核算。

该账户属于所有者权益类账户，贷方登记各种来源资本公积的增加额，如企业收到投资者出资额超出其注册资本或股本中所占份额的部分；借方登记资本公积的减少额，如股东大会或类似机构决议用资本公积转增资本的金额。期末余额在贷方，表示期末资本公积的实有数额。“资本公积”账户的结构和内容如图 4－3 所示。

借方　　　　　　资本公积	贷方
	期初余额
以资本公积转增资本的金额	出资额中资本溢价或股本溢价金额 增加的其他资本公积
	期末企业的资本公积结余数额

图 4－3　“资本公积”账户的结构和内容

（二）账务处理

1. 接受现金资产投资的账务处理

【例 4-1】 赣江实业公司(非股份制)收到新华公司投资 380 000 元，款项已存入银行。按照双方的约定，其中的 300 000 元记入实收资本。编制会计分录如下：

借：银行存款　　380 000
　贷：实收资本　　300 000
　　资本公积——资本溢价　　80 000

【例 4-2】 赣江股份有限公司收到海威公司用于购买该公司发行的 800 000 股股票的货币资金 1 000 000 元，存入银行，股票面值为 1 元。编制会计分录如下：

借：银行存款　　1 000 000
　贷：股本　　800 000
　　资本公积——股本溢价　　200 000

2. 接受非现金资产投资的账务处理

【例 4-3】 赣江股份有限公司收到宏信公司投入不需要安装的 A 设备一台，投资双方协议该设备按公允价值入账，该设备公允价值 700 000 元，增值税税额 91 000 元。该设备可换取赣江股份有限公司面值为 1 元的股票 791 000 元。编制会计分录如下：

借：固定资产——A 设备　　700 000
　应交税费——应交增值税(进项税额)　　91 000
　贷：股本——宏信公司　　791 000

【例 4-4】 赣江股份有限公司收到艾尔公司投资的甲材料一批，投资双方协议该批材料入账价值 400 000 元，增值税税额 52 000 元，换取赣江股份有限公司面值为 1 元的股票 420 000 股。编制会计分录如下：

借：原材料——甲材料　　400 000
　应交税费——应交增值税(进项税额)　　52 000
　贷：股本——艾尔公司　　420 000
　　资本公积——股本溢价　　32 000

【例 4-5】 赣江股份有限公司收到佳兆业公司投入的专利权一项，投资双方约定该专利权按 300 000 元入账，该专利权换取赣江股份有限公司面值为 1 元的股票 300 000 股。假设不考虑相关税费。编制会计分录如下：

借：无形资产——专利权　　300 000
　贷：股本——佳兆业公司　　300 000

二、负债资金筹集业务的核算

企业为了满足生产经营资金的需要，可以向银行或其他金融机构等借入资金，也可以在购买商品、接受劳务的过程中向其他单位赊购，从而形成企业与银行等金融机构、其他单位的债务关系，以弥补经营资金的不足。对企业与其他单位的债务关系，将在以后相关章节讲述，本节主要阐述银行借款的核算。企业向银行等金融机构借入的款项，按偿还期限的长短分为短期借款和长期借款。

（一）账户设置

1."短期借款"账户

"短期借款"是指企业向银行或其他金融机构等借入的偿还期限在一年以内(含一年)的各种借款。短期借款一般是企业为维持正常生产经营所需资金或为偿还某项债务而借入的款项。无论借入款项的来源如何,企业均需要向债权人按期偿还借款的本金和利息。

该账户属于负债类账户,贷方登记取得的短期借款的本金数额,借方登记偿还的短期借款本金数额,期末余额在贷方,表示尚未归还的短期借款本金数额。该账户应按债权人设置明细账,并按借款种类进行明细分类核算。"短期借款"账户的结构和内容如图 4－4 所示。

借方　　　　短期借款	贷方
	期初余额
企业归还的短期借款本金	企业借入的各种短期借款
	期末企业尚未偿还的短期借款

图 4－4　"短期借款"账户的结构和内容

2."长期借款"账户

长期借款是指企业向银行或其他金融机构借入的偿还期限在一年以上(不含一年)的各种借款。长期借款一般是企业为购置固定资产、改扩建工程、大修理工程、对外投资以及为了保持长期经营能力等借入的款项。它是企业长期负债的重要组成部分,必须加强管理与核算。

该账户属于负债类账户,贷方登记取得的长期借款的本金和计提的利息(一次还本付息的长期借款利息及利息调整),借方登记偿还的长期借款的本金和利息(一次还本付息的长期借款利息及利息调整),期末余额在贷方,表示尚未偿还的长期借款的本金和利息。该账户应按照贷款单位和借款种类设置明细账,进行明细分类核算。"长期借款"账户的结构和内容如图 4－5 所示。

借方　　　　长期借款	贷方
	期初余额
企业归还的长期借款本金 支付的到期一次还本付息的长期借款的利息及利息调整	企业借入的长期借款本金 计提的到期一次还本付息的长期借款的利息及利息调整
	期末企业尚未偿还的长期借款

图 4－5　"长期借款"账户的结构和内容

3."应付利息"账户

"应付利息"账户属于负债类账户,用以核算企业按照合同约定应支付的利息,包括按月计提的短期借款利息,分期付息到期还本的长期借款利息等。该账户可按存款人或债权人进行明细核算。

该账户贷方登记企业按合同利率计算确定的应付未付利息,借方登记归还的利息。期末余额在贷方,反映企业应付未付的利息。"应付利息"账户的结构和内容如图 4－6 所示。

借方	应付利息 贷方
	期初余额
企业实际归还利息	企业按合同利率计算的应付未付利息
	期末企业应付未付利息

图 4-6 “应付利息”账户的结构和内容

4.“财务费用”账户

“财务费用”是指企业为筹集生产经营所需资金等而发生的筹资费用,包括利息支出(减去利息收入)、汇兑损益以及相关的手续费、企业发生的现金折扣或收到的现金折扣等。该账户属于损益类账户,一般按照费用项目进行明细核算。

该账户借方登记手续费、利息费用等财务费用的增加额,贷方登记应冲减财务费用的利息收入以及期末结转到“本年利润”账户的余额。期末结转后,该账户无余额。“财务费用”账户的结构和内容如图 4-7 所示。

借方	财务费用 贷方
期初余额	
企业发生的各种筹资费用	发生的应冲减财务费用的利息收入等 期末结转到“本年利润”账户的金额
无	

图 4-7 “财务费用”账户的结构和内容

(二)账务处理

1. 短期借款的账务处理

【例 4-6】 赣江股份有限公司于 2×21 年 1 月 1 日向银行借款短期借款用于经营周转,共计 120 000 元,期限为 9 个月,年利率 5%。根据与银行签署的借款协议,该项借款的本金到期后一次归还,利息分月预提,按季支付。赣江股份有限公司的有关会计处理如下:

(1) 1 月 1 日款项借入。

借:银行存款	120 000	
贷:短期借款		120 000

(2) 1 月末,计提 1 月份应计利息。

借:财务费用	500	
贷:应付利息		500

本月应计提的利息金额=120 000×5%÷12=500(元)

2 月末计提 2 月份利息费用的处理与 1 月份相同。

(3) 3 月末支付第一季度银行借款利息。

借:财务费用	500	
应付利息	1 000	
贷:银行存款		1 500

第二、三季度的会计处理同(1)、(2)、(3)。

(4) 10 月 1 日偿还银行借款本金。

借:短期借款　　120 000

　贷:银行存款　　120 000

2. 长期借款的账务处理

按照付息方式,可将长期借款分为分期付息到期还本的长期借款和到期一次还本付息的长期借款。

长期借款利息应当按照权责发生制原则核算,用于构建固定资产和无形资产,在资产达到预定可使用状态前,所发生的应当资本化的利息支出,记入"在建工程"或"研发支出"科目(此内容将会在中级财务会计阶段讲授);达到预定可使用状态后发生的利息支出,以及按规定不予资本化的利息支出,应记入"财务费用"科目。为生产产品发生的借款费用,符合资本化的记入"制造费用"科目。同时确认"应付利息"或者"长期借款——应计利息"科目,其中如果是分期付息到期还本的长期借款,贷记"应付利息"科目;如果是到期一次还本付息的长期借款,贷记"长期借款——应计利息"科目。

【例 4-7】 赣江股份有限公司于 2×17 年 11 月 30 日从银行借入资金 6 000 000 元,借款期限为 3 年,年利率为 8%(到期一次还本付息,不计复利)。所借款项已存入银行。(借款用途:购买不需要安装的机器设备若干。)

(1) 2×17 年 11 月 30 日取得借款。

借:银行存款　　6 000 000

　贷:长期借款——本金　　6 000 000

(2) 2×17 年 12 月 31 日该公司计提本月长期借款利息。

借:财务费用　　40 000

　贷:长期借款——应计利息　　40 000

2×17 年 12 月应计提利息=6 000 000×8%÷12=40 000(元)

2×18 年 1 月至 2×20 年 10 月末,每月计提利息分录同上。

(3) 2×20 年 11 月 30 日偿还本金及利息。

借:财务费用　　40 000

　长期借款——本金　　6 000 000

　　　——应计利息(40 000×35)　　1 400 000

　贷:银行存款　　7 440 000

【例 4-8】 假定将**【例 4-7】**付息方式修改为"利息一年一付,到期还本",其他条件不变,会计分录如下:

(1) 2×17 年 11 月 30 日取得借款。

借:银行存款　　6 000 000

　贷:长期借款——本金　　6 000 000

(2) 2×17 年 12 月 31 日该公司计提本月长期借款利息。

借:财务费用　　40 000

　贷:应付利息　　40 000

2×17 年 12 月应计提利息＝6 000 000×8%÷12＝40 000(元)

以后 10 个月的每月计提利息会计分录同上。

(3) 2×18 年 11 月 30 日支付一年期利息。

借:应收利息　　440 000

　财务费用　　40 000

　贷:银行存款　　480 000

2×19 年 11 月 30 日借款利息支付分录同上。

(4) 2×20 年 11 月 30 日,归还本金及最后一年利息。

借:应收利息　　440 000

　财务费用　　40 000

　贷:银行存款　　480 000

借:长期借款——本金　　6 000 000

　贷:银行存款　　6 000 000

第三节　供应过程业务的核算

供应过程业务是指企业在资金筹集后,为产品生产服务而进行的多方面物资准备工作发生的相关业务,也称为生产准备业务。企业为进行产品生产,需要机器、设备、厂房等固定资产,各种材料等存货,因此,在供应过程业务中,较为重要的核算内容集中在两个方面:一是准备劳动资料形成的固定资产业务;二是准备劳动对象形成的购买材料业务。

一、购建固定资产的核算

(一) 固定资产的含义和确认条件

固定资产是指为生产商品、提供劳务、出租或经营管理而持有,使用寿命超过一个会计年度的有形资产。

固定资产在符合定义的前提下,应当同时满足以下两个条件,才能予以确认:① 与该固定资产有关的经济利益很可能流入企业;② 该固定资产的成本能够可靠地计量。

(二) 固定资产初始计量的确定

固定资产应当按照成本进行初始计量,即购建的固定资产应按原价入账。

企业购置固定资产的成本,包括购买价款、进口关税和其他税费,以及使固定资产达到预定可使用状态前所发生的可归属于该项资产的运输费、装卸费、安装费、场地整理费和专业人员服务费等。

（三）固定资产购买业务核算

固定资产形成的业务涉及增值税进项税额的会计处理，有允许抵扣和不得抵扣两种，本教材该章节内容以固定资产进项税额均可抵扣情况为例。

1. 固定资产购买业务账户设置

（1）“在建工程”账户。

该账户属于资产类账户，用以核算企业进行的基建、安装、技术改造、大修理等工程所发生的支出。“在建工程”账户的结构和内容如图 4－8 所示。

在建工程

借方发生额：建造固定资产的实际成本或购入需安装固定资产的价值及其安装成本	贷方发生额：建造或安装完毕结转至“固定资产”的原始价值
期末余额：期末未完工的工程成本	

图 4－8　“在建工程”账户的结构和内容

（2）“固定资产”账户。

该账户属于资产类账户，用以核算现有固定资产的账面原值及其增减变动情况。该账户通常根据固定资产的类别设置明细账。“固定资产”账户的结构和内容如图 4－9 所示。

固定资产

借方发生额：增加的固定资产的原始价值	贷方发生额：因出售、报废、毁损而减少的固定资产的账面原值
期末余额：现有固定资产的账面原值	

图 4－9　“固定资产”账户的结构和内容

（3）“应交税费——应交增值税”账户。

该账户属于负债类账户，用来核算企业在购买材料物资或者销售商品过程中所发生的增值税。从计税原理上说，增值税是对商品生产、流通、劳务服务中多个环节的新增价值或者商品的附加值征收的一种流转税。增值税属于价外税，也就是要由消费者负担，有增值额才征收，没有增值额则不征税。该账户一般按照进项税额、销项税额等设置明细账。“应交税费——应交增值税”账户的结构和内容如图 4－10 所示。

应交税费——应交增值税

借方发生额：购进货物/接受应税劳务支付的增值税或者实际已经缴纳的增值税	贷方发生额：销售货物/提供应税劳务应缴纳的增值税
期末余额：尚未收回/尚未收到货物预付款	期末余额：收到货物的价值大于预付的货款

图 4－10　“应交税费——应交增值税”账户的结构和内容

2. 固定资产购买业务账务处理

购买固定资产主要有需要安装和不需要安装两种情况，由于达到预定可使用状态不同，其会计处理也不同。

(1) 购入需要安装的固定资产。

购入需要安装的固定资产因其暂时不能使用,不会增加"固定资产"的价值,但是会增加"在建工程"的价值,通常同时通常减少银行存款或者增加相关的负债。待该项固定资产安装完毕并且可以使用时,再计入固定资产的成本。

【例4-9】 赣江股份有限公司为增值税一般纳税人,用银行存款购入一台需要安装的机床,增值税专用发票上注明的设备买价100 000元,增值税税额13 000元,设备投入安装。

借:在建工程——机床	100 000	
应交税费——应交增值税(进项税额)	13 000	
贷:银行存款		113 000

【例4-10】 接上例,上述机床在安装过程中,以现金支付安装工人工资5 000元。

借:在建工程——机床	5 000	
贷:应付职工薪酬——工资		5 000
借:应付职工薪酬——工资	5 000	
贷:库存现金		5 000

【例4-11】 接上例,上述机床安装完毕,达到预定可使用状态,并经验收合格,现已交付使用。

借:固定资产——机床	105 000	
贷:在建工程——机床		105 000

(2) 购入不需要安装的固定资产。

购入不需要安装的固定资产会增加固定资产的价值,同时通常减少银行存款或者增加相关负债。

【例4-12】 赣江股份有限公司用银行存款购入一台设备,增值税专用发票上注明的设备买价45 000元,增值税税额5 850元,发生运输费5 000元,增值税税额450元,已经验收并交付使用。

借:固定资产——设备	50 000	
应交税费——应交增值税(进项税额)	6 300	
贷:银行存款		56 300

(四) 固定资产建造业务核算

企业建造固定资产,应当按照建造该项资产达到预定可使用状态前所发生的必要支出,作为固定资产的成本。企业建造固定资产,应先通过"在建工程"账户核算,工程达到预定可使用状态时,再从"在建工程"账户转入"固定资产"账户。

1. 固定资产建造业务账户设置

该账户属于资产类账户,用以核算购买时就明确了固定用途用于在建工程项目的物资,该账户通常根据工程物资的类别设置明细账。"工程物资"账户的结构和内容如图4-11所示。

工程物资

借方发生额:企业购入工程物资的成本	贷方发生额:企业领用工程物资的成本
期末余额:企业为准备在建工程准备的各种物资成本	

图 4-11　“工程物资”账户的结构和内容

2. 固定资产建造业务账务处理

企业建造固定资产主要有自营和出包两种方式,由于采用的建设方法不同,其会计处理也不同。

(1) 自营工程。

自营工程是指企业自行组织工程物资采购、自行组织施工人员施工的建筑工程和安装工程。

【例 4-13】 赣江股份有限公司为增值税一般纳税人,2×22 年 1 月 1 日以存款支付为建造厂房购入专用物资 600 000 元,增值税专用发票上注明的增值税额为 78 000 元,2×22 年 2 月 1 日开始动工,物资全部领用。2×22 年 5 月 31 日计算并发放工程人员工资 200 000 元。2×22 年 6 月 1 日工程完工并达到预定可使用状态。

2×22 年 1 月 1 日,购入专用物资时:

借:工程物资　　600 000

　　应交税费——应交增值税(进项税额)　　78 000

　　贷:银行存款　　678 000

2×22 年 2 月 1 日,领用工程物资时:

借:在建工程——办公楼　　600 000

　　贷:工程物资　　600 000

2×22 年 5 月 31 日,计算并发放工程人员工资时:

借:在建工程——办公楼　　200 000

　　贷:应付职工薪酬——工资　　200 000

借:应付职工薪酬——工资　　200 000

　　贷:银行存款　　200 000

2×22 年 6 月 1 日,厂房完工验收交付使用时:

借:固定资产——办公楼　　800 000

　　贷:在建工程——办公楼　　800 000

(2) 出包工程。

出包工程是指企业通过招标方式将工程项目发包给建造承包商,建造承包商组织施工的建筑工程和安装工程。

企业采用出包方式进行的固定资产工程,其工程的具体支出主要由建造承包商核算,在这种方式下,“在建工程”账户主要是反映企业与建造承包商办理工程价款结算的情况,企业支付给建造承包商的工程价款作为工程成本,通过“在建工程”账户核算。

【例 4-14】 赣江股份有限公司为增值税一般纳税人,2×22 年 2 月 1 日将一栋厂房的建造工程出包给安美公司承建，按合理估计的发包工程进度和合同规定向安美公司结算进度款并取得安美公司开具的增值税专用发票，注明工程款 800 000 元，增值税税额 72 000 元。2×23 年 4 月 1 日，工程完工并达到预定可使用状态，补付工程款并取得安美公司开具的增值税专用发票，注明工程款 200 000 元，增值税税额 18 000 元。

2×22 年 2 月 1 日，按合理估计的发包工程进度和合同规定结算进度款时：

借：在建工程——厂房　　800 000
　　应交税费——应交增值税（进项税额）　　72 000
　　贷：银行存款　　872 000

2×23 年 4 月 1 日，补付工程款时：

借：在建工程——厂房　　200 000
　　应交税费——应交增值税（进项税额）　　18 000
　　贷：银行存款　　218 000

2×23 年 4 月 1 日，厂房完工验收交付使用时：

借：固定资产——厂房　　1 000 000
　　贷：在建工程——厂房　　1 000 000

二、材料采购的核算

（一）材料的含义和取得方式

材料，会计上称为原材料，是企业生产产品不可缺少的物质要素。它是指在生产过程中，经过加工改变其形态或性质并构成产品主要实体的各种原料、主要材料和外购半成品，以及不构成产品实体但有助于产品形成的辅助材料。

企业的各种材料可以直接从外单位购进，也可以委托外单位加工，有些材料还可以自制，以及接受投资者投入和接受捐赠等，这节内容仅介绍购买材料业务的核算。

（二）材料入账价值的确定

按照企业会计准则的规定，购买材料的入账价值有两种，分为实际成本和计划成本核算。在此，以按实际成本核算为例进行介绍。

购买材料的成本是指企业材料从采购到入库前发生的全部支出，包括购买价款、相关税费、运输费、装卸费、保险费以及其他可归属于采购成本的费用。购买的材料实际成本具体由以下几项内容组成：

（1）购买价款是指购买发票所注明的款项金额；

（2）在采购过程中发生的运杂费（包括运输费、包装费、装卸费、保险费、仓储费等，不包括按规定根据运输费的一定比例计算的可抵扣的增值税税额）；

（3）材料在运输途中发生的合理损耗；

（4）材料入库之前发生的整理挑选费用；

（5）按规定应计入材料采购成本中的各种税金，如从国外进口材料支付的关税等；

（6）其他费用，如大宗物资的市内运杂费等。

以上第(1)项应当直接计入所购材料的采购成本，第(2)、(3)、(4)、(5)、(6)项，采购过程中能分清某项材料负担的，应直接计入该种材料的采购成本。不能分清的，应按一定的标准(如材料的买价或重量等)采用一定的方法，分配计入各种材料的采购成本。

应注意的是：材料在运输途中发生的损耗包括合理损耗、不合理损耗和意外损耗等。合理损耗计入材料采购成本中，不合理损耗应向责任方索取赔偿，意外损耗扣除保险公司给予的赔偿以及残值后发生的净损失计入营业外支出，除以上各项以外的其他损失计入管理费用。

（三）材料采购业务核算

1. 材料采购业务账户设置

(1)“在途物资”账户。

该账户属于资产类账户，用于核算采用实际成本法下购买的尚未入库的材料的采购成本。该账户可按照材料的品种、规格设置明细账户。“在途物资”账户的结构和内容如图4－12所示。

在途物资

借方发生额：材料的买价 材料的采购费用 相关税费	贷方发生额：验收入库 (转入“原材料”的实际成本)
期末余额：期末未到达的材料或 已到达但尚未验收入库的材料	

图4－12 “在途物资”账户的结构和内容

(2)“原材料”账户。

该账户属于资产类账户，用来核算企业库存的各种材料，包括原料及主要材料、辅助材料等的计划成本或实际成本。该账户可按照材料的品种、规格设置明细账户。“原材料”账户的结构和内容如图4－13所示。

原材料

借方发生额：验收入库的材料成本	贷方发生额：发出领用材料的成本
期末余额：期末库存材料的成本	

图4－13 “原材料”账户的结构和内容

(3)“应付账款”账户。

该账户属于负债类账户，用来核算企业因购买材料物资、接受劳务等应付给供应商的款项。该账户可按照供应单位设置明细账户。“应付账款”账户的结构和内容如图4－14所示。

应付账款

借方发生额：已偿付的款项	贷方发生额：应支付尚未支付的款项
	期末余额：期末尚未偿付的款项

图4－14 “应付账款”账户的结构和内容

(4)“应付票据”账户。

该账户属于负债类账户，用来核算企业购买材料、商品和接受劳务供应等开出并承兑的商业汇票，包括银行承兑汇票和商业承兑汇票。该账户可按照债权人设置明细账户。“应付票据”账户的结构和内容如图 4-15 所示。

应付票据

借方发生额：票据到期支付额 到期无力支付转为应付账款/短期借款金额	贷方发生额：应支付尚未支付的款项
	期末余额：期末尚未偿付的款项

图 4-15 “应付票据”账户的结构和内容

(5)“预付账款”账户。

该账户属于资产类账户，用来核算企业按照购销合同规定预付给供应单位的货款。该账户按照供货单位设置明细账户。“预付账款”账户的结构和内容如图 4-16 所示。

预付账款

借方发生额：预付的货款	贷方发生额：收到货物转销的预付款
期末余额：尚未收回/尚未收到货物预付款	期末余额：收到货物的价值大于预付的货款

图 4-16 “预付账款”账户的结构和内容

2. 材料采购业务账务处理

(1) 购买原材料。

前面已经提到过企业购买材料应该按照其实际成本入账。实际成本即在采购材料的过程中所发生的各项支出，具体包括买价、购入材料负担的进口关税等税费、购入材料过程中所支付的各项费用。需要注意的是：企业购买材料是为了生产产品，最终卖给消费者，因此企业不是原材料的最终消费者。企业在购买材料的过程中支付给对方的增值税不应由企业承担，所以该部分增值税先计入进项税额，之后可以抵减企业应承担的增值税。

【例 4-15】 赣江股份有限公司向安新公司购入甲材料买价 10 000 元，乙材料买价 30 000 元，增值税合计为 5 200 元，款项尚未支付。

借：在途物资——甲材料	10 000	
——乙材料	30 000	
应交税费——应交增值税(进项税额)	5 200	
贷：应付账款——安新公司		45 200

【例 4-16】 赣江股份有限公司向安新公司支付前欠货款 45 200 元。

借：应付账款——安新公司	45 200	
贷：银行存款		45 200

【例 4-17】 赣江股份有限公司向安庆公司购入甲材料 100 千克，价款 60 000 元，乙材料 500 千克，价款 10 000 元，增值税合计为 9 100 元，开出期限 5 个月银行承兑的商业汇票一张。

借：在途物资——甲材料	60 000	

——乙材料　　10 000

应交税费——应交增值税(进项税额)　　9 100

贷:应付票据——安庆公司　　79 100

【例 4-18】 接上例,五个月后,赣江股份有限公司向安庆公司以银行存款承兑到期的汇票。

借:应付票据——安庆公司　　79 100

贷:银行存款　　79 100

【例 4-19】 赣江股份有限公司根据合同规定向安泰公司以银行存款预付购买丙材料的货款 100 000 元。

借:预付账款——安泰公司　　100 000

贷:银行存款　　100 000

【例 4-20】 赣江股份有限公司收到从安泰公司购入丙材料 600 千克,增值税专用发票上注明价款为 120 000 元,增值税税额为 15 600 元。

借:在途物资——丙材料　　120 000

应交税费——应交增值税(进项税额)　　15 600

贷:预付账款——安泰公司　　135 600

【例 4-21】 接上例,赣江股份有限公司以存款补付安泰公司货款。

借:预付账款——安泰公司　　35 600

贷:银行存款　　35 600

【例 4-22】 赣江股份有限公司向安信公司购入丁材料 200 千克,价款 40 000 元,戊材料 200 千克,价款 20 000 元,增值税合计为 7 800 元,用银行存款支付 67 800 元。

借:在途物资——丁材料　　40 000

——戊材料　　20 000

应交税费——应交增值税(进项税额)　　7 800

贷:银行存款　　67 800

购买材料发生的采购费用应当计入该种材料的成本,但当一次购买两种或两种以上材料时,所发生的采购费用就是共同费用,应当选择恰当的分配标准,进行合理分配,以便分别计算确定各种材料的采购成本。在通常情况下,材料的分配标准有重量、买价、体积等。

【例 4-23】 接上例,赣江股份有限公司以银行存款支付运杂费 2 000 元。

运输费分配率=2 000÷(200+200)=5(元/千克)

丁材料分摊运输费=5×200=1 000(元)

戊材料分摊运输费=2 000-1 000=1 000(元)

借:在途物资——丁材料　　1 000

——戊材料　　1 000

贷:银行存款　　2 000

(2) 原材料入库。

采购的原材料经过保管员及其他专业人士的验收,看其质量、数量是否与合同规定相符后才能进入仓库，进入仓库的原材料的成本是验收合格的原材料的采购成本。原材料入库后会增加仓库里原材料的价值。

【例 4-24】 接上例，购入的丁材料和戊材料经验收后入库。

借：原材料——丁材料　　41 000
　　　　　——戊材料　　21 000
　贷：在途物资——丁材料　　41 000
　　　　　　　——戊材料　　21 000

第四节　生产过程业务的核算

生产过程业务是指产品形成的阶段发生的计算和处理产品生产成本的业务，也是生产经营的第二阶段。生产过程是产品生产经营活动的中心环节，它既是产品的制造过程，也是劳动力、劳动对象和劳动资料的消耗过程。这一阶段的主要经济活动是投入人力、物力、各种费用对材料进行加工，生产出半成品和产成品。

一、生产成本的核算

（一）生产成本的构成

企业在生产过程中会发生各种费用，主要包括材料费用、固定资产消耗、工资费用和其他费用。发生的上述费用，应按照一定的对象和分配原则进行归集与分配。其中，属于生产产品发生的各项费用，包括直接费用和间接费用，构成产品的生产成本。直接费用指与生产产品或提供劳务直接关联，可以将其直接归属于某种产品的费用；间接费用是指企业内部各生产经营单位为组织和管理生产经营活动而发生的共同费用，这部分费用需按一定的比例分配后再计入各种产品的成本。属于与产品生产无直接关系的费用，形成期间费用，不计入产品生产成本，在会计期间结束时，直接计入当期损益。

（二）生产成本的内容

生产过程的核算内容主要就是产品生产成本的核算，以上内容可知产品生产成本由直接费用和间接费用构成。直接费用包括直接材料和直接人工，间接费用即制造费用。

1. 直接材料

直接材料是指企业在生产产品和提供劳务过程中所消耗的、直接用于产品生产，构成产品实体的各种原材料、主要材料、外购半成品以及有助于产品形成的辅助材料。

2. 直接人工

直接人工是指企业生产产品和提供劳务过程中，直接从事产品生产的工人工资、津贴、补助、奖金、福利等薪酬。

3. 制造费用

制造费用是指企业为生产产品和提供劳务而发生的不能与产品直接挂钩的各项间接

费用。

由此可见，生产成本=直接材料+直接人工+制造费用。在进行产品成本核算的时候，核算过程先后顺序如下：

（1）归集已经发生的各种生产费用。包括归集属于产品生产成本的生产费用和不属于产品生产成本的生产费用。

（2）分配间接生产费用。将间接的生产费用通过一定的分配方法分配到每一种产品成本中，使其成为每种产品成本的一部分。

（3）计算完工入库产品的总成本和单位成本。计算完工并且验收入库的产品的总成本和单位成本，它们将成为企业存货的一部分，等待进入销售环节。

二、生产成本形成的业务核算

（一）生产成本形成业务账户设置

1."生产成本"账户

该账户属于成本类账户，用来核算企业生产各种产品、自制材料、工具、设备等所发生的各项生产费用。它包括生产该产品的直接费用和应分摊的间接费用。其借方登记本期生产产品所实际发生的各项直接生产费用及分配转入的制造费用；贷方登记期末已完工验收入库产品应结转的实际成本；余额在借方，表示尚未加工完毕的在产品成本。该账户可按照成本计算对象（通常以产品品种）设置明细账。"生产成本"账户的结构和内容如图 4－17 所示。

生产成本

借方	贷方
借方发生额：直接材料 直接人工 制造费用	贷方发生额：完工验收入库产品结转的实际成本
期末余额：期末在产品成本	

图 4－17　"生产成本"账户的结构和内容

2."制造费用"账户

该账户属于成本类账户，用来核算企业生产车间为生产产品和提供劳务而发生的各项间接费用。包括车间行政管理人员的薪酬、车间所用固定资产的折旧费、租赁费、办公费、水电费、机物料消耗、劳动保护费、季节性或修理期间的停工损失等。发生上述费用时，记入借方；期末按照一定的分配方法和标准分配转入各种产品生产成本时，记入贷方。期末一般无余额。该账户可按照不同车间名称设置明细账。"制造费用"账户的结构和内容如图 4－18 所示。

制造费用

借方	贷方
借方发生额：本期发生的各项制造费用	贷方发生额：分配转入"生产成本"账户的制造费用

图 4－18　"制造费用"账户的结构和内容

3.“管理费用”账户

该账户属于损益类账户,用来核算企业为组织和管理生产经营活动而发生的各项管理费用。包括企业的董事会和行政管理部门在企业经营管理中发生的或由企业统一负担的公司经费(包括行政管理部门职工薪酬、物料消耗、低值易耗品摊销、办公费和差旅费等)、工会经费、董事会费(包括董事会成员津贴、会议费和差旅费等)、聘请中介机构费、咨询费(含顾问费)、诉讼费、业务招待费、技术转让费、研究费用、排污费等。企业生产车间(部门)和行政管理部门发生的固定资产维修费用等后续支出,也作为管理费用核算。发生管理费用时,记入借方;期末转出费用时,记入贷方。期末该账户无余额。该账户可按照管理费用的项目设置明细账。“管理费用”账户的结构和内容如图4-19所示。

管理费用	
借方发生额:本期管理部门发生的各项费用	贷方发生额:期末转入“本年利润”账户的数额

图4-19 “管理费用”账户的结构和内容

4.“库存商品”账户

该账户属于资产类账户,用来核算企业完工入库产成品成本的情况。借方核算完工入库的产成品的成本,贷方核算企业由于销售而减少的产成品成本,期末余额一般在借方,表示企业仓库里尚未销售的产成品成本。该账户一般按照库存商品的种类设置明细账户。“库存商品”账户的结构和内容如图4-20所示。

库存商品	
借方发生额:完工入库产成品成本	贷方发生额:出库销售的产成品成本
期末余额:期末库存的产成品成本	

图4-20 “库存商品”账户的结构和内容

(二)生产成本形成业务账务处理

1.材料费用的账务处理

生产车间领用材料时,首先填制领料单,向仓库办理领料手续,仓库根据领料单发出材料后,将领料单交给财会部门,财会部门据以编制发出材料的记账凭证。领用的材料根据是否能够直接归属于某种产品分为直接费用和间接费用。除了生产过程领用材料以外,行政部门也可能领用材料,这些情况的核算也有所不同。

直接费用是指生产领用的直接用于生产某种产品的材料费用,这种情况材料费用应该直接计入该产品的生产成本。

间接费用是指在领用材料时无法明确该种材料是某种产品耗用的或是几种产品共同耗用的材料费用。这种情况材料领用时通过“制造费用”的借方核算。

行政管理部门领用的材料不属于产品的生产成本,材料费用不能计入产品的生产成本,应该属于期间费用。如果行政管理部门领用,则属于“管理费用”。

【例4-25】 赣江股份有限公司生产车间领用甲材料50 000元,用于A产品生产的为

20 000 元，用于B产品生产的为 30 000 元，领用乙材料 10 000 元，用于A产品生产的为 4 000 元，用于B产品生产的为 5 000 元，用于车间一般消耗的为 800 元，用于行政管理部门的为 200 元。

借：生产成本——A 产品　　24 000
　　　　　　——B 产品　　35 000
　　制造费用　　800
　　管理费用　　200
　　贷：原材料——甲材料　　50 000
　　　　　　　——乙材料　　10 000

2. 人工费用的账务处理

生产过程的人工费用指企业支付给职工的劳动报酬，本质上是一种劳动耗费，包括工资、奖金和津贴以及为职工支付的各种保险和住房公积金等。企业所发生的人工费用应根据职工的岗位情况，分为计入产品生产成本的人工费用和计入期间费用的人工费用。

直接人工指直接参加某种产品生产工人的薪酬，直接计入该产品生产成本。

间接人工指车间内负责生产监督和管理工作的管理人员的薪酬，该费用通过"制造费用"的借方核算。

其他部门员工因不参与产品的生产，其人工费用不能计入产品的生产成本，应该归属于期间费用。如果是行政部门的人工费用，则属于"管理费用"，如果是销售部门的费用，则属于"销售费用"。

【例 4-26】 分配本月工资费用 80 000 元，其中，A 产品生产工人工资 25 000 元，B 产品生产工人工资 25 000 元，车间管理人员工资 5 000 元，行政管理人员工资 15 000 元，销售部门人员工资10 000元。

借：生产成本——A 产品　　25 000
　　　　　　——B 产品　　25 000
　　制造费用　　5 000
　　管理费用　　15 000
　　销售费用　　10 000
　　贷：应付职工薪酬——工资　　80 000

【例 4-27】 按工资总额的 2%和 2.5%的计提标准，确认工会经费和职工教育经费。

借：生产成本——A 产品　　1 125
　　　　　　——B 产品　　1 125
　　制造费用　　225
　　管理费用　　675
　　销售费用　　450
　　贷：应付职工薪酬——工会经费　　1 600
　　　　　　　　　　——职工教育经费　　2 000

3. 固定资产折旧的账务处理

固定资产在生产过程中因使用而逐渐损耗的价值，在会计上称为固定资产折旧。固定资产的价值随着在生产过程中的使用发生磨损而逐渐减少，形成生产费用，并转移到相关成本、费用中去。企业需要计算折旧，以折旧费的名义计入相关的成本费用，并随着产品的销售或会计期间的结束，从所获取的收入中得到补偿。固定资产根据其使用用途不同，将其发生的折旧分为计入产品成本的折旧费和计入期间费用的折旧费。

车间由于生产产品的需要，将会使用耗资较多的大型生产设备，而企业的一台大型设备通常会用于生产多种产品。因此，车间内使用的固定资产所发生的损耗属于间接费用，应通过“制造费用”的借方来核算；同时固定资产的价值减少，应通过“累计折旧”的贷方核算。

其他部门使用的固定资产，由于没有参与产品的生产过程，因此所发生的固定资产损耗不计入产品成本。如果是行政部门使用的固定资产，应将其记入“管理费用”；如果是销售部门使用的固定资产，应将其记入“销售费用”。

【例 4-28】 计提固定资产折旧，其中车间计提 6 000 元，行政部门计提 3 000 元。

借：制造费用　　6 000

　　管理费用　　3 000

　贷：累计折旧　　9 000

4. 制造费用的账务处理

制造费用是产品制造企业为生产产品而发生的各种间接费用。这些费用，企业设置“制造费用”明细账，按月将它们归集在一起，月末转入“生产成本”账户。在生产多种产品的企业，还需要选用一定的分配标准在各种产品之间进行分配。常见的分配标准有：生产工人工资、生产工时、机器工时等。

【例 4-29】 赣江股份有限公司以银行存款购买车间办公用品 1 000 元。

借：制造费用　　1 000

　贷：银行存款　　1 000

【例 4-30】 赣江股份有限公司以银行存款支付车间水电费 2 000 元。

借：制造费用　　2 000

　贷：银行存款　　2 000

【例 4-31】 按 A、B 产品生产工人工资比例分配结转本月制造费用。

本月制造费用合计：800＋5 000＋225＋6 000＋1 000＋2 000＝15 025(元)

A 产品和 B 产品生产工人工资均为 25 000 元，制造费用平均分配。

A 产品和 B 产品分配的制造费用各为：15 025×50%＝7 512.50(元)

借：生产成本——A 产品　　7 512.50

　　　　　——B 产品　　7 512.50

　贷：制造费用　　15 025

5. 完工入库产品的账务处理

通过制造费用的分配，所有生产费用已经分为计入产品成本的生产费用和计入期间费用的生产费用。其中，期间费用与产品成本无关，不参与计算。而产品的生产成本包括直接材料、直接人工以及分配进来的制造费用。

确认库存商品成本是将完工产品从“生产成本”结转至“库存商品”的过程。如果产品没有完工，其生产过程中所发生的生产费用仍留在“生产成本”账户的借方，因此“生产成本”账户借方余额表示尚未完工的在产品的生产成本。

【例 4－32】 赣江股份有限公司本月无期初和期末在产品，投产产品本月全部完工，结转本月完工产品成本。

A 产品完工产品成本：24 000＋25 000＋7 512.50＋1 125＝57 637.50(元)

B 产品完工产品成本：35 000＋25 000＋7 512.50＋1 125＝68 637.50(元)

借：库存商品——A 产品　　57 637.50

　　　　　　——B 产品　　68 637.50

　贷：生产成本——A 产品　　57 637.50

　　　　　　　——B 产品　　68 637.50

需要注意的是，企业发生的与专设销售机构相关的固定资产修理费用等后续支出，在“销售费用”科目核算；企业生产车间(部门)和行政管理部门等发生的固定资产修理费用(如车间设备维修费)等后续支出，在“管理费用”科目核算。生产车间的机物料消耗、固定资产折旧，非固定资产的修理费项目，在“制造费用”科目核算。

第五节　销售业务的核算

企业经过了产品生产过程，生产出符合要求、可供对外出售的产品，形成了商品存货，接下来就要进入销售过程。销售是企业生产经营活动的最后阶段，是企业产品价值的实现过程。产品销售业务包括产品销售收入的确认、相关费用的计算和确认以及销售款项的结算等业务。制造企业通过产品销售，收回货币资金，实现营业收入，以保证企业再生产的进行。同时，企业应反映已销产品的实际生产成本、销售产品应承担的税金以及在销售过程中发生的销售费用等。销售费用作为期间费用直接计入当期损益。另外，企业在销售过程中还会获得除主营业务以外的其他销售或其他业务的收入，即其他业务收入。

销售业务核算的主要内容包括销售收入、销售成本、销售税金及附加、销售费用的核算，以确定企业在一定期间的经营成果。

一、销售收入的核算

(一) 销售收入的确认

销售收入是指企业销售商品或提供劳务等日常经营活动中形成的，会导致所有者权益增加的、与所有者投入资本无关的经济利益的总流入。制造企业一般分为主营业务收入和其他业务收入。

为了及时、正确地核算企业的销售收入，企业应以权责发生制确认销售收入的记账时间，按收入的实现时间作为企业销售收入记账时间。根据《企业会计准则》规定，企业应当在

履行了合同中的履约义务,即在客户取得相关商品的控制权时确认收入。取得商品的控制权包括下列三项要素:

(1) 能力,即客户必须拥有现时权利,能够主导该商品的使用并从中获得几乎全部经济利益;

(2) 主导该商品的使用,即客户有权使用该商品,或者能够允许或阻止其他方使用该商品;

(3) 能够获得几乎全部的经济利益。

(二) 账户设置

为了反映和监管企业在销售过程所发生的收入,以及因此而与购买单位之间发生的货款结算业务,应设置以下账户。

1."主营业务收入"账户

本账户属于损益类账户,核算企业在销售商品、提供劳务等日常活动中所产生的收入。该账户的贷方登记企业销售商品或提供劳务等所实现的收入;借方登记发生的销售退回和转入"本年利润"账户的收入,期末将本账户的余额结账后无余额。该账户应按主营业务的种类设置明细账,进行明细分类核算。

2."其他业务收入"账户

本账户属于损益类账户,核算企业除主营业务活动以外的其他经营活动实现的收入,包括出租固定资产、出租无形资产、出租包装物和销售材料等实现的收入。该账户的贷方登记企业实现的其他业务收入;借方登记转入"本年利润"账户的收入;期末将本账户的余额结账后无余额。本账户应按其他业务的种类设置明细账,进行明细分类核算。

3."应收账款"账户

本账户属于资产类账户,核算企业因销售商品、提供劳务等,应向购货单位或接受劳务单位收取的款项。其借方登记由于销售商品或提供劳务等而发生的应收账款;贷方登记已经收回的应收账款等;期末余额在借方,反映企业尚未收回的应收账款。该账户应按不同的购货单位或接受劳务的单位设置明细账,进行明细分类核算。

4."应收票据"账户

该账户属于资产类账户,核算企业因销售商品、提供劳务等而收到的商业汇票。其借方登记企业收到的商业汇票;贷方登记票据到期收回的金额和持未到期票据向银行贴现的票面金额;期末借方余额,反映企业持有尚未到期的应收票据金额。

5."预收账款"账户

本账应属于负债类账户,核算企业按照合同向购货单位预收的款项。其贷方登记预收购货单位的货款和购货单位补付的货款;借方登记向购货单位发出商品销售实现的货款和退回购货单位多付的货款。期末余额如在贷方,反映企业向购货单位预收的款项;期末余额如在借方,反映企业应由购货单位补付的款项。该账户应按购货单位设置明细账,进行明细分类核算。

(三) 销售收入的总分类核算

企业在销售商品或提供劳务时,由于所采用的销售方式或结算方式不同,其核算方法也不相同。

1. 主营业务收入的核算

现按钱货两清、赊销以及预收货款三种情况举例说明。

(1) 钱货两清。

【例 4-33】 赣江股份有限公司销售甲产品 10 000 件，单价 20 元，价款 200 000 元，增值税税额 26 000 元。货物已发出，开出增值税专用发票，已收到转账支票并送存银行。

借：银行存款　　226 000
　贷：主营业务收入——甲产品　　200 000
　　　应交税费——应交增值税(销项税额)　　26 000

(2) 赊销。

① 根据对方的商业信用采取赊销的销售方式。

【例 4-34】 赣江股份有限公司采用托收承付结算方式向枫林公司发出乙产品 50 000 件，单价 100 元，增值税税额 650 000 元，代垫运杂费 5 000 元以现金支票支付，根据增值税专用发票和运杂费凭证，已向银行办理委托收款手续，但货款尚未收到。

借：应收账款——枫林公司　　5 655 000
　贷：主营业务收入——乙产品　　5 000 000
　　　应交税费——应交增值税(销项税额)　　650 000
　　　银行存款　　5 000

【例 4-35】 赣江股份有限公司收到以前向晨新公司销售产品的货款 1 200 000 元，存入银行。

借：银行存款　　1 200 000
　贷：应收账款——晨新公司　　1 200 000

② 根据购货单位签发的商业汇票采取赊销的销售方式。

【例 4-36】 赣江股份有限公司向枫林公司销售乙产品 50 000 件，单价 100 元，增值税税额 650 000 元。收到购货单位签发并由银行承兑的商业汇票一张。

借：应收票据——枫林公司　　5 650 000
　贷：主营业务收入——乙产品　　5 000 000
　　　应交税费——应交增值税(销项税额)　　650 000

(3) 采取预收货款方式销售商品。

【例 4-37】 赣江股份有限公司预收黄河公司货款 1 200 000 元，存入银行。

借：银行存款　　1 200 000
　贷：预收账款——黄河公司　　1 200 000

【例 4-38】 赣江股份有限公司发运乙产品 10 000 件给黄河公司，单价 120 元。开出增值税专用发票，注明价款 1 200 000 元，增值税 156 000 元。

借：预收账款——黄河公司　　1 356 000
　贷：主营业务收入——乙产品　　1 200 000
　　　应交税费——应交增值税(销项税额)　　156 000

当月月末，黄河公司用银行存款支付剩余款项。

借：银行存款　　156 000

贷：预收账款——黄河公司　　156 000

【例 4－39】 赣江股份有限公司预收新华公司货款 4 000 000 元。

借：银行存款　　4 000 000

贷：预收账款——新华公司　　4 000 000

【例 4－40】 赣江股份有限公司发运甲产品 15 000 件给新华公司，开出增值税专用发票一张，注明单价 200 元，价款 3 000 000 元，增值税 390 000 元。剩余款项银行转账退回。

借：预收账款——新华公司　　3 390 000

贷：主营业务收入——甲产品　　3 000 000

应交税费——应交增值税(销项税额)　　390 000

借：预收账款——新华公司　　610 000

贷：银行存款　　610 000

2. 其他业务收入的核算

【例 4－41】 赣江股份有限公司销售不需要的乙材料一批 20 000 千克，单价 10 元，增值税 26 000 元。收到一张转账支票。

借：银行存款　　226 000

贷：其他业务收入　　200 000

应交税费——应交增值税(销项税额)　　26 000

二、销售成本、税金及附加、费用的核算

企业在某一会计期间为了实现收入，会付出相应的代价，需要发生一定的成本、费用。因此，销售业务的核算，包括销售成本、费用的核算。其中已经销售的产品的生产成本就是产品的销售成本；企业按照国家规定的税率和税种，按销售收入金额计算的营业税金及附加；销售过程中发生的销售费用，包括运杂费、装卸费、包装费、保险费、广告费以及为销售产品而专设的销售机构职工薪酬等。以下介绍在销售过程中发生的成本、费用核算内容。

（一）账户设置

1. “主营业务成本”账户

本账户属于损益类账户，核算企业因销售商品、提供劳务等日常活动而发生的实际成本。其借方登记已销售商品等的成本；贷方登记本期发生销售退回商品等成本和期末转入“本年利润”账户的当期销售商品成本；期末该账户结账后无余额。本账户应按照主营业务的种类设置明细账，进行明细分类核算。

2. “其他业务成本”账户

本账户属于损益类账户，核算企业确认的除主营业务活动以外的其他经营活动所发生的支出，包括销售材料的成本、出租固定资产的折旧额、出租无形资产的摊销额、出租包装物的成本或摊销额等。其借方登记企业发生的其他业务成本；贷方登记企业其他业务成本转入“本年利润”账户的数额；期末结账后本账户无余额。本账户可按其他业务成本的种类进行明细核算。

3. “税金及附加”账户

本账户属于损益类账户，核算企业经营活动发生的消费税、城市维护建设税、资源税和教育费附加等相关税费。其借方登记企业按规定计算确定的经营活动相关的税费；其贷方登记减免退回的税金和期末转入“本年利润”账户中的税金及附加；期末结账后本账户无余额。

4. “销售费用”账户

本账户属于损益类账户，核算企业销售商品和材料、提供劳务过程中发生的各种费用，包括保险费、包装费、展览费和广告费、商品维修费、预计产品质量保证损失、运输费、装卸费等以及为销售本企业商品而专设的销售机构（含销售网点、售后服务网点等）的职工薪酬、业务费、折旧费等经营费用。其借方登记企业发生的各种销售费用；贷方登记期末转入“本年利润”账户的销售费用，期末结账后本账户无余额。该账户可按费用项目设置明细账，进行明细分类核算。

（二）销售成本、费用的总分类核算

1. 主营业务成本的核算

【例 4－42】 赣江股份有限公司汇总本月已销售甲产品 45 000 件，单位制造成本为 10 元；销售乙产品 110 000 件，单位制造成本为 23 元。月末结转已销售商品成本。

甲、乙产品销售成本的计算：

甲产品销售成本＝45 000×10＝450 000（元）

乙产品销售成本＝110 000×23＝2 530 000（元）

借：主营业务成本——甲产品	450 000	
——乙产品	2 530 000	
贷：库存商品——甲产品		450 000
——乙产品		2 530 000

2. 销售费用的核算

【例 4－43】 赣江股份有限公司计算本月应付专设销售机构人员工资 200 000 元，并按工资总额的 9%、5%、2%、2.5%分别计提社会保险费、住房公积金、工会经费和职工教育经费。

借：销售费用——工资	237 000	
贷：应付职工薪酬——工资		200 000
——社会保险费		18 000
——住房公积金		10 000
——工会经费		4 000
——职工教育经费		5 000

【例 4－44】 赣江股份有限公司支付销售产品运杂费 50 000 元，产品保险费 15 000 元，款项已用存款支付。

借：销售费用——运杂费	50 000	
——保险费	15 000	
贷：银行存款		65 000

【例 4-45】 赣江股份有限公司销售机构业务员张某出差预借差旅费 1 000 元。

借:其他应收款——张某　　1 000

　　贷:库存现金　　1 000

出差完毕,报销差旅费 900 元,剩余 100 元归还企业财务。

借:库存现金　　100

　　销售费用　　900

　　贷:其他应收款——张某　　1 000

3. 其他业务成本的核算

【例 4-46】 赣江股份有限公司月末结账已销售乙材料成本 100 000 元(=20 000×5)。

借:其他业务成本　　100 000

　　贷:原材料——乙材料　　100 000

4. 销售税金及附加的核算

【例 4-47】 假定赣江股份有限公司销售的甲、乙产品为应税消费品,消费税税率为 5%,月末计算并结转销售甲、乙产品应交消费税 720 000 元。

借:税金及附加　　720 000

　　贷:应交税费——应交消费税　　720 000

第六节　财务成果业务的核算

企业的财务成果,是指企业在一定时期内生产经营活动所实现的净利润或净亏损,又叫盈亏,是企业最终的经营成果。企业收入大于费用的差额为盈利;收入小于费用的差额为亏损。利润是反映企业一定时期生产经营成果的重要指标。企业一方面应正确确定本期利润,另一方面对实现的净利润要根据有关法规规定进行分配。因此,财务成果业务核算的主要内容有两方面,即确定企业的利润和对利润的分配。

一、利润形成的核算

企业的利润是指企业在一定会计期间的经营成果。利润包括收入减去费用后的差额,直接计入当期利润的利得或者损失。

(一) 净利润的组成

净利润是指扣除了所得税后的利润。其相关计算公式如下。

1. 营业利润

营业利润,是指企业在一定时期内从事日常生产经营活动所取得的利润,是企业利润总额的主要内容。

营业利润=营业收入-营业成本-税金及附加-销售费用-管理费用-财务费用-资产减值损失±公允价值变动净收益±投资净收益

其中，营业收入是企业经营业务所形成的收入总额，包括主营业务收入和其他业务收入。营业成本是企业经营业务所发生的成本总额，包括主营业务成本和其他业务成本。投资净收益是指企业对外投资取得的收益减去发生的投资损失后的差额。

2. 利润总额

利润总额是指企业在一定时期实现的税前利润总额。

利润总额＝营业利润＋营业外收入－营业外支出

其中，营业外收入是企业发生的与日常经营活动无直接关系的各项利得。营业外支出是企业发生的与日常经营活动无直接关系的各项损失。

3. 净利润

净利润是指企业实现的利润总额中扣除应交的所得税费用。

净利润＝利润总额－所得税费用

所得税费用是企业根据国家税法的规定，对企业的经营所得，按规定的税率计算并缴纳的税款。

所得税费用＝应纳税所得额×所得税税率

（二）营业外收支的核算

营业外收支是指企业发生的与其生产经营活动无直接关系的各项收入和各项支出，包括营业外收入和营业外支出。

1. 账户设置

(1)“营业外收入”账户。本账户属于损益类账户，核算企业发生的各项营业外收入，主要包括非流动资产处置利得、非货币性资产交换利得、债务重组利得、政府补助、捐赠利得等。其贷方登记企业取得的各项营业外收入；借方登记期末转入“本年利润”的各项营业外收入；期末结账后本账户无余额。本账户可按营业外收入项目设置明细账户，进行明细分类核算。

(2)“营业外支出”账户。本账户属于损益类账户，核算企业发生的各项营业外支出，包括非流动资产处置损失、非货币性资产交换损失、债务重组损失、公益性捐赠支出、非常损失、盘亏损失等。其借方登记企业发生的各项营业外支出；贷方登记期末转入“本年利润”账户的营业外支出；期末结账后本账户无余额。本账户可按营业外支出项目设置明细账户，进行明细分类核算。

2. 营业外收支的总分类核算

假设赣江股份有限公司2×21年12月份发生的与营业外收支有关的业务如下：

【例4-48】 赣江股份有限公司收取光明公司的违约款14 000元，存入银行。

借：银行存款	14 000	
贷：营业外收入		14 000

【例4-49】 赣江股份有限公司将一笔不能支付的雨欣公司的应付账款20 000元转为营业外收入。

借：应付账款——雨欣公司　　20 000
　　贷：营业外收入　　20 000

【例 4-50】 赣江股份有限公司开出一张 20 000 元的现金支票，捐赠地震受灾灾区。

借：营业外支出　　20 000
　　贷：银行存款　　20 000

【例 4-51】 赣江股份有限公司由于违反经济合同用存款支付了 4 000 元的罚款支出。

借：营业外支出　　4 000
　　贷：银行存款　　4 000

（三）利润形成的核算

我们已通过前述实例对形成企业净利润的有关收入、费用业务进行了会计处理。但是，企业为了在每个会计期末确定本期实现的净利润总额或亏损总额，须将本期发生的各项收入、费用账户结转到“本年利润”账户，其收入与费用进行对比确定的差额，即为本期实现的净利润或发生的亏损。

企业为了核算在本年度实现的净利润或发生的亏损，应设置“本年利润”账户。本账户属于所有者权益类账户，其贷方登记期末从“主营业务收入”“其他业务收入”“营业外收入”以及“投资收益”（投资净收益）等账户的转入数；借方登记期末从“主营业务成本”“税金及附加”“其他业务成本”“销售费用”“管理费用”“财产费用”“营业外支出”“投资收益”（投资净损失）和“所得税费用”等账户的转入数；年末，应将本年收入和支出相抵后结出的本年实现的净利润（或亏损）全部转入“利润分配”账户。如为盈利数，应从该账户的借方转入“利润分配”账户的贷方；如为亏损额，应从该账户的贷方转入“利润分配”账户的借方。

【例 4-52】 赣江股份有限公司 2×21 年 12 月末将本月收入类账户的余额转入“本年利润”账户。

借：主营业务收入　　14 400 000
　　其他业务收入　　200 000
　　营业外收入　　34 000
　　贷：本年利润　　14 634 000

【例 4-53】 赣江股份有限公司 2×21 年 12 月末将本月费用类账户的余额转入“本年利润”账户。

借：本年利润　　5 588 500
　　贷：主营业务成本　　2 980 000
　　　　其他业务成本　　100 000
　　　　税金及附加　　720 000
　　　　销售费用　　302 000
　　　　管理费用　　18 000
　　　　财务费用　　1 444 500
　　　　营业外支出　　24 000

赣江股份有限公司本期实现的利润总额=9 045 500(元)

计算出来的利润总额，即为企业在一定期间形成的经营所得。企业的经营所得应按税法的规定调整为应纳税所得额后计算缴纳所得税。

(四) 所得税费用的核算

所得税是企业根据国家税法的规定，对企业的应纳税所得额，按规定的税率计算并缴纳的税款。其计算公式如下：

应交所得税=应纳税所得额×所得税税率

企业应纳税所得额，从税法有关规定来看，通常条件下与企业会计所得额(利润总额)并不一致，所以具体计算纳税时，应该以企业实现的会计所得额(利润总额)为基础，按税法的有关规定进行调整，计算出应纳税所得额，并且按调整后的应纳税所得额计算征收所得税。税法规定企业所得税税率一般为25%。符合条件的小型微利企业，企业所得税税率为20%。国家需要重点扶持的高新技术企业，企业所得税税率为15%，非居民企业就其来源于中国境内的所得缴纳企业所得税，适用税率为20%。

1. 账户设置

企业所得税是企业在生产经营过程中发生的一项必要支出，应在净利润前扣除。为了反映和监督企业按规定从本期损益中扣除的所得税，企业应设置"所得税费用"账户。

"所得税费用"账户属于损益类账户，其借方登记企业按税法规定的纳税所得计算的所得税额；贷方登记企业会计期末转入"本年利润"账户的所得税；期末结账后该账户无余额。

2. 所得税费用的总分类核算

月末，企业应缴的所得税按国家规定的税率计算出来后应计入本期的费用，同时应转入"本年利润"账户。

【例4-54】 假设赣江股份有限公司本月不涉及需要调整纳税所得，即公司应纳税所得额与利润总额相同，月末计算本月应交所得税。所得税税率为25%。

应交所得税的计算：

应交所得税=应纳税所得额×所得税率

=9 045 500×25%=2 261 375(元)

借：所得税费用　　2 261 375

　贷：应交税费——应交所得税　　2 261 375

赣江股份有限公司据此可以确定12月的净利润。

净利润=6 784 125(元)

【例4-55】 赣江股份有限公司月末将12月份的所得税费用转入本年利润。

借：本年利润　　2 261 375

　贷：所得税费用　　2 261 375

【例4-56】 赣江股份有限公司开出一张转账支票支付本月的所得税2 261 375元。

借：应交税费——应交所得税　　2 261 375

　贷：银行存款　　2 261 375

二、利润分配的核算

利润分配是指企业按照国家规定和企业章程、投资者协议等，对企业当年提供分配利润所进行的分配。

（一）利润分配的原则

企业当期实现的净利润，并不是全部分配给投资者，因为企业要考虑今后生产发展的需要和有可能遇到的风险，因此，企业应将实现的净利润按照国家规定进行合理分配。企业可供分配利润（指企业当期实现的净利润，加上年初未分配利润或减去年初未弥补亏损等的余额），依《财务通则》第五十条规定，应按照以下顺序分配：

（1）弥补以前年度的亏损；

（2）按当期实现净利润的10%计提法定盈余公积；

（3）企业按规定根据净利润的一定比例提取任意盈余公积；

（4）向投资者分配利润。

对于股份有限公司的利润分配，按照《公司法》第一百六十七条规定，其分配顺序如下：

（1）弥补以前年度的亏损；

（2）按当期实现净利润的10%提取法定盈余公积；

（3）应付优先股股利；

（4）提取任意盈余公积；

（5）应付普通股股利。

（二）账户设置

1.“利润分配”账户

本账户属于所有者权益类账户，核算企业利润的分配（或亏损的弥补）和历年分配（或弥补）后的积存余额。其贷方登记年终时从“本年利润”账户借方转来的全年实现的净利润总额和用盈余公积弥补以前年度亏损数；借方登记按规定实际分配的利润数或年终时从“本年利润”账户的贷方转来的全年亏损总额。年终余额在贷方，表示企业历年结存的未分配利润；年终余额在借方，表示历年积存的未弥补亏损。本账户应当按“未分配利润”“提取法定盈余公积”“提取任意盈余公积”“应付现金股利或利润”等设置明细分类账户，进行明细分类核算。

2.“盈余公积”账户

本账户属于所有者权益类账户，核算企业从净利润中提取的盈余公积。其贷方登记提取盈余公积数；借方登记盈余公积的支出数，包括弥补亏损、转增资本、分配红利等；期末贷方余额，反映企业提取的盈余公积余额。本账户应按“法定盈余公积”“任意盈余公积”等项目设置明细账户，进行明细分类核算。

3.“应付股利”账户

本账户属于负债类账户，核算企业确定应分配给投资者的利润或现金股利。企业分配的股票股利，不通过本账户核算。其贷方登记企业确定应付给投资者的利润；借方登记实际支付的利润；期末余额在贷方，反映企业尚未支付的利润。

（三）利润分配业务的总分类核算

【例 4-57】 赣江股份有限公司 2×21 年 1—11 月份累计实现净利润 13 215 875 元，则 2×21 年度实现净利润 20 000 000 元。假设公司年初未分配利润为 20 000 000 元，则年末可供分配利润为 40 000 000 元。公司年末利润分配时，发生如下经济业务：

(1) 赣江股份有限公司年末结转本年度实现的净利润。

借：本年利润　　20 000 000
　　贷：利润分配——未分配利润　　20 000 000

(2) 赣江股份有限公司按本年实现净利润的 10%、25%的比例，分别计提法定盈余公积、任意盈余公积。

借：利润分配——提取法定盈余公积　　2 000 000
　　　　　　——提取任意盈余公积　　5 000 000
　　贷：盈余公积——法定盈余公积　　2 000 000
　　　　　　　　——任意盈余公积　　5 000 000

(3) 赣江股份有限公司经过批准，确定向股东分配股利 25 000 000 元。

借：利润分配——应付现金股利　　25 000 000
　　贷：应付股利　　25 000 000

(4) 赣江股份有限公司开出一张 25 000 000 元的转账支票向股东实际支付股利。

借：应付股利　　25 000 000
　　贷：银行存款　　25 000 000

(5) 赣江股份有限公司年末转账本年度已分配利润。

年终，“利润分配”账户下只有“未分配利润”明细分类账户有余额。即通过年末结账要将“利润分配”账户下的其他明细账户余额转入“未分配利润”明细账户。结账后，“未分配利润”明细账户余额在贷方标志历年结存未分配利润，在借方标志历年积存未弥补亏损。

赣江股份有限公司本年已分配利润为 32 000 000 元，应从“利润分配”账户下的其他明细分类账户贷方转入“未分配利润”明细账户借方。编制会计分录如下：

借：利润分配——未分配利润　　32 000 000
　　贷：利润分配——提取法定盈余公积　　2 000 000
　　　　　　　　——提取任意盈余公积　　5 000 000
　　　　　　　　——应付现金股利　　25 000 000

赣江股份有限公司 2×21 年度可供分配利润为 40 000 000 元，则年末结存未分配利润为 8 000 000 元。

本章小结

本章重点讲授以工业企业为例的资金运动会计业务处理流程，包括资金的投入、资金的循环与周转（包括供应过程、生产过程、销售过程三个阶段）以及资金的退出三部分。

筹集资金是工业企业整个资金运动的起点和基本环节。资金的筹集渠道主要有两个方面：一是接受投资者投入的资金，形成企业的所有者权益；二是向债权人借入的资金，形成企业的负债。投资者投入的资本金和借入的资金形成企业主要的资金来源，资本金可以供企业长期运用，但企业取得的收益应该与投资者共享；而负债必须按期偿还本金和利息。

工业企业的生产经营过程是由供应、生产、销售三个过程构成的，而且它的主要经济业务大都发生在这三个过程中，企业资金在这个环节中周而复始地循环周转。财务成果的形成，即利润形成，是企业得以维持资金周转，进行再生产的基础。企业生产经营过程中要遵循配比原则将当期收入和费用(成本)进行抵减，其差额就是利润。

财务成果的分配，也可称为利润分配，是指按照国家法律法规及企业规章制度对企业当期或累计资金进行分配的统称。企业实现的利润，一部分要以所得税形式上缴国家，另一部分即税后利润，要按照规定的程序在各有关方面进行合理分配，如果是发生了亏损，还要按照规定的程序进行弥补。通过利润分配，一部分资金要退出企业，一部分资金要以公积金等形式继续参加企业的资金周转。

知识拓展一　企业“所得税”与“所得税费用”辨析

企业所得税是指国家对法人、自然人和其他经济组织在一定时期内的各种所得征收的一类税收。企业所得税是当期应交所得税，记入“应交税费——应交所得税”，应交所得税是二级科目，一级科目是“应交税费”，是负债类科目。贷方记录应缴纳的所得税，借方表示实际缴纳的所得税。期末余额一般在贷方，反映企业尚未缴纳的税费；期末余额如在借方，反映企业多缴的所得税。

所得税费用是指企业经营利润应缴纳的所得税。“所得税费用”，核算企业负担的所得税，是损益类科目；这一般不等于当期应交所得税，因为可能存在“暂时性差异”。如果只有永久性差异，则等于当期应交所得税。当期所得税费用就是“当期应交所得税＝应纳税所得×所得税税率(25%)”，其中，应纳税所得＝税前会计利润(即利润总额)＋纳税调整增加额－纳税调整减少额。所得税费用是损益类科目，借方表示发生的所得税费用，贷方表示结转到本年利润的所得税费用。期末无余额。

知识拓展二　增值税进销抵扣相关处理解析

增值税是以商品(含应税劳务、应税行为)在流转过程中实现的增值额作为计税依据而征收的一种流转税。根据我国现行流转税制度的规定，在我国境内销售货物、加工修理修配劳务、服务、无形资产和不动产以及进口货物的企业、单位和个人为增值税的纳税人。

根据经营规模大小及会计核算水平的健全程度，增值税纳税人分为一般纳税人和小规模纳税人。计算增值税的办法分为一般计税方法和简易计税方法。增值税一般纳税人计算增值税大多采用一般计税方法。

增值税的一般计税方法，是先按当期销售额和适用的税率计算出销项税额，然后以该销项税额对当期购进项目支付的税款(即进项税额)进行抵扣，间接算出当期的应纳税额。应纳税额的计算公式：

应纳税额＝当期销项税额－当期进项税额

公式中的“当期销项税额”是指纳税人当期销售货物、加工修理修配劳务、服务、无形资产和不动产时按照销售额和增值税税率计算并收取的增值税税额。“当期进项税额”是指纳税人购进货物、加工修理修配劳务、应税服务、无形资产或者不动产，支付或者负担的增值税税额。当期销项税额小于当期进项税额不足抵扣时，其不足部分可以结转下期继续抵扣。

企业需要设置“应交税费——应交增值税(销项税额)”和“应交税费——应交增值税(进项税额)”明细科目进行核算，而本月应交增值税额就是销项税额减去通过认证可抵扣进项税额的差额。

相关会计分录如下：

(1) 收到增值税发票：

借：应交税费——应交增值税(进项税额)

(2) 开出增值税发票：

贷：应交税费——应交增值税(销项税额)

(3) 本月应交增值税＝销项税额－进项税额

销项税额和进项税额都在“应交税费——应交增值税”账户上，对比之后余额可能是贷方也可能是借方。

(4) 月末将余额由“应交税费——应交增值税”转入“应交税费——未交增值税”，结转后“应交税费——应交增值税”科目余额为0。

如果是贷方余额(正数)：

借：应交税费——应交增值税(转出未交增值税)

　　贷：应交税费——未交增值税

如果是借方余额(负数)：

借：应交税费——未交增值税

　　贷：应交税费——应交增值税(转出未交增值税)

月底，“应交税费——未交增值税”余额在借方表示下月留抵扣的金额，余额在贷方表示本月缴纳的税额。

(5) 缴纳增值税：

借：应交税费——未交增值税(已交增值税)

　　贷：银行存款

本章思考题

1. 制造业企业的主要经济业务内容包括哪些？
2. 实收资本在核算上有哪些要求？
3. 资本公积的主要用途是什么？
4. 短期借款利息的会计处理与长期借款利息有何区别？
5. 产品生产成本由哪些成本项目所组成？

6. 如何计算、结转完工产品的生产成本?
7. 如何确认和计量商品的销售收入?
8. 什么是财务成果?反映企业财务成果的主要指标有哪些?
9. 如何计算企业的营业利润?
10. 企业的利润总额由哪些项目组成?如何计算企业的净利润?
11. 如何结转收入和费用?
12. 企业的利润分配的一般顺序是怎样的?
13. 企业应如何提取法定盈余公积金和任意盈余公积金?
14. 你认为制造业企业主要经济业务核算的重点和难点有哪些?

第五章　账户分类

引入案例

王薇同学学习了账户按照所反映的经济内容分类以及按照用途和结构的分类，非常得意地说：我懂了，凡是写着费用的账户除了没有期末余额之外都与资产类账户一样，凡是成本账户一定没有期末余额，凡是应收款账户一定是资产类账户，凡是应付款账户一定是负债类账户。

她的说法对吗？为什么？

学习目的与要求

1. 了解账户分类的目的、作用和标志；
2. 掌握账户按经济内容的分类；
3. 理解账户按用途和结构的分类。

第一节　账户分类概述

一、账户分类的目的

为了正确地设置和运用账户，需要从理论上进一步认识各个账户的共性和特性，以及在各个账户的地位和作用。在了解各个账户特性的基础上，理解各个账户的共性，掌握各个账户在提供会计信息方面的规律。按照账户的共性对其分类，进一步分析各个账户的内在联系与区别，以达到准确地定位账户的使用方法，这是会计核算方法体系中的一项重要组成部分。

二、账户分类的作用

（一）便于设置完整的账户体系

由于各单位经营活动的特点和资金运动的内容都不同，所涉及的账户体系也就不一样。基于有效地反映和监督单位的经济活动需要从单位经营活动的特点出发，选择能够反映单位经营活动的体系就很有必要了。这些要求会计工作者必须了解不同类型的账户包括哪些具体的账户，它们反映的具体经济内容是什么，这些账户的发生额和余额能提供什么样的核算资料。只有这样,才能选择合适的账户建立本单位的账户体系,使得它们能全面系统地记录单位的经济活动过程和结果,为会计信息使用者提供所需的信息。

（二）便于设计会计账簿的格式

会计账户的设置,应考虑便于设计会计账簿格式的问题。由于各单位不同的经营活动特点,在单位内部会计管理中,对不同性质的会计要素进行信息披露的方式是不一样的。例如,对于一般的有形资产增减变动及结转余额,不仅要向有关管理当局披露有关金额方面的信息,而且还应披露有关实物数量方面的信息;对于像负债和所有者权益类的会计要素,就只能披露有关金额和时间方面的信息了;另外,对于一些费用、收入类要素,不仅要反映费用的总额,还要按项目反映费用构成的详细情况。上述不同的会计要素提供不同的会计信息,之后要通过账户在会计账簿中体现出来。对于既要提供金额又要提供实物方面信息的账户,在相应的会计账簿格式设计时,应设置和运用数量金额式账页格式;对于披露有关时间和金额方面信息的账户,在相应的会计账簿格式设计时,应设置和运用三栏式账页格式;对于不仅要反映费用的总额,还要反映费用构成的详细情况方面信息的账户,在相应的会计账簿格式设计时,应设置和运用多栏式账页格式。

（三）便于编制会计报表

掌握账户分类及账户经济内容、用途、结构,有利于正确编制会计报表。会计六要素的增减变动过程及其结果,最终要以会计报表的形式反映出来。编制会计报表所需的相关数据资料是由各个相应的账户提供的。不同的会计报表,反映的经济业务内容不同,其相关数据资料的来源也不相同。为了及时、正确地编制会计报表,要根据特定会计报表所反映的经济内容,正确确定编制每张会计报表所需的数据资料是来自哪些账户,这些账户能提供什么样的会计信息。例如,资产负债表是用来反映某一时点的财务状况,是对某一时点企业现存经济资源和它们的来源进行说明。它的数据资料由资产、负债和所有者权益三类账户提供。若不能正确确定为编制会计报表提供数据资料的账户,就不能正确编制会计报表。

三、账户分类的标志

（一）按经济内容分类

账户按经济内容分类,是指账户按照所反映和监督的会计对象的具体内容进行分类。

按经济内容分类是账户分类的最基础的一种形式,其他分类是对它的一种补充。账户按反映的经济内容不同分为:

(1) 资产类账户;

(2) 负债类账户;

(3) 所有者权益类账户;

(4) 收入类账户;

(5) 费用类账户;

(6) 利润类账户。

（二）按用途和结构分类

账户按用途和结构分类，是指在对账户按经济内容分类的基础上，对用途和结构基本相同的账户进行的一种分类。它是对账户按经济内容分类的一种补充。

账户按用途和结构不同分为：

（1）盘存账户；

（2）投资权益账户；

（3）结算账户；

（4）跨期摊提账户；

（5）抵减账户；

（6）抵减附加账户；

（7）集合分配账户；

（8）成本计算账户；

（9）对比账户；

（10）收入计算账户；

（11）费用计算账户；

（12）财务成果计算账户。

第二节 账户按经济内容分类

一、账户按经济内容分类的意义

账户按经济内容分类，就是按账户所反映的会计对象的具体内容对账户进行分类。在借贷记账法下，不同会计对象增减变动的记账方向是不同的，不同的会计对象有不同的账户结构和用途。

二、账户按经济内容分类的内容

按账户的经济内容分类，实质上是按会计对象的具体内容进行分类。企业的会计对象就是资金运动，资金运动可分为静态和动态两种运动形式。资产、负债、所有者权益构成资金静态运动，而收入、费用和利润则构成资金动态运动。按经济内容分类建立的账户体系，应包括资金运动的静态账户和反映资金运动的动态账户两类。反映资金运动的静态账户由反映资产、负债和所有者权益的账户组成；反映资金运动的动态账户由反映收入、费用和利润的账户组成。

（一）资产类账户

资产类账户是核算企业各种资产增减变动及结余的账户。资产按流动性不同，可以分为流动资产和非流动资产两类，对应地，资产类账户也可以分为反映流动资产的账户和反映非流动资产的账户两类。例如，反映流动资产的账户有“库存现金”“银行存款”“其他货币资金”“应收账款”“其他应收款”“原材料”“库存商品”等账户；反映非流动资产的账户有“长期股权投资”“长期应收款”“固定资产”“无形资产”“长期待摊费用”等账户。

（二）负债类账户

负债类账户是核算企业各种负债增减变动及结余的账户。按照负债的偿还期间不同，可以分为核算流动负债的账户和核算非流动负债的账户两类。例如，核算流动负债的账户有“短期借款”“应付账款”“其他应付款”“应交税费”“应付利息”“应付职工薪酬”等账户；核算非流动负债的账户有“长期借款”“长期应付款”“应付债券”等账户。

（三）所有者权益类账户

所有者权益类账户是核算企业所有者权益增减变动及结余的账户。按照所有者权益的来源和构成，分为核算所有者原始投资的账户、核算经营积累的账户、核算所有者权益其他来源的账户三类。例如，核算所有者原始投资的账户有“实收资本”（或“股本”）账户；核算经营积累的账户有“盈余公积”账户；核算所有者权益其他来源的账户有“资本公积”账户。

（四）收入类账户

收入类账户是核算企业在生产经营过程中所取得的各种经济利益的账户。按照收入的不同性质和内容，分为核算营业收入的账户和核算非营业收入的账户两类。例如，核算营业收入的账户有“主营业务收入”“其他业务收入”等账户；核算非营业收入的账户有“营业外收入”账户。

（五）费用类账户

费用类账户是核算企业在生产经营过程中发生的各种费用支出的账户。按照费用的不同性质和内容，费用账户分为核算经营费用的账户和核算非经营费用的账户两类。例如，核算经营费用的账户有“生产成本”“制造费用”“主营业务成本”“其他业务成本”“税金及附加”“销售费用”“管理费用”“财务费用”等账户；核算非经营费用的账户有“营业外支出”“所得税费用”等账户。

（六）利润类账户

利润类账户是核算利润的形成和分配情况的账户，分为核算利润形成情况的账户和核算利润分配情况的账户两类。例如，核算利润形成情况的账户有“本年利润”账户；核算利润分配情况的账户有“利润分配”账户。

综上所述，按经济内容分类的账户体系，如图 5－1 所示。

- 账户
  - 反映资金运动的静态账户
    - 反映资产的账户
      - 反映流动资产的账户
        - “库存现金”
        - “银行存款”
        - “应收账款”
        - “其他应收款”
        - “原材料”
        - “库存商品”等
      - 反映非流动资产的账户
        - “长期股权投资”
        - “长期应收款”
        - “固定资产”
        - “无形资产”
        - “长期待摊费用”等
    - 反映负债的账户
      - 反映流动负债的账户
        - “短期借款”
        - “应付账款”
        - “其他应付款”
        - “应交税费”
        - “应付利息”
        - “应付职工薪酬”等
      - 反映非流动负债的账户
        - “长期借款”
        - “长期应付款”
        - “应付债券”等
    - 反映所有者权益的账户
      - 反映原始投资的账户——“实收资本”
      - 反映经营积累的账户——“盈余公积”
      - 反映其他来源的账户——“资本公积”
  - 反映资金运动的动态账户
    - 反映收入的账户
      - 反映营业收入的账户
        - “主营业务收入”
        - “其他业务收入”等
      - 反映非营业收入的账户——“营业外收入”
    - 反映费用的账户
      - 反映经营费用的账户
        - “生产成本”
        - “制造费用”
        - “主营业务成本”
        - “其他业务成本”
        - “税金及附加”
        - “销售费用”
        - “管理费用”
        - “财务费用”等
      - 反映非经营费用的账户——“营业外支出”
    - 反映利润的账户
      - 反映利润形成的账户——“本年利润”
      - 反映利润分配的账户——“利润分配”

图 5－1　账户按经济内容分类示意图

第三节　账户按用途和结构分类

一、账户按用途和结构分类的意义

为了运用账户来记录经济业务，掌握账户在提供会计信息方面的规律，需要在按经济内容分类的基础上,进一步研究账户按用途和结构分类。由于每个账户的用途和结构基本上直接或间接地依存于账户的经济内容,账户按经济内容分类是账户的基本分类方法,按用途和结构分类的账户体系是对按经济内容分类的账户体系的必要补充。

账户的用途是指设置和运用账户的目的是什么,通过账户记录能够提供什么核算指标。例如,设置"原材料""库存商品""固定资产"等实物资产账户的目的是为了反映相应的实物资产,通过这些账户记录能够提供相应的实物资产的增减变动及结余方面的核算资料。

账户的结构是指在账户中如何记录经济业务,以取得各种必要的核算指标。在不同的记账方法下,记录经济业务的具体方法是不同的,即反映会计要素的增减变动及余额的方法不同。在借贷记账法下,账户的结构具体是指账户的借方核算什么内容,账户的贷方核算什么内容,期末余额在哪方,具体表示什么内容。

二、账户按用途和结构分类的内容

(一)盘存账户

盘存账户是用来核算、监督各项账户财产物资和货币资金(包括库存有价证券)的增减变动及其实有数的账户。它是任何企业单位都必须设置的基本账户。在这类账户中,借方登记各项财产物资和货币资金的增加数,贷方登记其减少数;余额总是在借方,表示期末各项财产物资和货币资金的实有数。这类账户一般都可以通过盘点方式进行清查,核对账实是否相符。

盘存账户的基本结构如图 5－2 所示。

盘存账户

期初余额:财产物资/货币资金期初实有 本期发生额:财产物资/货币资金本期增加	本期发生额:财产物资/货币资金本期减少
期末余额:财产物资/货币资金期末实有	

图 5－2 盘存账户的基本结构

属于盘存账户的有"库存现金""银行存款""原材料""库存商品""固定资产"等。

盘存账户的特点是:① 可以通过财产清查的方法,核对货币资金和实物资产的实际结存数与账面结存数是否相符;② 除"库存现金"和"银行存款"账户以外,其他盘存账户普遍运用数量金额式等明细分类账,可以提供实物和价值两种指标。

(二)投资权益账户

投资权益账户是用来核算投资者投资的增减变动及结余的账户。它是企业单位都必须设置的账户。在这类账户中,贷方登记投资者投资的增加额或其他所有者权益的增值额,借方登记投资者投资的减少数或其他所有者权益的抵减额。若余额在贷方,表示投资者权益的实有数额;若没有余额或其余额在借方,对有限责任公司而言,表示投资者权益为零。

投资权益账户的基本结构如图 5－3 所示。

投资权益账户

本期发生额:所有者权益本期抵减	期初余额:所有者权益期初余额 本期发生额:所有者权益本期增加
	期末余额:所有者权益期末余额

图 5-3 投资权益类账户的基本结构

属于投资权益账户的有“实收资本”“资本公积”“盈余公积”等账户。

投资权益账户的特点是:① 只提供价值指标;② 有的账户(如“实收资本”)应按照企业的投资者分别设置明细分类账户。

(三) 结算账户

结算账户是用来核算和监督企业与其他单位或个人之间往来款项结算业务的账户。由于结算业务性质的不同,决定了结算账户具有不同的用途和结构,结算账户按用途和结构分类,具体又分为债权结算账户、债务结算账户和债权债务结算账户三类。

1. 债权结算账户

债权结算账户是专门用于核算和监督企业同各个债务单位和个人之间结算业务的账户。这类账户的借方登记债权的增加额;贷方登记债权的减少额;账户的余额一般在借方,表示期末债权的实有数额。

债权结算账户的基本结构如图 5-4 所示。

债权结算账户

期初余额:债权期初实有 本期发生额:债权本期增加	本期发生额:债权本期减少
期末余额:债权期末实有	

图 5-4 债权结算类账户的基本结构

属于债权结算的账户有“应收账款”“预付账款”“应收票据”“其他应收款”等。

2. 债务结算账户

债务结算账户是专门用来核算和监督企业同各个债务单位或个人之间结算业务的账户。这类账户的贷方登记债务的增加额;借方登记债务的减少额;账户的余额一般在贷方,表示期末债务的实有数额。

债务结算账户的基本结构如图 5-5 所示。

债务结算账户

本期发生额:债务本期减少	期初余额:债务期初实有 本期发生额:债务本期增加
	期末余额:债务期末实有

图 5-5 债务结算类账户的基本结构

属于债务结算账户的有“短期借款”“应付账款”“预收账款”“其他应付款”“应付职工薪酬”等。

3. 债权债务结算账户

债权债务结算账户是用来核算和监督企业与某一单位或个人之间发生的债权和债务往来结算业务的账户。在实际工作中，与企业经常发生结算业务的往来单位，有时是企业的债权人，有时是企业的债务人。为了集中反映企业同一单位和个人所发生的债权和债务的往来结算情况，可以在一个账户中核算应收和应付款项的增减变动和结余。债权债务结算账户的借方登记债权的增加和债务的减少；贷方登记债务的增加和债权的减少；余额可能在借方，也可能在贷方。

债权债务结算账户的基本结构如图 5－6 所示。

债权债务结算账户

期初余额：债权大于债务期初差额 本期发生额：本期债权增加/债务减少	期初余额：债务大于债权期初差额 本期发生额：本期债务增加/债权减少
期末余额：净债权	期末余额：净债务

图 5－6　债权债务结算类账户的基本结构

债权债务结算账户有“其他往来”等。

债权债务结算账户的特点是：① 按照结算业务的对方单位或个人，设置明细分类账户，以便及时进行结算和核对账目；② 只提供价值指标；③ 要根据期末余额的方向来判断其性质，当余额在借方时，是债权结算账户，当余额在贷方时，是债务结算账户。

（四）跨期摊提账户

跨期摊提账户是核算和监督应由几个会计期间共同负担的费用，并将这些费用在各个会计期间进行分摊的账户。企业在生产经营中，有些费用是在某一个会计期间支付的，但应由几个受益的会计期间共同负担，以正确地计算各个会计期间的损益。

跨期摊提账户的基本结构如图 5－7、图 5－8 所示。

跨期摊提账户
（长期待摊费用）

期初余额：已支付且未摊销的待摊费用数额 本期发生额：待摊费用增加	本期发生额：待摊费用摊销
期末余额：已支付且未摊销的待摊费用数额	

图 5－7　跨期摊提账户(长期待摊费用)的基本结构

跨期摊提账户
（应付利息）

本期发生额：应付利息减少	期初余额：应支付但未支付的约定利息数额 本期发生额：应付利息计提
	期末余额：应支付但未支付的约定利息数额

图 5－8　跨期摊提账户(应付利息)的基本结构

跨期摊提账户有“长期待摊费用”和“应付利息”等账户。

跨期摊提账户的特点是：只提供价值指标。

(五)抵减账户

抵减账户也称为备抵账户,是用抵减相关被调整账户金额的方法反映被调整账户的实际余额的账户。例如,“累计折旧”“固定资产减值准备”账户是用来调整“固定资产”账户的。用“固定资产”账户的账面余额(原始价值)与“累计折旧”“固定资产减值准备”账户的账面余额相抵减,可以得到有关固定资产损耗和减值方面的数据,差额表示固定资产现有的实际价值(实际净值)。通过这三个账户余额的对比分析,可以了解固定资产的新旧程度、资金占有状况、减值情况和生产能力。用公式表示为:

被调整账户余额－抵减账户余额＝被调整账户的实际余额

抵减账户的基本结构如图 5－9、图 5－10 所示。

(1) 被调整账户的借方余额－抵减账户的贷方余额＝该项经济业务的实际数额。

被调整账户

余额:某项经济业务原始数据	

抵减账户

	余额:该项经济业务抵减数据

图 5－9

(2) 被调整账户的贷方余额－抵减账户的借方余额＝该项经济业务的实际数额。

被调整账户

	余额:某项经济业务原始数据

抵减账户

余额:该项经济业务抵减数据	

图 5－10

抵减账户有“坏账准备”“累计折旧”“固定资产减值准备”“存货跌价准备”“长期股权投资减值准备”“累计摊销”“无形资产减值准备”等。

抵减账户的特点是:① 抵减账户对被调整账户的调整,实际上是对被调整账户余额的抵减;② 被调整账户余额的方向与抵减账户的余额方向必定相反。如果被调整账户的余额方向在借方(或贷方),则抵减账户的余额方向一定在贷方(借方)。

(六)抵减附加账户

抵减附加账户也称为备抵附加账户,是既用来抵减,又用来增加被调整账户的余额,以求得被调整账户的实际余额的账户。抵减附加账户既可以作为抵减账户,又可以作为附加账户来发挥作用,在实际工作中,很少单独设置单纯的附加账户。例如,“材料成本差异”账户就是“原材料”账户的抵减附加调整账户。当“材料成本差异”账户是借方余额时,表示实际成本大于计划成本的超支数。用“原材料”账户的借方余额加上“材料成本差异”账户的借方余额,就是原材料的实际成本。当“材料成本差异”账户是贷方余额时,表示实际成本小于计划成本的节约数,用“原材料”账户的借方余额减去“材料成本差异”账户的贷方余额,即为原材料的实际成本。

抵减附加账户的基本结构如图 5－11 所示(以“原材料”和“材料成本差异”账户之间的关系为例)。

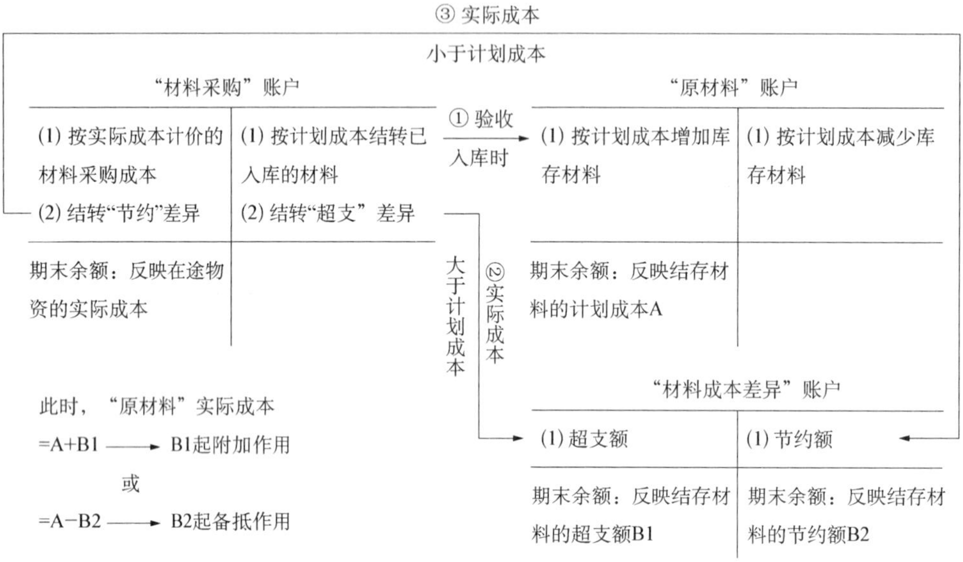

图 5－11　抵减附加类账户的基本结构

抵减附加账户有“材料成本差异”等。

抵减附加账户的特点是:账户的具体功能取决于该账户的余额与被调整账户余额在方向上是否一致,当其余额与被调整账户余额在不同方向时,它起的作用是抵减;当其余额与被调整账户余额在相同方向时,它所起的是附加作用。

(七) 集合分配账户

集合分配账户是用来核算汇集和分配经营过程中某一个阶段发生的某种间接费用,进行核算和监督有关间接费用计划执行情况,以及间接费用分配情况的账户。集合分配账户借方登记费用的发生额,贷方登记费用的分配额,在一般情况下,登记在这类账户中的费用,期末应全部分配出去,通常没有余额。

集合分配账户的基本结构如图 5－12 所示。

集合分配账户

本期发生额： 经营过程中间接费用集合数额	本期发生额： 成本计算对象上间接费用分配数额

图 5－12　集合分配类账户的基本结构

集合分配账户有“制造费用”。

集合分配账户的特点是:① 具有过渡性质;② 平时归集那些不能直接计入某个成本计算对象的间接费用,期末将费用全部分配出去后由有关成本计算对象负担;③ 期末费用分配后一般无余额。

（八）成本计算账户

成本计算账户是用来核算和监督经营过程中计入特定成本计算对象的经营费用，并确定各成本计算对象实际成本的账户。设置和运用成本计算账户，对于正确计算材料采购、产品生产和产品销售的实际成本，考核有关成本计划的执行和完成情况具有重要的作用。成本计算账户的借方汇集计入特定成本计算对象的全部费用，贷方反映转出的某一成本计算对象的实际成本。期末余额一般在借方，表示尚未完成的某一阶段成本对象的实际成本。

成本计算账户的基本结构如图 5－13 所示。

成本计算账户

期初余额：未转出成本计算对象的实际成本 本期发生额：应由成本计算对象承担的费用	本期发生额：转出成本计算对象的实际成本
期末余额：未转出成本计算对象的实际成本	

图 5－13　成本计算类账户的基本结构

成本计算账户有“材料采购”“在途物资”“生产成本”等。

成本计算账户的特点是：① 设置总分类账户的同时还需要按照各个成本计算对象和成本项目设置明细分类账户；② 提供实物指标的同时提供价值指标。

（九）对比账户

对比账户是用来核算经营过程中某一阶段某项经济业务按照两种不同的计价标准进行对比，借以确定其业务成果的账户。按计划成本进行材料日常核算的企业应设置“材料采购”账户，属于对比账户。该账户的借方登记材料的实际成本、贷方登记按照计划价格核算的材料的计划成本，通过借贷双方两种计价对比，确定材料采购业务情况。

对比账户的基本结构如图 5－14 所示。

对比账户
（材料采购）

期初余额：未入库材料的实际成本 本期发生额：本期未入库材料的实际成本及转入“材料成本差异”贷方的节约差	本期发生额：入库材料的计划成本及转入“材料成本差异”借方的超支差
期末余额：在途材料的实际成本	

图 5－14　对比类账户的基本结构

对比账户有“材料采购”“固定资产清理”“本年利润”等。

对比账户的特点是：① 借贷方的计价标准不同；② 期末确定业务情况转出后，该账户的借方余额是剔除了计价差异后的按借方计价方式计价的资产价格。

（十）收入计算账户

收入计算账户是用来核算和监督企业在一定时期内所取得的各种收入和收益的账户。

收入计算账户的贷方登记取得的收入和收益，借方登记收入和收益的减少数和期末转入“本年利润”账户的收入和收益额。

收入计算账户的基本结构如图 5－15 所示。

收入计算账户

本期发生额：收入和收益的减少数及期末转入“本年利润”的收入和收益	本期发生额：本期收入和收益的增加

图 5－15　收入计算类账户的基本结构

收入计算账户有：“主营业务收入”“其他业务收入”等。

收入计算账户的特点是：① 设置总分类账户同时还应按照业务类别设置明细分类账户进行分类核算；② 只提供价值指标；③ 账户期末无余额。

（十一）费用计算账户

费用计算账户是用来核算和监督企业在一定时期内所发生的应计入当期损益的各项费用、成本和支出的账户。费用计算账户的借方登记费用支出的增加额，贷方登记费用支出的减少数和期末转入“本年利润”账户的费用支出数。

费用计算账户的基本结构如图 5－16 所示。

费用计算账户

本期发生额：本期费用支出的增加	本期发生额：费用支出的减少或转销及期末转入“本年利润”的费用支出

图 5－16　费用计算类账户的基本结构

费用计算账户有：“主营业务成本”“其他业务成本”“税金及附加”“营业外支出”“管理费用”“财务费用”“销售费用”“所得税费用”等。

费用计算账户的特点是：① 设置总分类账户同时还应按照业务内容、支出项目设置明细分类账户进行分类核算；② 只提供价值指标；③ 账户期末无余额。

（十二）财务成果计算账户

财务成果计算账户用来核算和监督企业在一定时期内全部经营活动最终成果的账户。“本年利润”账户属于典型的财务成果计算账户。财务成果计算账户的贷方登记期末从收入计算账户转入的各种收入和收益数，借方登记期末从费用计算账户转入的各种费用支出数。

如图 5－17 所示。

财务成果计算账户

本期发生额：本期从费用计算账户转入的各项成本、费用支出数额	本期发生额：本期从收入计算账户转入的各项收入、收益数额
期末余额：(1—12 月份)发生的亏损数	期末余额：(1—12 月份)发生的利润数

图 5－17　财务成果计算类账户的基本结构

财务成果计算账户有“本年利润”。

财务成果计算账户的特点是：① 反映企业在一个会计年度内财务成果的形成；② 平时的余额为本年的累计利润总额或亏损总额；③ 期末结转后无余额。

综上所述，按用途和结构分类的账户体系，如图 5－18 所示。

- 账户
  - 盘存账户
    - “库存现金”
    - “银行存款”
    - “原材料”
    - “库存商品”
    - “固定资产”等
  - 投资权益账户
    - “实收资本”
    - “资本公积”
    - “盈余公积”等
  - 结算账户
    - 债权结算账户
      - “应收账款”
      - “预付账款”
      - “应收票据”
      - “应收股利”
      - “其他应收账款”等
    - 债务结算账户
      - “短期借款”
      - “应付账款”
      - “应交税费”
      - “其他应付款”
      - “应付职工薪酬”等
    - 债权债务结算账户——“其他往来”等
  - 跨期摊配账户——“长期待摊费用”
  - 抵减账户
    - “坏账准备”
    - “累计折旧”
    - “固定资产减值准备”等
  - 抵减附加账户——“材料成本差异”
  - 集合分配账户——“制造费用”
  - 成本计算账户
    - “材料采购”
    - “在途物资”
    - “生产成本”等
  - 对比账户
    - “材料采购”
    - “本年利润”
    - “固定资产清理”等
  - 收入计算账户
    - “主营业务收入”
    - “其他业务收入”
    - “营业外收入”等
  - 费用计算账户
    - “主营业务成本”
    - “其他业务成本”
    - “税金及附加”
    - “营业外支出”
    - “管理费用”
    - “财务费用”
    - “销售费用”
    - “所得税费用”等
  - 财务成果账户——“本年利润”

图 5－18　账户按用途和结构分类示意图

本章小结

账户分类,就是按照一定的标准对全部账户所进行的科学分类。虽然账户之间在经济内容、用途结构方面各不相同,但相互之间存在着密切的内在关系,从而对各种账户按照一定的标准可以进行不同的分类。账户的科学分类帮助人们更好地掌握账户的设置和运用,有助于建立完善的账户体系,进一步掌握各类账户,从而提供核算指标的规律。

账户按经济内容分类,是指账户按照所反映的会计对象具体内容进行分类,它是账户分类最基础的方法,其他分类是对它的补充。账户按经济内容不同分为:资产类账户、负债类账户、所有者权益类账户、收入类账户、费用类账户、利润类账户。

账户按用途结构分类,是指账户在按照经济内容分类的基础上,对于用途和结构基本相同的账户进行的一种补充分类。账户按用途结构不同分为:盘存账户、投资权益账户、结算账户、跨期摊配账户、抵减账户、抵减附加账户、集合分配账户、成本计算账户、对比账户、收入计算账户、费用计算账户,财务成果账户。

知识拓展一　各行业会计中相关账户名称差异示例

我国现行的《企业会计准则》,是以工业企业为主,兼顾其他行业制定的一套通用的、统一的会计规范,对各行业会计的确认、计量、记录、报告全过程中的共性部分做出了较为明确的规定。各行各业的业务范围和经营特点不同,其收入与成本的核算在各行业之间也存在较大差异。以涉及供应过程的外购成本(未入库前)业务为例:工业企业会计由“在途物资”或“材料采购”账户核算,而商品流通企业会计是“商品采购”账户核算,施工企业会计是“周转材料”“临时设施”账户核算,房地产开发企业会计是“开发成本”“开发产品”“周转房”账户核算等。

知识拓展二　新会计准则账户变动情况分析

企业会计准则国际趋同是一个国家经济发展和适应经济全球化的必然选择,中国企业会计准则对于账户的变动是实质性的,也是持续性的。关于新会计准则在账户方面的变动情况举例如下:① 全面试行营业税改增值税后,“营业税金及附加”账户更名为“税金及附加”账户,核算企业经营活动发生的消费税、城市维护建设税、资源税、教育费附加、房产税、土地使用税、车船使用税,印花费等相关税费。② 企业因无法收回的应收款项而遭受的损失为坏账损失或减值损失,应收款项发生减值的,应当将减记的金额确认为减值损失,同时计提坏账准备,之前使用“资产减值损失”账户,现在变更为“信用减值损失——计提的坏账准备”账户进行核算。

本章思考题

1. 账户分类的意义是什么?
2. 账户按经济内容分为哪几类?
3. 账户按用途和结构分为哪几类?

第六章　会计凭证

引入案例

2016 年 12 月，宁波市国税局与公安机关联合，成功查处“10·30”虚开增值税专用发票案。经查实，犯罪团伙在宁波注册成立宁波博运来珠宝有限公司等 10 家“空壳公司”，虚开增值税专用发票 7 492 份，涉及金额 69.82 亿元，税额 11.87 亿元。在我国，虽然刑法对于虚开增值税发票制定了严格的处罚条款，但是虚开增值税发票案件在我国一直屡禁不止。增值税专用发票作为单位个人在购买商品、接受劳务服务以及其他经营活动中所开具和收取的业务凭证，不仅是税务机关征税的主要依据，也是会计核算的原始凭证。那么，我们应当如何加强会计工作才能够有效杜绝虚开增值税专用发票这一问题呢？

学习目的与要求

1. 理解会计凭证的概念；
2. 掌握主要原始凭证的填制方法和审核要求；
3. 掌握记账凭证的内容和填制方法；
4. 了解会计凭证的种类，了解会计凭证的传递和保管的一般程序和操作方法。

第一节　会计凭证的作用和种类

一、会计凭证的作用

会计凭证，简称凭证，是记录经济业务发生和完成情况、明确经济责任和据以登记账簿的书面证明，是会计将各项经济业务登记入账的依据。会计主体在处理任何一项经济业务时都必须有会计凭证，不能凭空做账，只有这样才能保证会计核算的真实与客观。所有会计凭证都要由会计部门审核无误后才能作为记账的依据。因此填制和审核会计凭证，是会计信息处理的重要方法之一，同时也是整个会计核算工作的起点和基础。会计凭证具有以下几个方面的作用。

（一）会计凭证是登记账簿的依据

任何单位所发生的经济业务，必须通过填制会计凭证来如实地记录经济业务的内容、数量和金额，经审核无误后才能入账。如果没有合法的凭证作为依据，任何经济都不能登记到账簿中去。因此做好会计凭证的填制和审核工作，是保证会计账簿资料真实、准确性的重要条件。

（二）会计凭证是加强经济管理责任制的手段

会计凭证记录了每项经济业务的内容，而且要由业务经办人签名盖章，这样会增强有关部门和人员的责任感，促使他们严格按照法律、法规、制度办事，从而约束会计主体的经济行为，达到防范舞弊，强化内部控制的目的。

（三）会计凭证是实行会计监督的条件

通过对会计凭证的审核，可以检查各项经济业务是否符合国家和企业有关法律法规的要求，监督经济业务的合法性，可以检查各项经济业务是否符合经济效益目标，监督经济业务的合理性，从而及时制止和纠正各项违法违规行为，提高企业资源使用效率，为利益相关者创造更大的价值。

二、会计凭证的种类

会计凭证按照程序和用途不同，可以分为原始凭证和记账凭证两大类。

（一）原始凭证

原始凭证是在经济业务发生时取得或填制，载明经济业务具体内容和完成情况的书面证明。它是进行会计核算的原始资料和主要数据。任何经济业务的发生，都应由有关经办人员向会计部门提供证明该项经济业务发生，能够明确经济责任的书面单据。例如，购买原材料向销售方取得的“增值税专用发票”，外购材料入库时由保管部门填制的“收料单”，生产部门领用材料时的“领料单”，职工出差取得的餐饮、住宿发票等。原始凭证记载了大量的经济信息，又是证明经济业务发生的初始文件，具有较强的法律效力，是填制记账凭证和登记账簿的原始依据。

（二）记账凭证

记账凭证是根据原始凭证进行归类、整理编制的会计分录凭证。它是登记账簿的直接依据。由于原始凭证种类繁多，格式不同，不便于记账，所以有必要将各种原始凭证的经济内容加以归类整理，确认为某一项会计要素后，再登记入账。从原始凭证到记账凭证是经济信息转化为会计信息的过程，是会计的初始确认阶段。

第二节　原始凭证

一、原始凭证的种类

原始凭证是用以载明经济业务的具体内容的载体，而经济业务的发生千差万别，因此原始凭证的形式也是差异万千的。原始凭证可以按照其来源、填制方法和格式要求的不同进行分类。

（一）按来源不同分类

根据来源不同，原始凭证可以分为外来原始凭证和自制原始凭证。

1. 外来原始凭证

外来原始凭证是指在同外单位发生经济往来事项时，由本单位经办人从相关外单位和个人所取得的凭证。例如，企业购买货物、劳务从提供单位取得的增值税专用发票，办理银行业务从银行取得的各种银行结算票据，企业缴纳水电费的收据，出差人员的餐饮住宿发票等。对于大多数企业而言，购买货物、劳务时取得的增值税专用发票是最常用也是最重要的外来原始凭证，具体见表6-1。

表6-1　江西增值税专用发票　　№

发票联　　开票日期：

<table>
<tr><td>购买方</td><td colspan="3">名　　称：
纳税人识别号：
地 址 、电 话：
开户行及账号：</td><td>密码区</td><td colspan="4">（略）</td></tr>
<tr><td colspan="2">货物或应税劳务、服务名称</td><td>规格型号</td><td>单位</td><td>数量</td><td>单价</td><td>金额</td><td>税率</td><td>税额</td></tr>
<tr><td colspan="2">

合计</td><td></td><td></td><td></td><td></td><td></td><td></td><td></td></tr>
<tr><td colspan="2">价税合计（大写）</td><td colspan="7">（小写）</td></tr>
<tr><td>销售方</td><td colspan="3">名　　称：
纳税人识别号：
地 址 、电 话：
开户行及账号：</td><td>备注</td><td colspan="4"></td></tr>
</table>

第三联　发票联　购买方记账凭证

收款人：　　复核：　　开票人：　　销售方：（章）

2. 自制原始凭证

自制原始凭证，是指由本单位内部经办业务的部门和人员，在完成某项经济业务时填制的，仅供本单位内部使用的原始凭证。例如，外购原材料由仓储部门填制的收料单、车间领用原材料时填写的领料单、完工产品出库时由仓储部门填制的出库单，人力资源部门编制的工资表、财务部门编制的固定资产折旧表等。

（二）按填制方法不同分类

原始凭证中的自制原始凭证，依据填制方法的不同又可以分为一次凭证、累计凭证和汇总原始凭证三种。

1. 一次凭证

一次凭证是指只记载一项经济业务或同时记载若干项同类经济业务，填制手续一次完成的凭证。例如，领料单(见表6-2)、收料单(见表6-3)等都是一次凭证。一次凭证只能反映一笔业务的内容，使用方便灵活，但数量较多，核算较麻烦。

表6-2　领料单

领料单

领料单位：　　　　　　　　　　　　编号：
用途：　　　　　年　月　日　　　　仓库：

材料类别	材料编号	材料名称	规　格	计量单位	数　量		单　价	金　额
					请　领	实　发		

记账：　　发料：　　领料单位负责人：　　领料：

表6-3　收料单

收料单

供货单位：　　　　　　　　　　　　编号：
发票号码：　　　　年　月　日　　　仓库：

材料类别	材料编号	材料名称	规　格	计量单位	数　量		单　价	金　额
					应　收	实　收		

仓库主管：　　记账：　　仓管：　　收料：

2. 累计凭证

累计凭证，是指连续记载一定时期内不断重复发生的同类经济业务，填制手续是在一张凭证中多次进行记录才能完成的凭证。例如，限额领料单(见表6-4)就是一种典型的累计凭证。使用累计凭证，由于平时随时登记发生的经济业务，并计算累计数，期末计算总数后作为记账的依据，所以能减少凭证数量，简化凭证填制手段。

表 6－4　累计凭证

限额领料单

仓库：
计划产量：
单位消耗
定额：

领料单位：
用途：

<table>
<tr><td colspan="2" rowspan="2">材料类型</td><td rowspan="2">材料编号</td><td rowspan="2">材料名称</td><td rowspan="2">规　格</td><td rowspan="2">计量单位</td><td rowspan="2">单　价</td><td rowspan="2">领料限额</td><td colspan="2">全月实领</td></tr>
<tr><td>数　量</td><td>金　额</td></tr>
<tr><td rowspan="3">日期</td><td colspan="3">请领</td><td colspan="2">实发</td><td colspan="3">代用材料</td><td rowspan="2">限额节余</td></tr>
<tr><td>数　量</td><td>领料单位负责人签章</td><td>领料人签章</td><td>数　量</td><td>发料人签章</td><td>数　量</td><td>单　价</td><td>金　额</td></tr>
<tr><td></td><td></td><td></td><td></td><td></td><td></td><td></td><td></td><td></td></tr>
</table>

仓库负责人：　　　　　　　　　　　　生产计划部门负责人：

3. 汇总原始凭证

汇总原始凭证，是指在会计核算工作中，为简化记账凭证的编制工作，将一定时期内若干记录同类经济业务的原始凭证，按一定标准加以汇总而填制完成的原始凭证，如发出材料汇总表、领料汇总表、工资结算汇总表等。汇总凭证可以简化记账凭证的手续，但它本身不具备法律效力。

（三）按照格式不同分类

按照格式不同，原始凭证可以分为通用原始凭证和专用原始凭证。

1. 通用原始凭证

通用原始凭证是指在全国或地区、系统范围内，规定统一格式和方法的原始凭证。例如，异地结算时使用的全国统一的银行结算凭证，某一地区统一规定的服务发票等。

2. 专用原始凭证

专用原始凭证是指各单位自行规定其格式和使用方法的原始凭证。它适用于特定单位，并且有特定使用方法，如差旅费报销单等。

二、原始凭证的基本内容

企业发生的经济业务多种多样，记录经济业务的各种原始凭证其内容和格式也不尽相同，但无论哪种原始凭证，都必须客观、真实地记录和反映经济业务的发生、完成情况，都必须明确有关单位、部门和人员的经济责任。这些共同要求，决定了各种原始凭证必须具备以下几个方面的基本内容：① 填制单位名称或填制人姓名；② 原始凭证的名称；③ 填制凭证日期；④ 对外凭证所接收单位的名称；⑤ 经济业务的内容摘要；⑥ 经济业务所涉及的财产物资数量、单价和金额；⑦ 填制单位或个人签字盖章；⑧ 有关人员签字盖章，明确经办人责任，也是经济业务真实性的必要证据。

三、原始凭证的填制要求

原始凭证是具有法律效力的证明文件,又是会计核算最基础的原始资料,出具原始凭证的单位和个人必须按照规定认真负责填制。原始凭证的填制必须遵循一定要求,一般包括以下五个方面。

(一)内容真实

填制原始凭证要以事实为依据,根据经济业务发生的实际情况,如实填写经济业务的内容,发生的日期、数量和金额,使原始凭证所记载的内容与经济业务的实际发生情况相符。

(二)及时填制

原始凭证必须按照经济业务的执行和完成情况及时填制,这对于保证会计资料的时效性非常重要。否则,时过境迁,记忆模糊,容易出错。

(三)内容完整

原始凭证中的各项内容都必须逐次填写齐全,不可遗漏,有关业务部门或人员的签章必须齐全。

(四)书写规范

1. 笔墨规范

原始凭证要用蓝色或黑色笔书写,字迹清楚、规范,填写支票必须使用碳素笔,属于需要套写的凭证,必须一次套写清楚。

2. 数字规范

阿拉伯数字应一个一个地写,不得连笔写。用阿拉伯数字书写的金额前面应写人民币符号"¥"。人民币符号"¥"与阿拉伯数字之间不得留有空白。凡阿拉伯数字前写有人民币符号"¥"的,数字后面不再写"元"字。所有以元为单位的阿拉伯数字,除表示单价等情况外,一律填写到角分。无角分的,角位和分位可写"00"或符号"—";有角无分的,分位应写"0",不得用符号"—"代替。大写金额有分的,后面不加"整"字,其余一律在末尾加"整"字,大写金额前还应加注币值单位,注明"人民币""美元""港币"等字样,且币值单位与金额数字之间,以及各金额数字之间不得留有空隙。

3. 改错规范

各种凭证不得随意涂改、刮擦、挖补,若填写错误,应采用规定方法予以更正。对于重要的原始凭证,如支票以及各种结算凭证,一律不得涂改。对于预先印有编号的各种凭证,在填写出现错误后,要加盖"作废"戳记,并单独保管。

4. 遗失凭证处理规范

遗失外来发票应从填制单位取得该凭证记账联复印件并由填制单位盖章证明;遗失车票、机票应由遗失人写书面说明,经证明人签证、领导审批后代替原凭证。

(五)用途明确

一式几联的原始凭证,应当注明各联的用途,连续编号,并且只能以一联作为报销凭证。

四、原始凭证的审核

为了保证原始凭证内容的真实性和合法性,防止不符合填制要求的原始凭证影响会计信息的质量,必须由会计部门对一切外来的和自制的原始凭证进行严格的审核。审核内容主要包括以下两个方面。

(一)审核原始凭证所反映的经济业务是否合法、合规、合理

审核时应以国家颁布的现行财经法规、财会制度以及本单位制定的有关规则、预算和计划为依据,审核经济业务是否符合有关规定,有无弄虚作假、违法乱纪、贪污舞弊的行为;审核经济活动的内容是否符合规定的开支标准,是否履行规定的手续,有无背离经济效益原则和内部控制制度的要求。

(二)审核原始凭证的填制是否符合规定的要求

首先应审核原始凭证是否具备作为合法凭证所必需的基本内容,所有项目是否填写齐全,有关单位和人员是否已签字盖章;其次要审核凭证中所列数字的计算是否正确,大、小写金额是否相符,数字和文字是否清晰等。

原始凭证的审核,是一项十分细致而严肃的工作,必须坚持原则,依法办事。对于不真实、不合法的原始凭证,会计人员有权不予受理,并要向单位负责人报告;对于记载不准确、不完整的原始凭证应予以退回,并要求按照国家统一的会计制度规定更正、补充。原始凭证经审核无误后,才能作为编制记账凭证和登记明细分类账的依据。

第三节 记账凭证

一、记账凭证的种类及其常用格式和填制

记账凭证是由会计人员根据审核无误的原始凭证按设置的账户运用复式记账方法填制的,用于确定经济业务应记录科目、记账方向和记账金额的书面文件。经济业务的内容不同或管理上的要求不同,所填制的记账凭证也不同,会计工作中常按记账凭证所记录经济业务种类、所记录的应记账户和填制依据对记账凭证进行分类。

(一)按用途和格式分类

记账凭证按照用途和格式不同,可以分为专用记账凭证和通用记账凭证。

1. 专用记账凭证

专用记账凭证是专门用来记录某一特定种类经济业务的记账凭证,按其所记录的经济业务

是否与库存现金、银行存款收付有关又可进一步分为收款凭证、付款凭证和转账凭证三种，分别用于记录与货币收款、付款有关业务，与货币收付无关业务的应记科目、记账方向、记账金额。

（1）收款凭证，是为了反映库存现金、银行存款增加的经济业务，根据库存现金收款和银行存款收款原始凭证而编制的记账凭证。其格式如表 6－5 所示。

表 6－5　收款凭证

借方科目：　　　　　　　　　年　　月　　日　　　　　　　　字第　　号

摘　要	贷方科目		金　　额											记账√
	总账科目	明细科目	亿	千	百	十	万	千	百	十	元	角	分	
附件　张	合　计													

会计：　　　主管：　　　记账：　　　出纳：　　　审核：　　　填制：

【例 6－1】 赣江股份有限公司 2×23 年 5 月 13 日销售商品一批，价款 10 000 元，增值税税率为 13%，收到购货单位支付货款的转账支票 11 300 元并已交银行进账。会计人员根据有关原始凭证确定此项业务会计分录，然后填制记账凭证中的收款凭证，内容如表 6－6 所示。

表 6－6　赣江股份有限公司收款凭证

总第 256 号

借方科目：银行存款　　　　　2×23 年 5 月 13 日　　　　　银收字第 126 号

摘　要	贷方科目		√	金　　额								附件叁张
	一级科目	明细分类科目		十	万	千	百	十	元	角	分	
销售收款	主营业务收入	商品			1	0	0	0	0	0	0	
	应交税费	应交增值税（销）				1	3	0	0	0	0	
合　计				¥	1	1	3	0	0	0	0	

会计主管：张楠　　　记账：张宇　　　出纳：胡强　　　复核：张红　　　制单：刘芳

如果发生的业务是与库存现金收款业务有关的业务，则在左上角“借方科目”栏填“库存现金”，右上角编号填“现”收字号，贷方科目及金额在栏内填列。

（2）付款凭证，是用来记录现金和银行存款付出业务的记账凭证，是根据有关库存现金和银行存款付出业务的原始凭证编制的。其格式如表 6－7 所示。

表 6－7　付款凭证

贷方科目：　　　　　　　　　　　　年　　月　　日　　　　　　　　　　字第　　号

摘　要	借方科目		金　　额											记账
	总账科目	明细科目	亿	千	百	十	万	千	百	十	元	角	分	√
附件　张	合　计													

会计：　　　　主管：　　　　记账：　　　　出纳：　　　　审核：　　　　填制：

【例 6－2】　2×23 年 6 月 13 日归还黄河股份有限公司货款 80 000 元，以银行存款支付。会计人员根据审核无误的借据填制记账凭证中的付款凭证，如表 6－8 所示。

表 6－8　赣江股份有限公司付款凭证

总第 010 号

贷方科目：银行存款　　　　　　2×23 年 6 月 13 日　　　　　　银付字第 004 号

摘　要	借方科目		√	金　　额								附件壹张
	一级科目	明细分类科目		十	万	千	百	十	元	角	分	
归还货款	应付账款	黄河有限公司			8	0	0	0	0	0	0	
合　计				¥	8	0	0	0	0	0	0	

会计主管：张楠　　　　记账：张宇　　　　出纳：胡强　　　　复核：张红　　　　制单：江敏

如发生与库存现金收付有关的业务，在左上角“贷方科目”后填“库存现金”，右上角标号填“现”付字，借方科目及金额填入栏内。

值得注意的是，对于既可填制“收款凭证”，又可填制“付款凭证”的业务，为防止重复记账，按统一惯例，一律视为与付款有关的事项，只填制付款凭证，不编制收款凭证。例如，将库存现金存入银行，填制现金付款凭证；从银行支取现金，填制银行存款付款凭证。

(3) 转账凭证，是用来记录不涉及库存现金和银行存款收付的转账业务的记账凭证，是根据相关业务的原始凭证编制的。转账凭证的格式特点是：应借应贷科目及金额全部计入栏框内，原因是各种转账业务的科目对应关系复杂，无法固定某个借方或贷方科目。其格式如表 6－9 所示。

总号	
分号	

表 6－9　转账凭证

年　月　日　　　　附件　张

摘　要	一级科目	二级及明细科目	过账	借方金额										贷方金额									
				千	百	十	万	千	百	十	元	角	分	千	百	十	万	千	百	十	元	角	分
合　计																							

会计：　主管：　记账：　出纳：　审核：　填制：

现以月末制造费用的分配业务为例说明转账凭证的填制。

【例 6－3】 赣江股份有限公司 2×23 年 6 月当月应发工资 940 000 元，其中：甲产品一车间直接生产人员工资 440 000 元；一车间管理人员工资 100 000 元；公司管理部门人员工资 200 000 元；公司专设销售机构人员工资 90 000 元；建造厂房人员工资 110 000 元。会计人员根据“工资分配表”填制转账凭证记录其会计分录，填列内容如表 6－10 所示。

表 6－10　赣江股份有限公司转款凭证

总第 258 号

2×23 年 6 月 30 日　　　　银付字第 120 号

摘要	科　目		√	借方金额									贷方金额									附件
	一级科目	明细分类科目		百	十	万	千	百	十	元	角	分	百	十	万	千	百	十	元	角	分	
工资	生产成本				4	4	0	0	0	0	0	0										附
分配	制造费用	一车间			1	0	0	0	0	0	0	0										件
	管理费用				2	0	0	0	0	0	0	0										
	销售费用					9	0	0	0	0	0	0										壹
	在建工程	厂房			1	1	0	0	0	0	0	0										张
	应付职工薪酬													9	4	0	0	0	0	0	0	
合　计				¥	9	4	0	0	0	0	0	0	¥	9	4	0	0	0	0	0	0	

会计主管：张楠　记账：张宇　复核：张红　制单：范兵

2. 通用记账凭证

通用记账凭证，指一个企业不分业务种类，采用一种记账凭证记录各种经济业务的会计分录。它适用于所有经济业务，采用通用记账凭证记账，不再区分收款、付款和转账凭证，即无论是款项的收付业务还是转账业务，都采用统一格式的记账凭证。通常适合规模不大、款项收付不多的中小型企业。其格式如表 6－11 所示。

表 6－11 记账凭证

年 月 日　　　　　　　　字第　号

摘 要	总账科目	明细科目	记账√	借方金额										记账√	贷方金额								
				千	百	十	万	千	百	十	元	角	分		千	百	十	万	千	百	十	元	角	分

附件　张

会计：　主管：　记账：　出纳：　审核：　填制：

（二）按是否经过汇总分类

记账凭证按是否经过汇总，可分为非汇总记账凭证和汇总记账凭证。

1. 非汇总记账凭证

非汇总记账凭证又称单一记账凭证，是指依据原始凭证填制的只反映某项经济业务的记账凭证。前面介绍的收款、付款、转账凭证和通用凭证均属于非汇总记账凭证。

2. 汇总记账凭证

汇总记账凭证分为汇总收款凭证、汇总付款凭证和汇总转账凭证三种。汇总收款凭证是根据收款凭证分别按库存现金和银行存款账户的借方设置的，并按对应的贷方账户归类汇总。汇总付款凭证是根据付款凭证分别按库存现金和银行存款账户的贷方设置，并按对应的借方账户归类汇总。汇总转账凭证是根据转账凭证按账户的贷方设置，并按对应的借方账户归类汇总。这三种汇总记账凭证都应定期汇总一次，每月填制一张。为了便于汇总，对于转账凭证的对应关系要保持一“借”一“贷”或一“贷”多借，而不宜采用一“借”多“贷”。汇总记账凭证可以反映账户的对应关系，便于了解经济业务的来龙去脉，有利于分析和检查，但是汇总的工作量也很繁重。汇总记账凭证的一般格式见表 6－12、表 6－13、表 6－14。

表 6－12 汇总收款凭证

借方账户：　　　　年 月　　　　第　号

贷方账户	金 额				记 账	
	（1）	（2）	（3）	合 计	借 方	贷 方

附注：（1）自　日至　日　收款凭证共计　张
　　　（2）自　日至　日　收款凭证共计　张
　　　（3）自　日至　日　收款凭证共计　张

表 6－13　汇总付款凭证

贷方账户：　　　　　　　　　　　　　　年　月　　　　　　　　　　　　　　第　　号

借方账户	金　额				记　账	
	(1)	(2)	(3)	合　计	借　方	贷　方

附注：(1) 自　　日至　　日　　付款凭证共计　　张
　　(2) 自　　日至　　日　　付款凭证共计　　张
　　(3) 自　　日至　　日　　付款凭证共计　　张

表 6－14　汇总转款凭证

贷方账户：　　　　　　　　　　　　　　年　月　　　　　　　　　　　　　　第　　号

借方账户	金　额				记　账	
	(1)	(2)	(3)	合　计	借　方	贷　方

附注：(1) 自　　日至　　日　　转账凭证共计　　张
　　(2) 自　　日至　　日　　转账凭证共计　　张
　　(3) 自　　日至　　日　　转账凭证共计　　张

科目汇总表是根据收款凭证、付款凭证和转账凭证，按照相同的会计科目归类，定期汇总填制的。为了便于填制科目汇总表，所有记账凭证的账户对应关系应保持一借一贷，这样就可以简化汇总的手续，也能减少差错。同汇总记账凭证相比较，科目汇总表既可简化总分类账的登记手续，又能起到全部账户发生额的试算平衡作用，汇总工作相对比较简单，但它的缺点就是无法反映账户的对应关系。科目汇总表的一般格式见表 6－15。

表 6－15　科目汇总表

年　月　日　至　日

账户名称	总账页数	本期发生额		记账凭证起讫号数
		借　方	贷　方	

二、记账凭证的基本要素

记账凭证的主要作用是将审核无误的原始凭证中所记载的原始数据通过运用账户和复式记账系统编制会计分录转换为会计账簿所能接受的专用语言，使之成为登记账簿的直接依据。记账凭证作为登记账簿的直接依据必须具备以下基本内容：

(1) 记账凭证的名称,如“收款凭证”“付款凭证”“转账凭证”等;
(2) 记账凭证的填制日期,该日期不一定与原始凭证的日期相一致;
(3) 记账凭证的编号;
(4) 经济业务的内容摘要,即对所记载的经济业务内容的简明扼要的说明;
(5) 应记科目、记账方向和记账金额;
(6) 附件张数;
(7) 有关人员,如制单、复核、出纳、记账、主管人员签字或盖章。

三、记账凭证的填制要求

记账凭证填制的正确与否,直接关系到会计信息的真实性与正确性。因此,为保证记账凭证的质量,记账凭证各项内容的填制应遵循一定的规范。原始凭证的填写要求同样适用于记账凭证的填制,此外,记账凭证的填制还应符合以下要求。

(一) 填制日期正确

企业应如实填列编制记账凭证的日期。记账凭证日期与原始凭证日期或经济业务发生日期可能一致,也可能不一致。一些收付款业务发生时一般就要立即进行相应的账务处理,在这种情况下,收付款凭证上的日期就为实际发生收款或付款的日期。一些转账业务的原始凭证常常不能在经济业务发生当天送到会计部门,就会造成记账凭证日期与原始凭证日期不一致的现象。

(二) 摘要简明扼要

摘要是对经济业务的简要说明,填写时既要简明,又要确切。例如,对于收付款业务,要写明收付款发生的原因。

(三) 科目和借、贷方向填写正确

记账凭证上的会计科目必须按照统一规定的会计科目名称来填列,而不得随意简化或变更;应按账户级次设置完整填写一级科目、明细分类科目。对于转账凭证,应根据对经济业务的分析分别填写相应的应借、应贷科目及金额。填写科目时,一般先借后贷。借方会计科目应和借方金额在同一行,贷方会计科目和贷方金额在同一行。

(四) 凭证编号正确、完整

记账凭证采用通用凭证的情况下,可按经济业务发生的先后顺序编号。记账凭证采用收款、付款、转账凭证的,则按记账凭证的类别顺序编号。编号时,应该按日期顺序编号,即每月都从 1 号编起,直至月末。使用专用记账凭证的,一般采用双重编号,一份凭证既按全部凭证编“总字第×号”,又分别按收、付、转凭证编“收(现收、银收)字第×号”“付(现付、银付)字第×号”“转字第×号”。一项业务填制多张记账凭证的(单式凭证、有续页的复式凭证),应采用分数编号法对该项业务各张凭证编序号,如“$10\frac{1}{3}$”,表示该份记账凭证的本月

编号为第 10 号，共 3 张，本张为第 1 张。

（五）按行逐项填写

记账凭证应按行逐项填写，不得跳行或留行，对记账凭证中的空行，应该画斜线或一条“S”形线注销。画线应从金额栏最后一笔金额数字下的空行划到合计数行上面的空行。

（六）附件完整并填列正确

除结账和更正错误外，记账凭证必须附有原始凭证，并注明所附原始凭证的张数。所附原始凭证张数的计算，一般以原始凭证的自然张数为准。与记账凭证中的经济业务记录有关的每一张证据，都应当作为原始凭证的附件。多份记账凭证以同一原始凭证为依据的，未附原始凭证的记账凭证应标明原始凭证“附于第×号记账凭证”。

（七）签字盖章正确完整

制单人员完成记账凭证后签字（或盖章）表示负责；复核人员对制单人员填列内容和签字审核确认无误后签字；出纳人员按收、付款凭证办理款项收、付并在凭证上作“收讫”“付讫”记载后签字；记账人员将凭证记录过入账户后标明已记账标志并签字；会计部门负责人审阅确认无误后签字。通过不同人员的签字盖章，加强了凭证的管理，分清了会计人员的经济责任，使会计工作岗位之间相互制约、相互监督。

四、记账凭证的审核

记账凭证是登记账簿的直接依据，为了保证账簿记录的正确性，以及会计信息的质量，记账前必须由专人对已编制的记账凭证进行认真、严格的审核。审核的内容主要有以下几个方面：

首先，审核记账凭证是否附有原始凭证，记账凭证的内容与所附原始凭证的内容是否相符，金额是否一致。

其次，审核凭证中会计科目的使用是否正确，二级或明细科目是否齐全；账户对应关系是否清晰；金额计算是否准确无误。

最后，审核记账凭证中有关项目是否填列齐全，有关人员是否签名盖章。

在审核中若发现记账凭证填制有错误，应查明原因，予以重填或按规定方法及时更正。只有经审核无误的记账凭证，才能据以记账。

第四节　会计凭证的传递和保管

一、会计凭证的传递

会计凭证的传递是指凭证从取得或填制时起，经过审核、记账、装订到归档保管时止，在单位内部各有关部门和人员之间按规定的时间、路线办理业务手续和进行处理的过程。

正确、合理地组织会计凭证的传递，对于及时处理和登记经济业务，协调单位内部各部门、各环节的工作，加强经营管理的岗位责任制，实行会计监督，具有重要作用。例如，对材料收入业务的凭证传递，应明确规定：材料运达企业后，需多长时间验收入库，由谁负责填制收料单，又由谁在何时将收料单送交会计及其他有关部门；会计部门由谁负责审核收料单，由谁在何时编制记账凭证和登记账簿，又由谁负责整理或保管凭证等。这样，既可以把材料收入业务从验收入库到登记入账的全部工作在本单位内部进行分工，并通过各部门的协作来共同完成，同时也便于考核经办业务的有关部门和人员是否按照规定的会计手续办事。

会计凭证的传递主要包括凭证的传递路线、传递时间和传递手续三个方面的内容。

各单位应根据经济业务的特点、机构设置、人员分工情况，以及经营管理上的需要，明确规定会计凭证的联次及其流程。既要使会计凭证经过必要的环节进行审核和处理，又要避免会计凭证在不必要的环节停留，从而保证会计凭证沿着最简捷、最合理的路线传递。

会计凭证的传递时间是指各种凭证在各经办部门、环节所停留的最长时间。它应考虑各部门和有关人员在正常情况下办理经济业务所需时间来合理确定。明确会计凭证的传递时间，能防止拖延处理和积压凭证，保证会计工作的正常秩序，提高工作效率。一切会计凭证的传递和处理，都应在报告期内完成。否则，将会影响会计核算的及时性。

会计凭证的传递手续是指在凭证传递过程中的衔接手续。应该做到既完备严密，又简便易行。凭证的收发、交接都应按一定的手续制度办理，以保证会计凭证的安全和完整。

会计凭证的传递路线、传递时间和传递手续，还应根据实际情况的变化及时加以修改，以确保会计凭证传递的科学化、制度化。

二、会计凭证的保管

会计凭证是各项经济活动的历史记录，是重要的经济档案。为了便于随时查阅利用，各种会计凭证在办理好各项业务手续，并据以记账后，应由会计部门加以整理、归类，并送交档案部门妥善保管。

（一）会计凭证的整理归类

会计部门在记账以后，应定期（一般为每月）将会计凭证加以归类整理，即把记账凭证及其所附原始凭证，按记账凭证的编号顺序进行整理，在确保记账凭证及其所附原始凭证完整无缺后，将其折叠整齐，加上封面、封底，装订成册，并在装订线上加贴封签，以防散失和任意拆装。在封面上要注明单位名称、凭证种类、所属年月和起讫日期、起讫号码、凭证张数等。会计主管或指定装订人员要在装订线封签处签名或盖章，然后入档保管。

对于那些数量过多或各种随时需要查阅的原始凭证，可以单独装订保管，在封面上注明记账凭证的日期、编号、种类，同时在记账凭证上注明“附件另订”。各种经济合同和重要的涉外文件等凭证，应另编目录，单独登记保管，并在有关记账凭证和原始凭证上注明。

（二）会计凭证的造册归档

每年的会计凭证都应由会计部门按照归档的要求，负责整理立卷或装订成册。当年的会计凭证，在会计年度终了后，可暂由会计部门保管 1 年，期满后，原则上应由会计部门编造清册移交本单位档案部门保管。档案部门接收的会计凭证，原则上要保持原卷册的封装，个别需要拆封重新整理的，应由会计部门和经办人员共同拆封整理，以明确责任。会计凭证必须做到妥善保管，存放有序，查找方便，并要严防毁损、丢失和泄密。

（三）会计凭证的借阅

会计凭证原则上不得借出，如有特殊需要，须报请批准，但不得拆散原卷册，并应限期归还。需要查阅已入档的会计凭证时，必须办理借阅手续。其他单位因特殊原因需要使用原始凭证时，经本单位负责人批准，可以复制。但向外单位提供的原始凭证复印件，应在专设的登记簿上登记，并由提供人员和收取人员共同签名或盖章。

（四）会计凭证的销毁

会计凭证的保管期限，一般为 30 年。保管期未满，任何人都不得随意销毁会计凭证。按规定销毁会计凭证时，必须开列清单，报经批准后，由档案部门和会计部门共同委派人员监销。在销毁会计凭证前，监督销毁人员应认真清点核对，销毁后，在销毁清册上签名或盖章，并将监销情况报告本单位负责人。

本章小结

会计凭证是指记录经济业务发生或者完成情况的书面证明，是登记账簿的依据。每个企业都必须按一定的程序填制和审核会计凭证，根据审核无误的会计凭证进行账簿登记。会计凭证按照程序和用途不同，可以分为原始凭证和记账凭证两大类。

原始凭证是在经济业务发生时取得或填制，载明经济业务具体内容和完成情况的书面证明。根据来源不同，原始凭证可以分为外来原始凭证和自制原始凭证。原始凭证中的自制原始凭证，依据填制方法的不同又可以分为一次凭证、累计凭证和汇总原始凭证三种。按照格式不同，原始凭证可以分为通用原始凭证和专用原始凭证。

记账凭证是由会计人员根据审核无误的原始凭证按设置的账户运用复式记账方法填制的，用于确定经济业务应记录科目、记账方向和记账金额的书面文件。记账凭证按照用途和格式不同，可以分为专用记账凭证和通用记账凭证。按是否经过汇总分类，可以分为汇总凭证和非汇总凭证。

会计凭证是各项经济活动的历史记录，是重要的经济档案。为了便于随时查阅利用，各种会计凭证在办理好各项业务手续，并据以记账后，应由会计部门加以整理、归类，并送交档案部门妥善保管。

知识拓展　电子凭证会计数据标准试行

为了深入贯彻党的二十大关于“加快建设数字中国，加快发展数字经济”“推动经济社会发展绿色化、低碳化”的有关精神，全社会各界都加快了数字化转型的步伐。随着电子商务的蓬勃发展、电子政务的加速推进、企业数字化管理平台的搭建与完善，电子票据的需求日益增加。电子凭证的大规模涌现，将快速推动数据作为新型生产要素融入生产、分配、流通、消费和社会服务管理等各环节，提升经济社会运行效率。

2023 年 5 月 18 日，财政部会计司发布了《关于公布电子凭证会计数据标准的通知》，制定了 9 类电子凭证会计数据标准（试行版），具体包括《电子凭证会计数据标准——增值税电子发票（试行版）》（含增值税电子普通发票和增值税电子专用发票）、《电子凭证会计数据标准——全面数字化的电子发票（试行版）》《电子凭证会计数据标准——全面数字化的电子发票（铁路电子客票）（试行版）》《电子凭证会计数据标准——全面数字化的电子发票（航空运输电子客票行程单）（试行版）》《电子凭证会计数据标准——财政电子票据（试行版）》《电子凭证会计数据标准——电子非税收入一般缴款书（试行版）》《电子凭证会计数据标准——银行电子回单（试行版）》和《电子凭证会计数据标准——银行电子对账单（试行版）》。

我国电子凭证的会计标准内容拓展与深化试点工作对于推动新时期财务工作无纸化、推动经济社会发展绿色低碳化、形成全社会互连互信机制具有重要意义。本次电子凭证的会计标准覆盖了税企、政企、企企、银企经营交互活动中最高频获取的外部纸质单据，也是财务核算工作中最常见的原始凭据。每一类电子凭证会计数据标准（试行版）为电子文件包形式，包含三项配套说明性文件（指南、元素清单和实例文档）。请登录财政部网（www.mof.gov.cn），从“会计司”子频道下载。

本章思考题

1. 填制和审核会计凭证有什么重要意义？
2. 会计凭证有哪些种类？
3. 什么是原始凭证、记账凭证？两者有何联系和区别？
4. 原始凭证、记账凭证的基本内容及填制要求有哪些？
5. 审核原始凭证、记账凭证的要点是什么？
6. 会计凭证的传递和保管包括哪些内容，有什么要求？

第七章　会计账簿

引入案例

小刘是一名刚从某财经院校财政专业毕业的学生，由于毕业人数众多，就业竞争尤为激烈，在求职压力下，他应聘到书店做了一名出纳。作为一名男性公民，整天身不离岗地待在书店里虽不尽如其意，但毕竟有了正当的职业和优良的工作环境。因此，他希望自己能够胜任本职工作。然而事物的发展并不总是与小刘的主观愿望相统一。由于他在校所学专业与现在所从事的工作错位，他要干好本职工作并不是一件轻松的事。最使他深感"掉价"的就是，他每天的工作主要是跟钱打交道，公司规定每日完成的交易都要填制日记账，但由于不熟悉会计账簿的记账规则，很多时候让他无所适从，拖了其他同事后腿。同学们，我们应该怎样帮助小刘解决这个问题呢？由此而生的另外一个疑问就是，会计账簿到底是什么呢？上面记载了什么内容？

学习目的与要求

1. 熟练掌握账簿的作用和种类；
2. 了解账簿的更换和保管方法；
3. 掌握账簿的设置及登记的规则；
4. 熟练掌握错账的类型及更正方法；
5. 了解对账和结账的内容方法。

第一节　会计账簿的概念和种类

一、会计账簿的概念

在会计核算中，对每一项经济业务，都必须取得和填制会计凭证，因而会计凭证数量很多，又很分散，而且每张凭证只能记载个别经济业务的内容，所提供的资料是零星的，不能全面、连续、系统地反映和监督一个经济单位在一定时期内某一类和全部经济业务活动情况，且不便于日后查阅。因此，为了给经济管理提供系统的会计核算资料，各单位都必须在会计凭证的基础上设置和运用登记账簿的方法，把分散在会计凭证上的大量核算资料，加以集中和归类整理，生成有用的会计信息，从而为编制会计报表、进行会计分析以及审计提供主要依据。

会计账簿是指由一定格式账页组成的，以经过审核的会计凭证为依据，全面、系统、连续地记录各项经济业务事项的簿籍。

设置和登记会计账簿是编制会计报表的基础，是连接会计凭证与会计报表的中间环节，在会计核算中具有重要意义。

(1) 通过账簿的设置和登记，可以记载、储存会计信息。

将会计凭证所记录的经济业务一一记入有关账簿，为企业经营管理提供系统、完整的会计信息。

(2) 通过账簿的设置和登记，可以分类、汇总会计信息。

通过账簿记录，一方面，可以分门别类地反映各项会计信息，提供一定时期经济活动的详细情况；另一方面，可以通过对发生额、余额的计算，提供各方面所需要的总括会计信息，反映财务状况及经营成果的综合价值指标。

(3) 通过账簿的设置和登记，可以检查、校正会计信息。

账簿记录是对会计信息的进一步整理。例如，在永续盘存制下，通过有关盘存账户与实际盘点或者核查结果核对，可以确认财产盘盈或盘亏，并根据实际结存数额调整账簿记录，做到账实相符，提供真实可靠的会计信息。

(4) 通过账簿的设置和登记，可以编报、输出会计信息。

为了反映一定日期的财务状况和一定时期的经营成果，应定期进行结账工作，进行有关账簿之间的核对，计算出本期发生额和余额，据以编制会计报表，并向有关各方提供所需的会计信息。

会计账簿与账户二者的关系是形式和内容的关系，账簿只是一个外在形式，账户才是它的真实内容。账户存在于账簿之中，账簿中的每一个账页就是账户的存在形式和载体，没有账簿，账户就无法存在；账簿序时、分类地记载经济业务是在个别账户中完成的。

二、会计账簿的分类

一个单位为了获得不同方面的会计数据需要设置和登记各种账簿，不同的单位因会计核算和监督的要求不同，使用的账簿也有差异。会计账簿是由多种账簿构成的体系，各种账簿可以按不同标准归类。账簿的分类如图 7－1 所示。

(一) 按照用途的不同分类

按照用途的不同，会计账簿分为序时账簿、分类账簿和备查账簿。

1. 序时账簿

序时账簿又称为日记账，是按照经济业务发生或完成时间的先后顺序逐日逐笔登记的账簿。在我国，大多数单位一般只设库存现金日记账和银行存款日记账。

2. 分类账簿

分类账簿是对全部经济业务事项按照会计要素的具体类别而设置的分类账户进行登记的账簿。按照总分类账户分类登记经济业务事项的是总分类账簿，简称总账；按照明细分类账户分类登记经济业务事项的是明细分类账簿，简称明细账。分类账簿提供的信息是编制会计报表的主要依据。

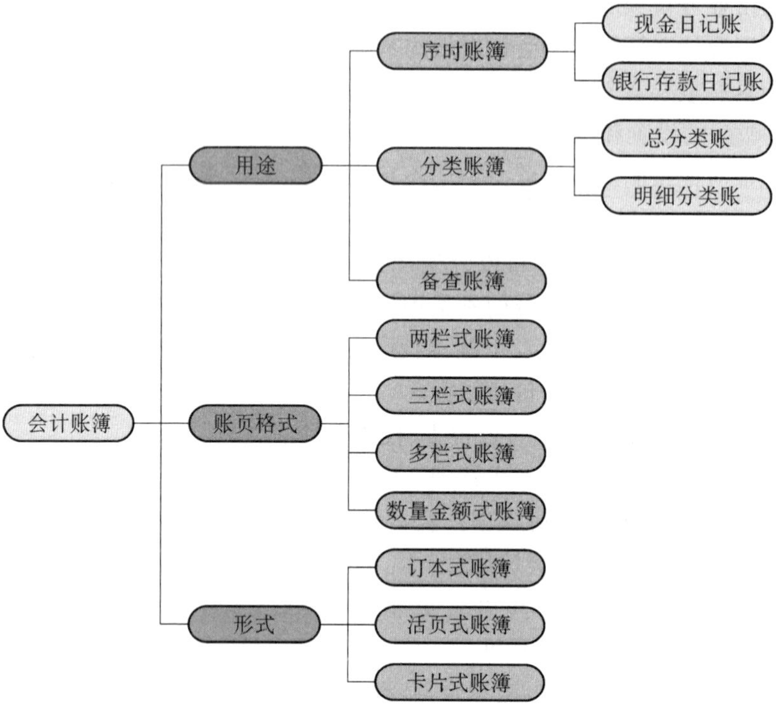

图 7-1　会计账簿的分类

3. 备查账簿

备查账簿简称备查簿，是指对某些在序时账簿和分类账簿等主要账簿中都不予登记或登记不够详细的经济业务事项进行补充登记时使用的账簿，也称辅助账簿。这类账簿不是根据会计凭证登记，也没有固定的格式，只是用文字进行补充登记，如租入固定资产登记簿，应收、应付票据登记簿等。该种账簿可以提供某些有用的参考资料或信息。备查账簿的记录与会计报表的编制没有直接关系，因而是一种表外账簿。

（二）按格式的不同分类

按格式的不同，会计账簿可分为两栏式账簿、三栏式账簿、多栏式账簿和数量金额式账簿。

1. 两栏式账簿

两栏式账簿是指只有借方和贷方两个基本金额栏目的账簿，各种收入、费用类账户都可以采用两栏式账簿。

2. 三栏式账簿

三栏式账簿是指采用借方、贷方、余额三个主要栏目的账簿。一般适用于各种日记账、总分类账以及资本、债权债务明细账。

3. 多栏式账簿

多栏式账簿是指在借方栏或贷方栏下设置多个栏目用以反映经济业务不同内容的账簿。一般适用于成本、费用类的明细账，如管理费用明细账、生产成本明细账、制造费用明细账等。

4. 数量金额式账簿

数量金额式账簿是指采用在借方(收入)、贷方(发出)、余额(结存)三个主要栏目的基础上,需要反映数量与金额双重指标的账簿。一般适用于具有实物形态的财产物资的明细账,如原材料明细账,库存商品、产成品等明细账。

(三)按外形的不同分类

按外形的不同,会计账簿可分为订本式账簿、活页式账簿和卡片式账簿。

1. 订本式账簿

订本式账簿简称订本账,是指在未启用前就把一定数量的账页装订成册的账簿。订本账可以避免账页散失和防止抽换账页,确保账簿资料的完整,但在同一时间只能由一人登账,不便于记账人员的分工。总分类账、库存现金日记账和银行存款日记账必须采用订本账,如图 7-2 所示。

图 7-2　订本式账簿

2. 活页式账簿

活页式账簿简称活页账,是指年度内账页不固定装订成册,而置于活页账夹中,可以根据需要随时增加或抽减账页的账簿。活页账可以随时抽换、增减账页,便于记账人员的分工、记账,但账页容易散失、抽换。活页账在会计年度终了时,应及时装订成册,妥善保管。明细账多采用活页账,如图 7-3 所示。

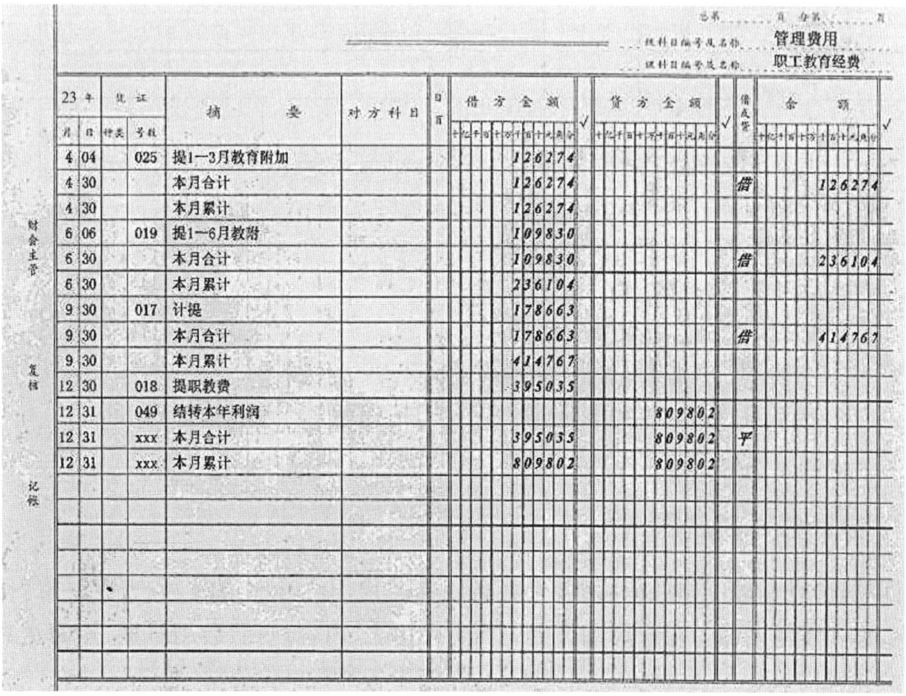

管理费用
职工教育经费

23年 月	日	凭证 种类	号数	摘要	对方科目	页	借方金额	✓	贷方金额	✓	借或贷	余额	✓
4	04		025	提1—3月教育附加			126274						
4	30			本月合计			126274				借	126274	
4	30			本月累计			126274						
6	06		019	提1—6月教附			109830						
6	30			本月合计			109830				借	236104	
6	30			本月累计			236104						
9	30		017	计提			178663						
9	30			本月合计			178663				借	414767	
9	30			本月累计			414767						
12	30		018	提职教费			395035						
12	31		049	结转本年利润					809802				
12	31		xxx	本月合计			395035		809802		平		
12	31		xxx	本月累计			809802		809802				

财会主管　复核　记账

图 7-3　活页式账簿

3. 卡片式账簿

卡片式账簿简称卡片账，是指由若干具有相同格式的卡片作为账页组成的账簿。卡片账的卡片通常装在卡片箱内，不用装订成册，随时可取可放可移动，也可跨年度长期使用，但卡片容易丢失。一般情况下，固定资产的明细账采用卡片账。在我国，企业一般只对固定资产的明细核算采用卡片账，如图 7－4 所示。

出口部门：________
卡片编号：________
固定资产：________
类　　别：________

固定资产卡片（设备）

本卡填一式三份，由企业财会归口管理、使用部门各设一份。

<table>
<tr><td>固定资产来源</td><td colspan="3"></td><td colspan="3">固定资产编号</td><td colspan="2"></td></tr>
<tr><td>制造厂名</td><td colspan="3"></td><td colspan="3">固定资产名称</td><td colspan="2"></td></tr>
<tr><td>出厂日期</td><td colspan="3"></td><td colspan="3">型号规格特征</td><td colspan="2"></td></tr>
<tr><td>构建缴交日期</td><td colspan="3"></td><td colspan="3">计量单位</td><td colspan="2"></td></tr>
<tr><td>安装地点</td><td colspan="3"></td><td colspan="3">原值（或重置完全价）</td><td colspan="2">￥</td></tr>
<tr><td colspan="4">附属设备</td><td colspan="3">其中：安装费</td><td colspan="2">￥</td></tr>
<tr><td>名称规格</td><td>数量</td><td>单位</td><td>金额</td><td colspan="5">原值变动记录</td></tr>
<tr><td></td><td></td><td></td><td></td><td>日期</td><td>凭证</td><td>摘要</td><td>增或减金额</td><td>重置完全价</td></tr>
<tr><td></td><td></td><td></td><td></td><td></td><td></td><td></td><td></td><td></td></tr>
<tr><td></td><td></td><td></td><td></td><td></td><td></td><td></td><td></td><td></td></tr>
<tr><td></td><td></td><td></td><td></td><td></td><td></td><td></td><td></td><td></td></tr>
<tr><td></td><td></td><td></td><td></td><td></td><td></td><td></td><td></td><td></td></tr>
<tr><td></td><td></td><td></td><td></td><td></td><td></td><td></td><td></td><td></td></tr>
<tr><td></td><td></td><td></td><td></td><td></td><td></td><td></td><td></td><td></td></tr>
<tr><td></td><td></td><td></td><td></td><td></td><td></td><td></td><td></td><td></td></tr>
</table>

图 7－4　卡片式账簿

第二节　会计账簿的启用、内容与记账规则

一、会计账簿的启用

我国的《会计基础工作规范》第五十九条规定："启用会计账簿时，应当在账簿封面上写明单位名称和账簿名称。在账簿扉页上应当附启用表，内容包括：启用日期、账簿页数、记账人员和会计机构负责人、会计主管人员姓名，并加盖名章和单位公章。"

每个会计主体在启用新的账簿时，应该在账簿的相关位置记录以下有关信息：

(1) 设置账簿的封面与封底。除订本账不另设封面以外,各种活页账都应设置封面和封底,并登记单位名称、账户名称和所属会计年度。

(2) 填写账簿启用及经管人员一览表。在启用新会计账簿时,应首先填写在扉页上印制的"账簿启用及交接表"中的启用说明,其中包括单位名称、账簿名称、账簿编号、起止日期、单位负责人、主管会计、审核人员和记账人员等项目,并加盖单位公章。在会计人员发生变更时,应办理交接手续并填写"账簿启用及交接表"中的交接说明。

(3) 填写账户目录。总账应按照会计科目的编号顺序填写科目名称及启用页码。在启用活页式明细分类账时,应按照所属会计科目填写科目名称和页码,在年度结账后,撤去空白账页,填写使用页码。

(4) 粘贴印花税票。根据《财政部 税务总局关于对营业账簿减免印花税的通知》(财税〔2018〕50 号)规定:自 2018 年 5 月 1 日起,对按万分之五税率贴花的资金账簿(记载资金的账簿的印花税计税依据为"实收资本"与"资本公积"两项的合计金额)减半征收印花税,对按件贴花五元的其他账簿免征印花税。另外,在《中华人民共和国印花税法(征求意见稿)》中,也未规定对账本按件贴花,只规定对营业账簿中资金账簿按实收资本(股本)、资本公积合计金额的万分之二点五征收印花税。

二、会计账簿的基本内容

(一) 会计账簿的设置要求

任何会计主体应当根据自身的经济业务特点和经营管理上的需求,来确定需要设置哪些会计账簿。设置的会计账簿应当符合以下要求:

(1) 会计账簿的设置要能保证系统、全面地反映和监督经济活动的情况,满足经济管理的需要,为经济管理提供总括的和明细的核算资料。

(2) 会计账簿的设置要能保证组织严密,各账簿之间既要有明确的分工,又要有密切的联系,考虑人力和物力的节约,力求避免重复或遗漏。

(3) 会计账簿的格式应简便适用,便于登记、查找、更正错误和保管。

(二) 会计账簿的基本结构

各种账簿所记录的经济业务内容不同,账簿的格式多种多样,不同的账簿格式所包括的具体内容也不尽相同,但各种账簿格式应具备一些基本内容。

1. 封面

主要写明账簿名称、单位名称及账簿所属年份等,如图 7-5 所示。

2. 扉页

填列账簿启用的日期、页数、册次、会计主管签章、经管人员一览表和签章、账户目录表(科目索引)等,如图 7-6 所示。

账户目录是由记账人员在账簿中开设账页户头后,按顺序将每个账户的名称和页数登记的,其作用是便于查阅账簿中登记的内容,如图 7-7 所示。

如果是活页账簿,在账簿启用时无法确定页数,可先将账户名称填写好,待年终装订归档时，再填写页数。

______

____年____月____日

会 计 账 簿 封 面

科目名称：____________

____

____

____

第____册　共____册

财务负责人：______记账：______复核：______保管：______核订人：______

图 7－5　封面

账　簿　启　用　表

<table>
<tr><td colspan="2">单位名称</td><td colspan="8"></td><td>单位公章</td></tr>
<tr><td colspan="2">账簿名称</td><td colspan="8">现　金　日　记　账</td><td rowspan="4"></td></tr>
<tr><td colspan="2">账簿编号</td><td colspan="8">**财现** 字第 — 号第 — 册共 — 册</td></tr>
<tr><td colspan="2">账簿页数</td><td colspan="8">本账簿共计　　　页</td></tr>
<tr><td colspan="2">启用日期</td><td colspan="8">**2×20** 年 **1** 月 **1** 日</td></tr>
<tr><td colspan="2">法人代表</td><td colspan="4">盖章</td><td colspan="4">会计机构负责人</td><td>盖章</td></tr>
<tr><td colspan="2">经管人员</td><td colspan="3">接管</td><td colspan="3">移交</td><td colspan="2">监交</td><td>印花税票粘贴处</td></tr>
<tr><td>姓名</td><td>盖章</td><td>年</td><td>月</td><td>日</td><td>年</td><td>月</td><td>日</td><td>姓名</td><td>盖章</td><td rowspan="5"></td></tr>
<tr><td></td><td></td><td>2×20</td><td>1</td><td>1</td><td>2×21</td><td>1</td><td>1</td><td></td><td></td></tr>
<tr><td></td><td></td><td></td><td></td><td></td><td></td><td></td><td></td><td></td><td></td></tr>
<tr><td></td><td></td><td></td><td></td><td></td><td></td><td></td><td></td><td></td><td></td></tr>
<tr><td colspan="2">备注</td><td colspan="8"></td></tr>
</table>

图 7－6　扉页(一)

账簿目录表								
账户名称	账号	总页码	账户名称	账号	总页码	账户名称	账号	总页码

图 7－7　扉页(二)

3. 账页

账页是账簿的主要组成部分,用来具体记录经济业务,其格式因记录的经济业务内容不同会有所区别,但一般都应包括以下内容:

(1) 账户的名称(总账账户、二级账户或明细账户);

(2) 记账日期栏;

(3) 凭证种类和号数栏;

(4) 摘要栏(记录经济业务内容的简要说明);

(5) 金额栏(记录经济业务的发生额和余额的增减变动数额);

(6) 总页次和分户页次。

账页的格式如图 7－8 所示。

总页号	分页号

一级科目________

子目或户名________

年		凭证		摘要	借方											√	贷方											√	借或贷	余额											√
月	日	字	号		亿	千	百	十	万	千	百	十	元	角	分		亿	千	百	十	万	千	百	十	元	角	分			亿	千	百	十	万	千	百	十	元	角	分	

图 7-8　账页的格式

三、会计账簿的记账规则

（一）登记会计账簿做到准确完整

《会计基础工作规范》第六十条规定："登记会计账簿时，应将会计凭证日期、编号、业务内容摘要、金额和其他有关资料逐项记入账内，做到数字准确、摘要清楚、登记及时、字迹工整。"每一项会计事项，一方面要记入有关的总账，另一方面要记入该总账所属的明细账。账簿记录中的日期，应该填写记账凭证上的日期；以自制原始凭证（如收料单、领料单等）作为记账依据的，账簿记录中的日期应该按有关自制凭证上的日期填列。

（二）登记完毕后在记账凭证上注明记账符号

《会计基础工作规范》第六十条规定："登记完毕后，要在记账凭证上签名或者盖章，并注明已经登账的符号，表示已经记账。"

在记账凭证上设有专门的栏目以供注明记账符号，以免发生重记或漏记。

（三）会计账簿书写适当留空

《会计基础工作规范》第六十条规定："账簿中书写的文字和数字上面要留有适当空格，不要写满格，一般应占格距的1/2。"

这样，在一旦发生登记错误时，能比较容易地进行更正，同时也方便查账工作。

（四）正常记账使用蓝黑墨水

为了使账簿记录保持清晰、持久，便于长期检查使用和防止涂改，登记账簿时，按《会计基础工作规范》第六十条规定："登记账簿必须使用蓝黑墨水或碳素墨水书写，不得使用圆珠笔（银行的复写账簿除外）或者铅笔书写。"

（五）特殊记账使用红墨水

《会计基础工作规范》第六十条规定，下列情况，可以使用红色墨水记账：

(1) 按照红字冲账的记账凭证，冲销错误记录；

(2) 在不设借贷等栏的多栏式账页中，登记减少数；

(3) 在三栏式账户的"余额栏"前，如未印明余额方向的，在"余额栏"内登记负数余额；

(4) 根据国家统一的会计准则的规定可以用红字登记的其他会计记录。

（六）会计账簿按页次顺序连续登记

《会计基础工作规范》第六十条规定："各种账簿应按页次顺序连续登记，不得跳行、隔页。如发生跳行、隔页，应当将空行、空页划线注销，或者注明'此行空白''此页空白'字样，并由记账人员签名或者盖章。"

这对堵塞在账簿登记中可能出现的漏洞，是十分必要的防范措施。

（七）会计账户结出余额

《会计基础工作规范》第六十条规定："凡需要结出余额的账户，结出余额后，应在'借或贷'栏中注明'借'或'贷'字样。没有余额的账户，在'借'或'贷'栏内注明'平'字，并在'余额'栏中用'0'表示。库存现金日记账和银行存款日记账必须逐日结出余额。"一般来说，对于没有余额的账户，在余额栏内标注的"0"应当放在"元"位。

（八）账页结转时过次页承前页

《会计基础工作规范》第六十条规定："每一账页登记完毕结转下页时，应当结出本页合计数及余额，写在本页最后一行和下页第一行有关栏内，并在摘要栏内注明'过次页'和'承前页'字样；也可以将本页合计数及金额只写在下页第一行有关栏内，并在摘要栏内注明'承前页'字样。对需要结计本月发生额的账户，结计'过次页'的本页合计数应当为自本月初起至本页末止的发生额合计数；对需要结计本年累计发生额的账户，结计'过次页'的本页合计数应当为自年初起至本页末时的累计；对既不需要结计本月发生额，也不需要结计本年累计发生额的账户，可以只将每页末的余额结转次页。"

《会计基础工作规范》第五十八条规定："实行会计电算化的单位，总账和明细账应当定期打印"；"发生收款和付款业务的，在输入收款凭证和付款凭证的当天必须打印出库存现金日记账和银行存款日记账，并与库存现金核对无误。"

（九）账簿记录错误不得刮擦涂改

如果发生账簿记录错误，不得刮、擦、挖补或用褪色药水更改字迹，而应采用规定的方法更正。

第三节　会计账簿的格式和记账方法

一、日记账的格式和登记方法

日记账（序时账簿）是按照经济业务发生或完成时间的先后顺序逐笔进行登记的账簿。

日记账按其核算和监督的经济业务的范围，可分为普通日记账（两栏式日记账）和特种日记账。

（一）普通日记账的格式和登记方法

普通日记账一般只设置借方和贷方两个金额栏，以便分别记录各项经济业务所确定的账户名称及其借方和贷方的金额，也称为两栏式日记账，或叫分录簿。目前我国经济单位一般采用记账凭证登记会计分录，因此不设此账簿。普通日记账能够完整地反映经济活动的情况，保护原始凭证的安全，但不便于分工记账，过账的工作量又比较大。

采用这种日记账，每天应按照经济业务完成时间的先后顺序，逐笔进行登记。登记时首先记入经济业务发生的具体时间，如 2×22 年 8 月 20 日等；其次，在摘要栏里写下经济业务的简要说明；再次，在对应账户栏里记入应借或应贷的账户名称即会计科目；最后，将借方金额和贷方金额分别记入两个金额栏内。除了上述登记外，每天还应根据日记账中应借和应贷的账户名称和金额登记总分类账。其格式如表 7-1 所示。

表 7-1 普通日记账

单位：元

2×22 年		凭证号数	摘 要	对应账户	金 额		过 账
月	日				借 方	贷 方	
8	20	略	购入原材料，价税款未付	原材料	10 000		
				应交税费	1 300		
				应付账款		11 300	
	30		偿还前欠款	应付账款	11 300		
				银行存款		11 300	

（二）特种日记账的格式和登记方法

特种日记账是核算和监督某一类型经济业务的发生和完成情况的账簿。各单位一般应设置特种日记账，常见的特种日记账有库存现金日记账、银行存款日记账。

1. 库存现金日记账的格式

现金日记账是核算和监督现金每天的收入、支出和结存情况的账簿，其格式有三栏式和多栏式两种，均应采用订本账。

（1）三栏式日记账。

三栏式现金日记账通常设置借方、贷方、余额或收入、支出、结余三个主要栏目，用来登记现金的增减变动情况及其结果。

三栏式现金日记账通常由出纳员根据审核后的现金收款凭证、现金付款凭证，按照收付款业务发生时间的先后顺序逐日、逐笔登记。

“借方”栏一般根据现金收款凭证登记；对于从银行提取现金的业务，因只填制银行付款凭证，故需根据银行付款凭证登记。

“贷方”栏一般根据现金付款凭证登记。

每次收付现金并登记入账后，应随时结出账面余额。

每日将收付款项逐笔登记完毕后，应计算每日现金收入和支出的合计数及账面余额，并将现金日记账的账面余额同库存现金实有数额核对相符。其格式如表 7-2 所示。

表 7-2 库存现金日记账

单位：元

2×22 年		凭证号数	摘 要	对方账户	收 入	付 出	结 余
月	日						
8	1	略	月初余额				800
	9	略	从银行提取现金	银行存款	1 000		1 800
	20	略	报销差旅费	管理费用		600	1 200
			……				

（2）多栏式日记账。

借、贷方分设的多栏式现金日记账的登记方法是：先根据有关现金收入业务的记账凭证登记现金收入日记账，根据有关现金支出业务的记账凭证登记现金支出日记账，每日营业终了，根据现金支出日记账结计的支出合计数，一笔转入现金收入日记账的“支出合计”栏中，并结出当日余额。其格式如表 7－3 所示。

表 7－3　库存现金日记账（多栏式）

年		凭证		摘要	收入（对方科目）			支出（对方科目）			余额
月	日	种类	号数		银行存款	主营业务收入	小计	其他应付款	管理费用	小计	

如果借贷两方对应的科目太多会造成账页过长，不便于记账和保管。因此，在实际工作中，如果要设多栏式现金日记账，一般常把收入业务和支出业务分设“现金收入日记账”（见表 7－4）和“现金支出日记账”（见表 7－5）两本账，其中，现金收入日记账按对应的贷方科目设置专栏，另设“支出合计”栏和“结余”栏；现金支出日记账则只按支出的对方科目设专栏，不设“收入合计”栏和“结余”栏。

表 7－4　库存现金收入日记账

年		凭证		摘要	收入（对方科目）					
月	日	种类	号数		银行存款	主营业务收入	……	收入合计	支出合计	余额

表 7－5　库存现金支出日记账

年		凭证		摘要	支出（对方科目）					
月	日	种类	号数		银行存款	其他应付款	管理费用	制造费用	……	支出合计

2. 库存现金日记账的登记方法

（1）日期栏：按照交易或事项发生时间的先后顺序逐项登记，年度登在日期栏的上方，月、日记入会计分录的第一行。

(2) 凭证栏:登记入账的收付款凭证的种类和编号。

(3) 摘要栏:简要说明交易或事项的内容。

(4) 对方科目栏:登记现金收入的来源项目或支出的用途科目。

(5) 收入、支出栏登记现金实际收付的金额。每日终了,应分别计算当日现金收入和现金支出的合计数,结出余额。同时将余额与出纳员的库存现金核对,即通常说的"日清"。如账款不符应查明原因,并记录备案。月终同样要计算现金收、付和结余的合计数,通常称为"月结"。

3. 银行存款日记账的格式和登记方法

银行存款日记账是专门用于记录银行存款收支情况的特种日记账,必须采用订本式账簿。

银行存款日记账可以全面地了解和掌握企业每日银行存款的收支动态,为合理安排和调度资金提供资料。

银行存款日记账的账页格式主要有三栏式和多栏式两种。

(1) 三栏式银行存款日记账。

与现金日记账一样,银行存款日记账也应采用订本式,账页格式与现金日记账相似,不过在"对方科目"栏和"摘要"栏之间,增设"支票号"一栏。

银行存款日记账通常由出纳人员根据审核后的银行收款凭证、银行付款凭证逐日逐笔顺序登记。

若一个单位在多家银行开设存款户,则应分别为存款机构设日记账,以便于加强对银行存款的管理以及与银行核对。

"借方"栏一般根据银行收款凭证登记;对于将库存现金存入银行或从本单位其他存款户转入本存款户的银行存款划转业务,因为规定只填制库存现金付款凭证或其他存款户的银行付款凭证,因此应根据库存现金付款凭证或本单位其他存款户的银行付款凭证登记在银行存款日记账的"借方"栏。

"贷方"栏一般根据银行付款凭证登记。

每次登记银行收、付款凭证后,应随时计算出银行存款的余额;

每日将银行收、付凭证逐笔登记完毕后,应计算出每日银行存款收入和支出的合计数及账面余额,以便随时检查监督各种款项的收付情况,为企业合理安排收支活动和调度资金提供资料,同时也为避免因超过银行存款实有余额付款而出现的透支情况。

为了清晰地反映银行存款收、付所采用的结算方式,也便于定期同银行对账单核对,银行存款日记账还专设了"结算凭证种类和编号"栏。其余栏次的填写,与现金日记账各栏次的填写类同。

为了达到库存现金管理的内部牵制,要注意,企业财务部门应实行钱、账分管,即出纳人员不得负责登记现金日记账和银行存款日记账以外的任何账簿。

出纳人员登记现金日记账和银行存款日记账后,应将各种收付款凭证交由会计人员,再由会计人员据以登记总分类账及有关明细分类账。

通过"库存现金"和"银行存款"总账与日记账的定期核对,达到控制现金日记账、银行存款日记账的目的。其格式如表 7－6 所示。

表 7－6　银行存款日记账

单位:元

2×22 年		凭证号数	摘　要	对方账户	收　入	付　出	结　余
月	日						
8	1	略	月初余额				90 000
	5	略	支付货款	应付账款		2 000	88 000
	13	略	个人归还欠款	其他应收款	5 200		93 200
	20	略	提取现金	库存现金		10 000	83 200
			……				

（2）多栏式银行存款日记账。

多栏式银行存款日记账货币资金收支业务量大的单位，库存现金日记账采用多栏式格式时，银行存款日记账一般也采用多栏式格式。其具体格式与多栏式库存现金日记账基本相同，即以三栏式为基础，在“收入”“支出”栏内设记录对方科目金额的专栏。对应科目不多的单位，采用一张账页包含全部栏目的格式（见表 7－7）；对应科目多的单位，采用分别设置“银行存款收入日记账”（见表 7－8）、“银行存款支出日记账”格式（见表 7－9）。

表 7－7　银行存款日记账（多栏式）

第　页

年		凭证		摘　要	结算凭证		收　入					支　出					结余
月	日	字	号		种类	号数	贷方科目				收入合计	借方科目				支出合计	

表 7－8　银行存款收入日记账（多栏式）

第　页

年		记账凭证		摘　要	结算凭证		贷方科目				收入合计	支出合计	结　余
月	日	字	号		种类	号数							

表 7－9　银行存款支出日记账(多栏式)　　第　页

年		记账凭证		摘　要	结算凭证		借方科目				收入合计	支出合计		结余
月	日	字	号		种类	号数								

多栏式银行存款日记账的登记和使用与多栏式库存现金日记账相同。

同时采用专用记账凭证和多栏式银行存款日记账的单位，由于多栏式银行存款日记账完整记录了银行存款收款凭证、银行存款付款凭证，以及与银行存款有关的库存现金付款凭证的全部借、贷科目发生额，因此这些凭证无须另外汇总，银行存款日记账中的收入合计与对应各科目贷方金额、支出合计与对应各科目借方金额的本月合计数可直接作为登记总分类账有关账户的依据。

二、总分类账的格式和登记方法

（一）总分类账的格式

总分类账是按照一级会计科目（总账科目）分类登记全部经济业务的账簿。

所有单位均应设置总账。总账采用订本式，其账页格式有三栏式和多栏式两种，一般采用三栏式。

（二）总分类账的登记方法

总分类账的登记依据和方法，主要取决于所采用的会计核算组织程序（账务处理程序）。它可以直接根据记账凭证逐笔登记，也可以将记账凭证先汇总，编制成科目汇总表或汇总记账凭证，再据以登记。其格式如表 7－10 所示。

表 7－10　原材料总分类账　　单位:元

年		凭证号数		摘　要	借　方	贷　方	借或贷	余　额
月	日	种类	号数					
8	1			月初余额			借	12 000
	11			入库	40 000		借	52 000
	20			领用		9 000	借	43 000
				……				
	31			本月合计	80 000	18 000		
	31			月末余额			借	105 000

三、明细分类账的格式和登记方法

（一）明细分类账的格式

明细分类账是根据二级会计科目或明细科目设置，用来连续地详细记录某一经济业务的账簿。明细分类账一般用活页式账簿，也可能采用卡片式账簿（如固定资产明细账）。其账页格式有三栏式、数量金额式、多栏式等多种。

1. 三栏式明细账

三栏式明细分类账的账页格式和三栏式总分类账的账页格式相同，即账页只设有借方金额栏、贷方金额栏和余额金额栏三个栏目，不设数量栏。三栏式明细分类账适用于只需要进行金额核算，不需要进行数量核算的债权、债务类结算科目，如应收账款、预收账款、应付账款、预付账款、实收资本（所有者权益类）等账户。其格式如表 7－11 所示。

表 7－11　三栏式明细分类账

账户名称：应收账款——红星　　　　第　页

年		凭证		摘要	借方	贷方	借或贷	余额
月	日	种类	号数					
8	1			期初余额				0
8	20	转	36	向某公司销售 A 产品	108 000			
8	31			本月合计	108 000		借	108 000

2. 数量金额式明细账

数量金额式明细分类账的账页，在借方、贷方和余额栏内，分别设数量、单价和金额三个栏次。这种账页适用于既要进行金额核算，又要进行数量核算的账户，如“原材料”“库存商品”等明细账。其格式如表 7－12 所示。

表 7－12　原材料明细账

材料名称：A 材料　　　　计量单位：千克

年		凭证		摘要	收入			发出			借或贷	结存		
月	日	字	号		数量	单价	金额	数量	单价	金额		数量	单价	金额
8	1			期初余额							借	20	100	4 000
	12	转	3	购进	40	100	4 000							
	20	转	6	领用				15	100	1 500				
	30			本月合计	40	100	4 000	15	100	1 500	借	35	100	3 500

3. 多栏式明细分类账

多栏式明细分类账不是按明细账户分设账页，而是根据经济的特点和经营管理的需要，在一张账页内记录某一账户所属的各明细账户的内容，按该总账账户的明细项目设专栏记录。

这种账页格式适用于只记金额，不记数量，而且在管理上需要了解其构成内容的账户，多栏式明细分类账适用于成本费用类、收入类科目的明细核算，如“生产成本”“管理费用”“主营业务收入”等账户。根据需要，可以在借方分设多栏，也可以在贷方分设多栏。其格式如表 7－13 所示。

表 7－13　制造费用明细分类账

年		凭证		摘要	借方	贷方	余额	物料消耗	水电费	工资及福利费	工会经费	职工教育经费	折旧费
月	日	字	号										
8	3	转	2	车间领用工作服	16 000			16 000					
	7	转	9	水电费	57 000				57 000				
	8	转	10	车间人员工资	20 000					20 000			
	10	转	18	车间人员福利费	2 800					2 800			
	13	转	19	车间人员工会经费	400						400		
	20	转	20	车间人员职工教育经费	300							300	
	24	转	25	生产用固定资产折旧费	39 000								39 000
	28	转	27	车间耗费材料	8000			8 000					
	31	转	30	分配制造费用		143 500		24 000	57 000	22 800	400	300	39 000
8	31			本月合计	143 500	143 500	0	0	0	0	0	0	0

（二）明细分类账的登记方法

可根据管理需要，依据记账凭证、原始凭证或汇总原始凭证逐日逐笔或定期汇总登记。固定资产、债权、债务等明细账应逐日逐笔登记；库存商品、原材料、产成品收发明细账及收入、费用等明细账可以逐笔登记，也可定期汇总登记。

明细分类账的登记通常有几种方法：一是根据原始凭证直接登记明细账；二是根据汇总原始凭证登记明细账；三是根据记账凭证登记明细分类账。

四、总账和明细账的平行登记

总账与明细账的关系是控制与被控制的关系。总账对其所属明细账起统驭作用；明细账则对其所隶属的总账起辅助作用。总账与明细账的关系也是相互配合的关系。核算内容相同,它们提供的核算资料相互补充。为了充分发挥总分类账与明细分类账的统驭和补充作用,便于两者相互核对,确保核算资料的正确完整,保持总分类账与其所属的明细分类账记录的一致,必须采用平行登记的方法,在总分类账户与其所属的明细分类账户中分别进行记录。

所谓总分类账与明细分类账的平行登记,是指每一项经济业务发生后,根据审核无误的同一会计凭证,既在有关总分类账户中进行总括登记,又在其所属的明细分类账户中进行明细登记。总账和明细账的平行登记要点见第三章第三节。

现以某工业企业"应收账款"账户的资料为例,说明总分类账户与明细分类账户平行登记的方法。

【例 7-1】 洪城公司 2×22 年 8 月初"应收账款"账户期初借方余额为:

总分类账户	60 000 元
明细分类账户	60 000 元
其中:A 工厂	38 000 元
B 工厂	22 000 元

该工厂 8 月份发生以下往来结算业务:

(1) 8 月 5 日,收到 A 工厂归还的购货款 38 000 元,存入银行。

(2) 8 月 10 日,收到 B 工厂归还的前欠货款 22 000 元,存入银行。

(3) 8 月 20 日,向 B 工厂销售甲产品 300 件,单价 300 元,增值税销项税额 11 700 元,货款尚未收到。

(4) 8 月 26 日,向 A 工厂销售甲产品 100 件,单价 300 元,增值税销项税额 3 900 元,收 3 900 元存入银行,余款尚未收到。

总分类账与明细分类账平行登记的步骤如下:

第一步,根据上述四笔经济业务编制会计分录。

(1) 借:银行存款	38 000	
贷:应收账款——A 工厂		38 000
(2) 借:银行存款	22 000	
贷:应收账款——B 工厂		22 000
(3) 借:应收账款——B 工厂	101 700	
贷:应交税费——应交增值税(销项税额)		11 700
主营业务收入——甲产品		90 000
(4) 借:应收账款——A 工厂	30 000	
银行存款	3 900	
贷:主营业务收入——甲产品		30 000
应交税费——应交增值税(销项税额)		3 900

第二步,根据上述资料,将期初余额、本期发生额分别记入"应收账款"总分类账及其所属的各明细分类账户,并结出本期发生额和期末余额,如表 7-14、表 7-15、表 7-16 所示。

表 7-14 总分类账户

账户名称:应收账款

2×22 年		凭证编号	摘要	借方	贷方	借或贷	余额
月	日						
8	1	略	期初余额			借	60 000
8	5		收回前欠货款		38 000	借	22 000
8	10		收回前欠货款		22 000	平	0
8	20		销售产品	101 700		借	101 700
8	26		销售产品	30 000		借	131 700
8	31		本期发生额及余额	131 700	60 000	借	131 700

表 7-15 明细分类账户

账户名称:应收账款——A 工厂

2×22 年		凭证编号	摘要	借方	贷方	借或贷	余额
月	日						
8	1	略	期初余额			借	38 000
8	5		收回前欠货款		38 000	平	0
8	26		销售产品	30 000		借	30 000
10	31		本期发生额及余额	30 000	38 000	借	30 000

表 7-16 明细分类账户

账户名称:应收账款——B 工厂

2×22 年		凭证编号	摘要	借方	贷方	借或贷	余额
月	日						
8	1	略	期初余额			借	22 000
8	10		收回前欠货款		22 000	平	0
8	20		销售产品	101 700		借	101 700
8	31		本期发生额及余额	101 700	22 000	借	101 700

从以上“应收账款”总分类账户与其所属的明细分类账户平行登记的结果中可以看出,“应收账款”总分类账的期初余额 60 000 元、借方本期发生额 131 700 元、贷方本期发生额60 000 元、期末余额 131 700 元,分别与其所属的两个明细分类账户的期初余额之和 60 000 元(=38 000+22 000)、借方本期发生额之和 131 700 元(=30 000+101 700)、贷方本期发生额之和 60 000 元(=38 000+22 000)、期末余额之和 131 700 元(=30 000+101 700)完全相等。

以上这种金额上的关系也称为总分类账与明细账之间的勾稽关系,这一勾稽关系也是总分类账与明细分类账相互核对的理论依据。

利用总分类账户与其所属的明细分类账户平行登记所形成的有关金额必然相等的关

系，可以通过定期核对双方有关数字，来检查账户记录的正确性。若通过核对发现有关数字不等，则表明账户记录必然有错，应及时查明原因，予以更正。在会计实务中，这项工作通常是采用月末编制“账户本期发生额及余额明细表”来与总分类账户核对进行的。

根据本例编制“应收账款”的本期发生额及余额明细表如表 7-17 所示。

表 7-17　应收账款本期发生额及余额明细表

明细账户	期初余额	本期发生额		期末余额
		借　方	贷　方	
A工厂	38 000	30 000	38 000	30 000
B工厂	22 000	101 700	22 000	101 700
合　计	60 000	131 700	60 000	131 700

第四节　错账查找与更正方法

一、错账查找方法

在日常会计核算时，可能发生各种各样的差错，产生错账，如重记、漏记、数字颠倒、数字错位、数字记错、借贷方向记反等，为保证会计信息的准确性，可以采用以下几种方法进行错账查找。

（一）差额法

差额法是指直接根据账账之间的差额在有关账户与记账凭证中查找记账错误的方法。在对账时，账面实记金额小于应记金额可能是遗漏记账；账面实记金额大于应记金额可能是重复记账。这种方法是用于查找遗漏记账和重复记账的有效方法。

（二）尾数法

如果账簿记录发生金额错误，且差错是角、分，可以只检查元以下的尾数即可，以提高查错的效率。例如，试算平衡时，发现借方的合计比贷方多 0.86 元，可查找是否有尾数是 0.86 元的业务有误的情况。

（三）除 2 法

如果在记账过程中出现将记账方向记反了，借方记入了贷方，或贷方记入了借方，这种差错会导致该账户一方合计数增多，另一方合计数减少的情况，而差额正好是记错方向金额的两倍，且差数应该为偶数，能被 2 整除。例如，某月资产负债表借贷的两方余额不平衡，其错账差数是 3 750.64 元，这个差数是偶数，它就存在“反向”的可能，那么我们可以以 3 750.64 除以 2，得到 1 875.32 元，这样只要去查找 1 875.32 元这笔账是否记账反向。如错误差数是奇数，那就没有记账反向的可能，就不适用于“除 2 法”来查。

（四）除 9 法

除 9 法是指用差数除以 9 来查找错账的方法。此法适用于查找数字错位和邻数倒置所引起的差错。

（1）在登账过程中可能会把数字的位数搞错。例如，十位数记成百位数，而百位数记成千位数或者把千位数记成百位数。如果出现这种情况，差数均可被 9 整除，其商数就是要查找的差错数。

如果是大数记成了小数，如 52 830 误记成是 5 283，差数 47 547，除以 9 后，商为5 283，就可以在账簿上查找是否将 52 830 误记为 5 283；如果是小数记成了大数，如 420 误记成 4 200，差数为 3 780，除以 9 后，商为 420，将 420 乘 10 后得 4 200，就可以在账簿中查找是否将 420 误记为 4 200 的情况。

（2）邻数倒置。如果记账时，出现将相邻两位数或三位数的数字顺序颠倒的错误，也可采用“除 9 法”查找。

例如，将 52 误记为 25，或将 25 误记为 52，两个数字颠倒后，个位数变成了十位数，十位数变成了个位数，这就造成了差额为 9 的倍数。如果前大后小颠倒的前小后大，正确与错误的数的差额就是一个正数，这个差数除以 9 所得商的有效数字便是相邻颠倒两数的差值，如将 52 错记为 25，差数 27 除以 9 的商数为 3，这就是相邻颠倒两数的差值(5－2)。如果前小后大颠倒的前大后小，正确数与错误数的差数则是一个负数，这个差数除以 9 所得商数的有效数字就是相邻颠倒两数的差值，如将 25 错误记为 52，差记数－27 除以 9 的商为－3，这就是相邻颠倒两数差值(2－5)。我们可以从与差值相同的两个相邻数范围内去查找。

二、错账更正方法

尽管在填制记账凭证、登记账簿之前，我们对原始凭证、记账凭证进行过数次的复核，但由于种种原因，账簿登记有时仍出现错误。若不慎账簿记录发生错误，不准涂改、挖补、刮擦或者用药水消除字迹，不准重新抄写或更换账页，必须根据错账的性质和发生时间等具体情况，采用规定的方法正确地进行更正。

错账更正方法通常有：划线更正法、红字更正法和补充登记法。

（一）划线更正法

划线更正法，是指对账簿记录中的错误文字和数字，采用画红线注销，并进行更正的一种方法。它主要适用于结账前发现账簿记录中的文字或数字有错误，而其依据的记账凭证没有错误，即纯属记账时出现的文字或数字笔误的情况。

更正的方法是：先在错误的文字和金额（数据）上“拦腰”画一条红色横线，予以注销，但必须使原有字迹仍可辨认，以备查考；然后在划线上方用蓝色、黑色字写上正确的文字和金额（数据），并在划线外加盖记账员的印章，以明确责任。

注意：错误数字应全部划销，不是只划销写错的个别数码；错误文字，可只划去错误部分。划线注销的文字或数字应保持其原有字迹仍可辨认，以备查。

【例 7－2】 洪城公司会计人员刘某根据审核无误的记账凭证记账，在过账时误将 805 元记成 800 元。

更正方法为：把账簿上的“800.00”全部用红线划去，其上方写上“805.00”，并在更正处盖章，明确刘某的责任。

（二）红字更正法

红字更正法，是指在记账以后，如果发现记账凭证中应借、应贷科目有误，或应借、应贷科目和金额同时出现错误时，用红字冲销或冲减原有的错误，予以更正或调整记账错误的方法。红字更正法适用于以下两种情况：

(1) 登账以后，发现原编制的记账凭证中应借、应贷会计科目有误，应采用红字更正法更正。

更正方法是：先用红字填制一张与错误记账凭证内容完全相同的记账凭证，在其摘要栏注明“冲销某月某日某号凭证”，并据以用红字登记入账，冲销原有错误的账簿记录；再用蓝、黑字填制一张正确的记账凭证，在摘要栏内写明“更正某月某日某号凭证”，据以用蓝、黑字登记入账。

【例 7－3】 洪城公司用库存现金支付水电费 756 元。会计人员根据审核后的原始凭证编制记账凭证，并已据其入账。其中会计分录如下：

借：管理费用　　756

　　贷：银行存款　　756

本例中，会计分录编制有误，贷方科目应为“库存现金”而不是“银行存款”。

红字冲销：红字填制一张与原错误记账内容完全相同的记账凭证，在摘要栏注明“冲销×月×日×号凭证”。

借：管理费用　　[756]

　　贷：银行存款　　[756]

蓝、黑字补记：用蓝、黑字填制一张正确的记账凭证，在摘要栏内写明“更正某月某日某号凭证”。

借：管理费用　　756

　　贷：库存现金　　756

(2) 登账后发现原编制的记账凭证中应借、应贷会计科目并无错误，但所记金额大于应记金额，应采用红字更正法更正。

更正方法为：将多记的金额用红字填制一张与原错误记账凭证相同的记账凭证，在其摘要栏内写明“冲销某月某日某号凭证多记金额”，并据以用红字登记入账，以冲销多计的金额。

【例 7－4】 接上例，如果会计人员误记为 765 元，错误记账凭证的分录为：

借：管理费用　　765

　　贷：库存现金　　765

即分录金额多记 9 元(＝765－756)，并已据此入账。

更正方法为用红字冲销，用红字填制一张与原记账凭证应借、应贷科目完全相同的记账凭证，金额为 9 元，在摘要中注明“冲销×月×日×号记账凭证多记金额”。

借：管理费用　　　　9

　　贷：库存现金　　　　9

（三）补充登记法

补充登记法是指记账以后，记账凭证中的会计科目名称及其记账方向（即应借、应贷会计科目）未错，但记账凭证上所记金额小于应记金额，则用蓝、黑字编制一张补充凭证，补足账户中少记金额的方法。

适用于：补充登记法是在记账后，发现记账凭证与账簿中所记金额小于应记金额，而账户对应关系无误时，采用的一种更正方法。

具体更正方法是：用蓝、黑字填制一张与原记账凭证应借、应贷科目完全相同，金额为原少记金额的记账凭证，在摘要中注明“补记×月×日×号记账凭证少记金额”，并据以登记入账，以补充登记少记金额。

【例 7－5】 接上例，如果错误分录为：

借：管理费用　　　　567

　　贷：库存现金　　　　567

即分录金额少记 189 元（＝756－567），并已据此入账。

更正方法为：用蓝、黑字编制一张与原记账凭证应借、应贷科目完全相同，金额为 189 元的记账凭证，在摘要中注明“补记×月×日×号记账凭证少记金额”。

借：管理费用　　　　189

　　贷：库存现金　　　　189

错账更正的几条注意事项：

（1）会计的错账更正应该是一种有痕迹的修改，更正后应保留原有错误清晰可见，以保证错账更正的严肃性，明确相关人员责任。因此，不能采用涂改、刮擦、褪色药水等方法。

（2）经过改正后的记账凭证与相应的会计账簿，应保证记账凭证与相应的原始凭证核对相符，会计账簿与据以登记的记账凭证相符。

第五节　对账与结账

登记账簿作为会计核算的专门方法之一，包括记账、对账和结账三个相互联系且不可分割的工作环节。

一、对账

对账，是核对账目，就是对账簿和账户所记录的有关数据加以检查和核对，以保证账簿记录的真实可靠，是会计核算的一项重要内容。对账包括账簿与凭证的核对（账证核对）、账簿与账簿的核对(账账核对)、账簿与实物之间的核对(账实核对)。

(一) 账证核对

账证核对是指核对会计账簿记录与原始凭证、记账凭证的时间、凭证字号、内容、金额是否一致,记账方向是否相符。

(二) 账账核对

账账核对是指核对不同会计账簿之间的账簿记录是否相符。

账簿之间的衔接关系称为勾稽关系。

账账核对的内容具体包括以下几个方面:

(1) 总账与有关账户的余额核对。

(2) 总账与所属明细账核对。

(3) 总账与序时账簿核对。

(4) 明细账之间的核对。会计部门有关实物资产的明细账与财产物资保管部门、使用部门的明细账应定期核对,以检查余额是否相符。

(三) 账实核对

账实核对是指各项财产物资、债权债务等账面余额与实有数之间的核对。

账实核对的具体内容包括以下几个方面:

(1) 库存现金日记账账面余额与库存现金实存数额是否相符。

(2) 银行存款日记账账面余额与银行对账单的余额是否相符。

(3) 各项财产物资明细账账面余额与财产物资的实有数额是否相符。

(4) 有关债权债务明细账账面余额与对方单位的账面记录是否相符。

二、结账

结账是指在将本期发生的交易或事项全部登记入账的基础上,结算出每个账户的本期发生额和期末余额,并将期末余额结转至下期的一种方法。

(一) 结账的程序

(1) 结账前,必须将本期内发生的交易或事项全部登记入账,对漏记的账项及时补记,不能将本期发生的交易或事项延至下期入账。只有这样,才能保证结账的正确性。

不得为了编报会计报表而提前结账,把本期发生的经济业务延至下期登账,也不得先编会计报表后结账。

(2) 按权责发生制的要求进行期末账项调整。

调整那些收支期与归属期不一致的收入和费用,如预收收入的分配、预付费用的摊销、合理确定本期应计的收入和应计的费用。

(3) 期末分配结转有关成本费用。

按照配比原则对有关费用进行分配,并结转损益。

“制造费用”账户分配记入“生产成本”账户，将各损益类账户转入“本年利润”账户等。

(4) 计算各账户本期发生额和期末余额。

在本期全部交易或事项已登记入账的基础上，分别计算出库存现金日记账、银行存款日记账、总账和明细账的本期发生额和期末余额，并通过试算平衡核对相符，将期末余额结转下期。

（二）结账的方法

结账的具体方法因账簿的种类和账页的格式不同而有所不同，一般方法是：结账时，应当结出每个账户的期末余额。

(1) 对不需按月结计本期发生额的账户，如债权、债务和各项财产物资明细分类账等，每次记账以后，都要随时结出余额，每月最后一笔余额即为月末余额。月末结账时，只需要在最后一笔经济业务事项记录之下画通栏单红线(注：红线是为了醒目，便于看账。会计上，单红线称为计算线)，不需要再结计一次余额。

(2) 库存现金、银行存款日记账和需要按月结计发生额的收入、费用等明细账，每月结账时，要在最后一笔经济业务记录下面，结出本月发生额和余额，在摘要栏内注明“本月合计”字样，并在下面画通栏单红线。

(3) 需要结计本年累计发生额的某些明细账户，每月结账时，应在“本月合计”行下结出自年初起至本月末止的累计发生额，登记在月份发生额下面，在摘要栏内注明“本年累计”字样，并在下面画通栏单红线。12 月末的“本年累计”就是全年累计发生额，全年累计发生额下画通栏双红线(双红线表示封账，又称为结束线)。

(4) 总分类账账户平时只需结出月末余额。年终结账时，将所有总账账户结出全年发生额和年末余额，在摘要栏内注明“本年合计”字样，并在合计数下画通栏双红线。

(5) 年度终了结账时，有余额的账户，要将其余额结转下年，并在摘要栏注明“结转下年”字样；在下一会计年度新建有关会计账户的第一行余额栏内填写“上年结转”字样。结转下年时，既不需要编制记账凭证，也不必将余额再计入本年账户的借方或贷方，使本年有余额的账户余额变为零，而是使有余额的账户的余额如实反映在账户中，以免混淆有余额的账户和无余额的账户。

若由于会计准则或会计制度改变而需要在新账中改变原有账户名称及其核算内容的，可将年末余额按新会计准则或会计制度的要求编制余额调整分录，或编制余额调整工作底稿，将调整后的账户余额抄入新账的有关账户余额内。

第六节　会计账簿的更换与保管

一、会计账簿的更换

为了保持会计账簿资料的连续性，在每一会计年度结束，新的会计年度开始时，应按会计制度规定，进行账簿的更换。

账簿更换的具体做法是：

(1) 总账、日记账和大部分明细账，要每年更换一次。

年初，将旧账簿中各账户的余额直接记入新账簿中有关账户新账页的第一行“余额”栏内。同时，在“摘要”栏内加盖“上年结转”戳记，将旧账页最后一行数字下的空格，画一条斜红线注销，并在旧账页最后一行“摘要”栏内加盖“结转下年”戳记。在新旧账户之间转记余额，可不必填制凭证。

在年度内，订本账记满更换新账时，办理与年初更换新账簿相似的手续。

(2) 部分明细账，如固定资产明细账等，因年度内变动不多，若更换新账，重抄一遍的工作量相当大，因此，可以跨年使用，年初可不必更换账簿。

但在“摘要”栏内要加盖“结转下年”戳记，以划分新旧年度之间的金额。

各种备查账簿也可以连续使用。

二、会计账簿的保管

会计账簿、会计凭证和会计报表等都是企业重要的经济档案和历史资料，必须妥善保管，不得任意丢失和销毁。各种账簿的保管年限和销毁的审批程序，应按会计制度的规定严格执行。

（一）会计账簿的日常保管

在账簿的日常管理中，各种账簿要分工明确，指定专门人员负责。账簿经管人员既要负责记账、对账、结账等工作，又要负责保证账簿的安全、完整。会计账簿日常管理中应注意以下几点：

(1) 会计账簿未经单位领导和会计负责人或有关人员批准，非经管人员不能随意翻阅查看、摘抄和复制等；

(2) 会计账簿除需要与外单位核对外，一般不能携带外出，对携带外出的账簿，一般应由经管人员或会计主管人员指定专人负责；

(3) 会计账簿不能随意交与其他人员管理，防止任意涂改账簿等问题发生，以保证账簿资料的安全。

（二）会计账簿的归档保管

年度终了更换并启用新账后，对更换下来的旧账要整理装订，造册归档保存。

(1) 装订成册。

(2) 办理交接手续，归档保管。

（三）到期销毁

2016 年 1 月 1 日起施行的《会计档案管理办法》规定，总账、明细账、日记账和其他辅助性账簿均最低需要保存 30 年，固定资产明细账在该项固定资产报废清理后最低需要保存 5 年。保管期满可以销毁，销毁时应事先书面申报并附销毁清册，经批准后由会计部门与档案管理部门共同办理。会计档案销毁清册应永久保存。

本章小结

会计账簿是由一定格式的账户账页按某种规则组合成册的，以会计凭证为依据全面、系统、连续地记录各项经济业务的簿籍的总称。设置与登记账簿是会计核算的基本方法之一。会计账簿包括序时账、分类账、备查簿三种不同用途的账簿。我国目前规定设置的序时账有库存现金和银行存款日记账，分类账则包括总分类账和明细分类账。日记账和分类账的外表形式有订本式、活页式和卡片式，而账页格式有两栏式、三栏式、多栏式、数量金额式等。各单位应按统一要求结合本单位实际情况合理设置账簿体系。

会计账簿的启用及记账人员、记账时间、程序、记账依据有一系列统一规定，应认真遵循，不得违反。账簿均必须依据经审核无误的会计凭证登记，日记账应当“日清月结”，总分类账与明细分类账的登记应符合“期间相同、方向相同、金额相等”的平行登记规则。错账更正应使用规定方法。凡记账凭证无误、过账失误引起的错账，一律采用“划线更正法”；因记账凭证中科目或借贷方向错误导致的过账错误，采用全面冲销的“红字更正法”；记账凭证中科目与借贷方向正确但金额多计引起的错账，采用金额冲减的“红字更正法”，金额少计的则采用“补充登记法”。所有账簿都应进行期末对账、结账，并且年度使用完毕的账簿应全部整理、编号、造册存档，并严格按规定保管、销毁。

知识拓展　　财务软件中的对账与结账

一、财务软件中的对账功能描述

在信息化系统中，由于账簿体系突破了传统会计对总账、明细账、日记账的固定划分，对账的内容不再限于总账与明细账、总账与日记账的核对，而是对所有具有关联内容的账簿及其附属数据之间所进行的多层次、多方位的数据核查。内部对账及数据修复的类型与内容在信息化系统中，因为系统内部数据结构的变化，对账已经不再是传统意义上的账证、账账与账实核对，而是依照机内数据关系与构架所进行的立体式逻辑运算。

1. 基于控制关系的数据核对与梳理

具有分布式控制特点的存货、固定资产等财产物资，其出库入库、成本计算、毁损报废以及期末结算均在专项系统内完成，而账务系统只负责对数额的归集。在这种核算模式中，同一内容的核算由两个相对独立的系统分别进行，多个系统间需要通过对账方式检验核算业务的正确性。所以，在固定资产、存货等子系统中，通常直接设置对账命令。在用友 ERP-U8 软件系统中，存货核算子系统“财务核算”菜单组的菜单命令“与总账对账”可以在存货核算子系统与账务子系统之间，核对存货科目和成本差异科目在各会计月份的借贷方向以及期末结存的金额、数量信息。

2. 源于数据来源的账账校对与核查

在信息化系统中，基本账簿登记遵照上级账依据下级账汇总结果进行记账的程序规范，上下级科目间形成了直接的数据控制关系，这一规范颠覆了总账与明细账平行登记的会计原理。对具有上下级数据汇总关系的账簿记录进行相互核对，除其必要性会被怀疑外，其原理与程序实现都是无可置疑的。在期末业务清单中列示了对账任务的财务软件，大多是指对这一类账簿关系的检查与核对。通常，期末结账前应执行这一操作，以保证最终账表数据的正确性。

3. 源自经济业务的账账校验及其警示

系统还为用户建立了相对独立的辅助账表系统。对于所发生的每一项经济业务,能够在生成完整的基本账簿的同时,按照用户对辅助核算科目与项目的定义,自动生成辅助核算账表。如果用户在非初始化状态修改科目的辅助核算属性,或改变核算要求与范围,则很可能导致辅助资料的缺失,从而使辅助核算的阶段性数据与基本账簿数据不再一致。所以,软件需要利用对账功能对基于同一业务的多个账簿系统数据进行核对,以便及时发现账簿中的错误。

二、财务软件中的结账功能描述及具体运用

财务软件中结账是指每月月末计算和结转各账簿的本月发生额和期末余额,并终止本期的财务处理工作的过程。会计手工核算方式下,结账时,应当结出每个账户的期末余额,需要结出当月发生额的,应当在摘要栏内注明“本月合计”字样,并在下面通栏画单红线,需要结出本年累计发生额的,应当在栏内注明“本年累计”字样,并在下面通栏画单红线,全年累计发生额下面应当通栏画双红线。在会计电算化环境下,结账的做法与手工核算不同,结账的准确含义是“封账”,即结账后禁止在当期继续处理业务的各项功能,如不能输入、修改凭证,不能记账等。在电算化方式下,结账工作非常简单,是一种成批数据处理的工作,每月只结一次,在结账之前应进行检查,主要是检查:本月凭证是否全部记账,上月是否记账,月末结账是否全部完成,对账是否正确,其他子系统是否结账。

以用友 ERP－U8 财务软件为例具体结账操作流程如下:

(1) 选择财务软件中的总账系统界面“月末结账”或点选总账系统“期末”子菜单下的“结账”进入结账功能,屏幕显示结账向导一,选择待结账的月份,单击“下一步”按钮,进入结账向导二。

(2) 按“对账”按钮,系统对要结账的月份进行账账核对,对账完成后,单击“下一步”按钮,屏幕显示结账向导三。

(3) 系统提供月度工作报告。查看工作报告后,单击“下一步”按钮,进入结账向导四。按“结账”按钮,若符合结账要求,系统将进行结账,否则不予结账。结账后已结账月份在结账界面的“是否结账”栏显示“Y”标记。

本章思考题

1. 什么是账簿?账簿是如何分类的?
2. 总分类账和明细分类账有何种关系?
3. 总分类账和明细分类账平行登记规则的要点有哪些?
4. 错账更正的方法有几种,各适用于什么情况?
5. 对账的内容有哪些?
6. 结账的内容和要求有哪些?

第八章　财产清查

引入案例

李明于2×22年进入红星制造有限公司实习，担任出纳一职。他在2×22年8月8日至10日三天的现金业务结束后进行现金清查中，分别发现现金短缺50元和现金溢余30元。对此，他反复思考也弄不明原因。为了保全自己的面子，同时也考虑到两次账实不符的金额较小，他决定采取以下措施进行处理：现金短缺50元，由自己掏腰包补齐；现金溢余30元，暂时收起。

2×22年8月26日，该公司发生了银行存款不足以支付应付账款的情况。公司财务经理查阅公司的银行存款日记账发现，公司银行存款金额远超应支付的应付账款数额，对此，李明感到十分纳闷。于是财务经理派人检查了李明的工作，结果发现，他每次编制银行存款余额调节表时，只根据公司银行存款日记账的余额加减银行对账单中的未入账款项来确定公司的银行存款的实有数，而且每次做完这项工作后，他就立即将这些未入账的款项登记入账。

请问，李明的上述做法是否恰当？如有错误，请给出正确的做法。

学习目的与要求

1. 了解财产清查的意义和分类；
2. 掌握永续盘存制和实地盘存制的内容、优缺点及适用范围；
3. 掌握各种财产物资、货币资金和往来款项的清查方法和程序；
4. 掌握银行存款余额调节表的编制方法；
5. 掌握“待处理财产损益”账户的核算内容和财产清查结果的账务处理。

第一节　财产清查概述

一、财产清查的概念及意义

（一）财产清查的含义

财产清查，是指通过对货币资金、实物资产和往来款项等财产物资进行实地盘点或查核，据以确认其账面结存数与实存数是否相符的一种专门方法。

企业在日常的会计核算工作中，对各项财产物资收、发、存业务，已经根据审核无误的会计凭证进行了账簿登记，并通过账证和账账的核对，确保账簿记录的正确性。但是，账簿记录正确并不能保证财产物资实存数与账存数相符，由于客观或人为的因素往往会发生某些账簿记录与实际结存数之间出现差异的情况，其主要原因如下：

（1）在财产物资收发时，由于计量和检验不够准确，而发生的品种、规格、数量和质量上的差错。

（2）在财产物资收发时记账错误，如漏记账、重复记账和记错账等。

（3）在财产物资的保管过程中，由于商品物资本身的物理或化学性能变化引起的自然损耗，如风干、受潮、挥发等。

（4）由于管理不善或保管人员失职而引起的财产物资的残损、霉变、短缺、损毁等。

（5）由于自然灾害和其他不测而发生的财产意外损毁。

（6）由于贪污、盗窃等而发生的财产物资的短缺和损失。

鉴于上述可能发生的情况，为保证会计资料真实可靠，维护所有者权益，就必须在账簿记录的基础上，通过财产清查，掌握各项财产物资的真实情况，改进企业财产物资的管理工作，保证财产物资的安全。

（二）财产清查的意义

（1）保证会计资料的真实可靠。通过财产清查，可以确定各项财产物资实存数，发现账实之间的差异，查明原因，分清责任，从而及时地进行账面调整，消除差异，为企业经营决策提供真实可靠的资料。

（2）保护财产物资的安全完整。通过财产清查，可以及时了解各项财产物资收、发、存情况，可以发现企业在财产物资管理上存在的问题，以便及时采取措施加强管理，从而保护各项财产物资的安全完整，提高管理水平。

（3）盘活资产存量，加速资金周转。通过财产清查，可以查明各项财产物资的储存和利用情况，对于积压呆滞的财产物资要及时处理，对于储备不足而可能延误生产经营的情况也可以及时采取补救措施。充分挖掘企业财产物资潜力，加速资金周转，提高资金的使用效益。

二、财产清查的种类

财产清查的种类可按清查的范围、清查的时间和清查的执行单位不同进行分类。

（一）按清查的范围分类

按清查的范围不同，可将财产清查分为全面清查与局部清查。

1. 全面清查

全面清查是指对属于本单位或存放在本单位的所有实物资产、货币资金和往来款项进行全面的盘点与核对。全面清查范围广、内容多、工作量大，不宜经常进行。需要进行全面清查的主要有以下几种情况：

（1）年终决算之前；

（2）单位撤并或者改变其隶属关系时；

（3）中外合资、国内合资前；

(4) 开展资产评估、清产核资等专项经济活动前；

(5) 单位主要负责人调离工作；

(6) 企业股份制改造前。

2. 局部清查

局部清查是指根据需要对部分财产物资进行盘点与核对。其核查的主要对象是流动性较大的资产，如现金、原材料、在产品和库存商品等。局部清查范围小，内容少，涉及的人员较少，但专业性较强。具体说明如下：

(1) 对库存现金，每日终了时应由出纳人员清点核对，以保持实存数与库存现金日记账结存数相符；

(2) 对于银行存款，出纳人员至少每月要同银行核对一次；

(3) 对于贵重物资，每月都应清查盘点一次；

(4) 对于各种往来款项，每年至少同对方企业核对一至两次；

(5) 通常情况下，对于流动性较大的材料物资，除年度清查外，年内还要轮流盘点或重点抽查。

(二) 按清查的时间分类

按清查的时间不同，可将财产清查分为定期清查与不定期清查。

1. 定期清查

定期清查是指按照预先计划安排的时间对财产进行的盘点和核对。定期清查一般在年末、季末、月末结账时进行。定期清查可以是全面清查，也可以是局部清查。一般情况下，年终决算前进行全面清查，季末和月末进行局部清查。

2. 不定期清查

不定期清查是指事先不规定清查日期，而是根据特殊需要对财产物资进行临时性的清查。不定期清查可以是全面清查，也可以是局部清查，应根据实际需要来确定清查的对象和范围。需要进行不定期清查的主要有以下几种情况：

(1) 单位更换出纳或财产物资保管人员时；

(2) 单位发生意外损失时；

(3) 上级主管、财务、税务、审计和银行等部门对单位进行检查时；

(4) 进行临时性清产核资时。

(三) 按清查的执行单位分类

按清查的执行单位不同，可将财产清查分为内部清查与外部清查。

1. 内部清查

内部清查是指由本单位内部自行组织清查工作小组所进行的财产清查工作。大多数财产清查都是内部清查。

2. 外部清查

外部清查是指由上级主管部门、审计机关、司法部门、注册会计师根据国家有关规定或情况需要对本单位所进行的财产清查。一般来讲，进行外部清查时应有本单位相关人员参加。

第二节 财产物资盘存制度

财产清查的重要环节是盘点财产物资的实存数量。为了使盘点工作顺利进行，应建立一定的盘存制度。财产物资盘存制度一般有“实地盘存制”和“永续盘存制”两种。在不同的盘存制度下，各项财产物资在账簿中的记录方法和清查盘点的目的各不相同。

一、实地盘存制

实地盘存制，又称定期盘存制，是指企业对各种财产物资平时只在账簿中登记财产物资的购入或收入数量，而不登记销售或发出数量，会计期末，通过实地盘点确定结存数量，进而倒挤出本期发出物资的成本。其计算公式如下：

期初结存数＋本期购进(或收入)数－期末实存数＝本期发出数

实地盘存制的主要优点是核算工作比较简单，工作量较小。其缺点是，由于这种方法平时在账面上无法随时反映财产物资的收、发、存情况，缺少财产物资的经常记录，势必把可能存在的库存物资的损耗、短缺、差错甚至贪污盗窃等损失都隐没在销售成本中，从而削弱了对库存物资的管理、控制和监督。同时，在库存物资品种规格比较繁多的企业，期末要进行大量的实物盘点工作，不仅会影响企业的正常生产经营活动，而且盘点的准确性也很难保证。由于实地盘存制存在上述缺点，所以在实际工作中，企业对财产物资的管理除那些价值较低、进出频繁的库存物资采用实地盘存制外，一般很少采用。

二、永续盘存制

永续盘存制又称账面盘存制，是根据账面结存数量计算期末财产物资成本的方法。采用永续盘存制，平时对企业各项财产物资分别设置明细账，根据会计凭证将财产物资的收入、发出数量记入有关账簿，并根据账簿记录计算期末库存物资账面结存数量。其计算公式如下：

期初账面结存数＋本期收入数－本期发出数＝期末账面结存数

实地盘存制是根据期末实存数倒挤出本期发出数，而永续盘存制是先确定本期实际发出数，然后结出期末账面结存数。后者手续比较严密，对会计账簿起到了实际控制财产物资收、付、存的作用，有利于加强财产物资的管理。另外，永续盘存制下对财产物资的发出逐笔都有记录，且有原始凭证为依据，容易追查差错的来龙去脉，也容易控制差错和非法行为的发生，因此，是控制差错和制止非法行为的有效方法。

永续盘存制虽然实际记录了财产物资的收、付、存数量和金额，但账簿记录与实际盘存的数量和金额，由于种种原因，仍有发生差异的可能。因此，即使是实行永续盘存制，也必须定期进行财产清查，以确保账实相符。

【例 8－1】 某商业公司月初库存甲商品 50 件，单位成本 1 000 元；本月购入甲商品 950

件，单位成本1 000元；本期销售甲商品900件。期末经实地盘点，查明甲商品实存80件。则按照永续盘存制和实地盘存制可分别计算如下：

(1) 永续盘存制下：

销售甲商品的成本＝1 000×900＝900 000(元)

月末甲商品账面余额＝1 000×50＋1 000×950－900 000＝100 000(元)

(2) 实地盘存制下：

销售甲商品的成本＝1 000×50＋1 000×950－1 000×80＝920 000(元)

由上例可见，在永续盘存制下，通过实地盘点可以查明实存金额(80 000元)和账存金额(100 000元)不符。因此，可以确定盘盈、盘亏数量。

在实地盘存制下，倒挤出本期发出金额，无法确定盘盈、盘亏数量。实际上，盘亏的20 000元(＝100 000－80 000)，也作为了本期耗用数进行确认。正是因为实地盘存制存在这个缺陷，故在会计核算中大部分财产物资均应采用永续盘存制。

第三节　财产清查的程序与方法

一、财产清查的一般程序

财产清查既是会计核算的一种专门方法，又是财产物资管理的一项重要制度，企业必须有计划、有组织地进行财产清查。企业的财产清查工作应严格按以下程序进行：

(1) 建立财产清查组织；

(2) 组织清查人员学习有关政策规定，掌握有关法律、法规和相关业务知识，以提高财产清查工作的质量；

(3) 确定清查对象、范围，明确清查任务；

(4) 制定清查方案，具体安排清查内容、时间、步骤、方法以及必要的清查前的准备工作；

(5) 清查时本着以下原则进行：先清查数量，核对有关账簿记录等，后认定质量。

(6) 填制盘存清单；

(7) 根据盘存清单，填制实物、往来账项，清查结果报告表等。

二、财产物资清查的方法

由于企业所拥有的各项财产物资各有特点，因而在财产清查时，采用的方法也不完全相同。

(一) 库存现金的清查方法

库存现金清查的基本方法是实地盘点法。它通过将库存现金的盘点实有数与库存现金日记账的余额进行核对的方法，来查明账实是否相符。库存现金的盘点应由清查人员会同出纳人员共同负责。

库存现金的清查主要包括两种情况。

1. 经常性的清查

即由出纳人员每日清点库存现金实有数，并与库存现金日记账的账面余额核对，这是出纳人员进行的日常工作。

2. 定期或不定期清查

在坚持日清月结的基础上，为了加强对出纳工作的监督，确保库存现金安全完整，各单位应建立库存现金的清查制度。由有关领导和专业人员组成清查小组，定期或不定期地对库存现金的情况进行清查盘点。

清查前，出纳人员应将截至清查时的全部现金收付款凭证登记入账，结出现金日记账的余额。清查时，出纳人员必须在场，清查确定的库存现金实有数应该与现金日记账的余额相一致。如果发现库存现金盘盈或盘亏，必须由出纳人员当场核实盈亏数字。对于库存现金，清查时还应当注意有无违反现金管理制度的规定，不允许以借条或白条抵充现金。

清查结束后，应根据清查结果，编制库存现金盘点报告表，它是反映现金实有数和调整账簿记录的重要原始凭证。库存现金盘点报告表具有实物财产清查盘存单和实存账存对比表的作用。库存现金盘点报告表的格式如表 8－1 所示。

表 8－1　库存现金盘点报告表

单位名称：　　　　　　　　　　　　年　　月　　日

实存金额	账存金额	盘　盈	盘　亏	备　注

盘点人签章：　　　　　　　　　　　　　　　　　　　出纳员签章：

（二）银行存款的清查方法

银行存款的清查方法与库存现金的清查方法不同，它是采用与银行核对账目的方法来进行的。即将企业的银行存款日记账与从银行取得的对账单进行逐笔核对，来查明银行存款的实有数额。

1. 银行存款日记账与银行对账单不一致的原因

月末将银行存款日记账与银行对账单逐笔核对，如果两者余额相等，通常说明没有错误；如果两者余额不等，则可能是企业或银行一方或双方有错。属于企业方面的记账差错，经确定后企业应立即更正；如果属于银行方面的记账差错，则应通知银行更正。当双方的记账错误都已更正，而企业的银行存款日记账余额与银行对账单余额仍不相符时，一般都是由未达账项造成的。

所谓未达账项，是指企业与银行之间由于凭证传递上的时间差，一方已登记入账，而另一方尚未收到凭证，尚未登记入账的款项。具体地说，未达账项一般有以下四种情况：

（1）企业已收款入账，银行尚未收款未记账的款项。

例如，企业销售产品收到支票，送存银行后即可根据银行盖章后返回的“记账单”回单联登记银行存款的增加，而银行则要等到款项收妥后再登记增加。如果此时对账，就会出现企业已记银行存款增加，而开户银行尚未记增加的款项。

(2) 企业已付款记账,银行未付款未记账的款项。

例如,企业开出一张支票支付购料款,企业可根据支票存根登记银行存款的减少,而此时银行由于尚未接到支付款项的凭证而尚未登记减少。如果此时对账,就会出现企业已记银行存款减少,而开户银行尚未记减少的款项。

(3) 银行已收款记账,企业未收款未记账的款项。

例如,外地某单位给本企业汇来款项,银行收到汇款单后,马上登记企业银行存款增加,而企业由于尚未收到收款通知而未登记银行存款增加。如果此时对账,就会出现银行已记企业存款增加,而企业尚未记增加的款项。

(4) 银行已付款记账,企业未付款未记账的款项。

例如,银行收到企业借款的利息,银行已从企业存款账户中收取并已记企业银行存款减少,而企业尚未收到银行计付利息通知单,尚未记银行存款的减少。如果此时对账,就会出现银行已记企业存款减少,而企业尚未记减少的款项。

上述任何一种情况的发生,都会造成企业的银行存款日记账的余额与银行对账单的余额不相符合。因此,在清查银行存款时,如果有未达账项,应编制银行存款余额调节表,以便检查双方账面余额是否正确。

2. 银行存款清查的步骤

银行存款的清查按以下四个步骤进行:

(1) 根据经济业务、结算凭证的种类、号码和金额等资料逐日逐笔核对银行存款日记账与银行对账单。凡双方都有记录的,用铅笔在金额旁打上记号"√"。

(2) 找出未达账项。

(3) 将日记账和对账单的月末余额及找出的未达账项填入"银行存款余额调节表",并计算出调整后的余额。

(4) 将调整平衡的"银行存款余额调节表",经主管会计签章后,呈报开户银行。

凡有几个银行户头以及开设有外币存款户头的单位,应分别按存款户头开设"银行存款日记账"。每月月底,应分别将各户头的"银行存款日记账"与各户头的"银行对账单"核对,并分别编制各户头的"银行存款余额调节表"。

银行存款余额调节表的编制方法一般是在企业与银行双方的账面余额基础上,各自加上对方已收而本单位未收的款项,减去对方已付而本单位未付的款项。经过调节后,双方的余额应相互一致。其计算公式如下:

企业银行存款日记账余额+银行已收企业未收款项-银行已付企业未付款项
=银行对账单余额+企业已收银行未收-企业已付银行未付

【例 8-2】 某企业 2×21 年 5 月 31 日,银行存款日记账余额为 496 000 元,银行对账单余额为 617 200 元。经逐笔核对,发现存在以下 4 笔未达账项:

(1) 企业偿还 A 公司贷款 70 000 元已登记入账,但银行尚未登记入账;

(2) 企业收到销售商品款 13 200 元已登记入账,但银行尚未登记入账;

(3) 银行已划转电费 5 600 元登记入账,但企业尚未收到付款通知单,未登记入账;

(4) 银行已收到外地汇入货款 70 000 元登记入账,但企业尚未收到收款通知单,未登记入账。

要求：编制银行存款余额调节表。

编制完成的银行存款余额调节表如表 8-2 所示。

表 8-2 银行存款余额调节表

2×21 年 5 月 31 日

项　目	金　额	项　目	金　额
银行存款日记账余额	496 000	银行对账单余额	617 200
加：银行已收，企业未收	70 000	加：企业已收，银行未收	13 200
减：银行已付，企业未付	5 600	减：企业已付，银行未付	70 000
调节后余额	560 400	调节后余额	560 400

3. 银行存款余额调节表的作用

(1) 银行存款余额调节表是一种对账记录或对账工具，不能作为调节账面记录的依据，即不能根据银行存款余额调节表中的未达账项来调整银行存款的账面记录，未达账项只有在收到有关凭证后才能进行有关的账务处理。

(2) 调节后的余额如果相等，通常说明企业和银行的账面记录一般没有错误，该余额通常为企业可动用的银行存款的实有数。

(3) 调节后的余额如果不等，通常说明一方或双方记账有错误，需进一步追查，查明原因后予以更正和处理。

（三）实物资产的清查方法

实物资产主要包括存货和固定资产等，实物资产的清查是对实物资产在数量和质量上所进行的清查。实物资产具有种类繁多、数量大、储存情况复杂、计量单位不统一等特点，在清查时往往要结合实际情况，合理选择清查范围，针对不同的清查对象，选用不同的清查方法。实物资产的清查方法最常用的有实地盘点法和技术推算法。

1. 实地盘点法

实地盘点法是在财产物资存放现场逐一清点数量或用计量仪器确定其实存数的一种方法。应运用度、量、衡等工具，通过点数，逐一确定被清查实物实有数。这种方法适用范围广，而且数字准确可靠，大多数财产物资都可采用这种方法，但工作量较大。

实施盘点时，盘点人员应做好盘点记录。盘点结束后，盘点人员应根据财产物资的盘点记录，编制“财产物资盘存单”，并由参与盘点人员、财产物资保管人员及相关责任人签名盖章。应就盘存单的资料以及相关账簿资料填制“实存账存对照表”，并据以检查账面数额与实际数额是否相符，同时根据对比结果调整账簿记录，分析差异原因，做出相应处理。

2. 技术推算法

技术推算法是按照一定标准推算出实有数的一种方法。这种方法适用于堆垛量很大，不方便一一清点，单位价值比较低的实物清查。

对实物资产的数量进行清查的同时，还要对实物的质量进行鉴定，可根据不同的实物采用不同的检查方法，如物理法、化学法、直接观察法等。

为了明确经济责任，在进行实物资产清查盘点时，实物保管人员必须在场。对各种财产物资的盘点结果，应逐一填制盘存单，由盘点人员和实物保管人员共同签章，并同账面余额核对，确认盘盈盘亏数，填制“实存账存对比表”，作为调整账面记录的原始凭证。

财产物资“盘存单”和“实存账存对比表”的通常格式如表 8 - 3、表 8 - 4 所示。

表 8 - 3 盘存单

单位名称： 盘点时间： 编号：
财产类别： 存放地点： 金额单位：

编　号	名　称	计量单位	数　量	单　价	金　额	备　注

盘点人(签章)： 实物保管人(签章)：

表 8 - 4 实存账存对比表

使用部门： 年 月 日 编号：
财产类别： 存放地点： 金额单位：

<table>
<tr><td rowspan="3">编　号</td><td rowspan="3">类别及名称</td><td rowspan="3">计量单位</td><td rowspan="3">单　价</td><td colspan="2">实　存</td><td colspan="2">账　存</td><td colspan="4">对比结果</td><td rowspan="3">备　注</td></tr>
<tr><td rowspan="2">数量</td><td rowspan="2">金额</td><td rowspan="2">数量</td><td rowspan="2">金额</td><td colspan="2">盘盈</td><td colspan="2">盘亏</td></tr>
<tr><td>数量</td><td>金额</td><td>数量</td><td>金额</td></tr>
<tr><td></td><td></td><td></td><td></td><td></td><td></td><td></td><td></td><td></td><td></td><td></td><td></td><td></td></tr>
<tr><td></td><td></td><td></td><td></td><td></td><td></td><td></td><td></td><td></td><td></td><td></td><td></td><td></td></tr>
</table>

实物保管人： 会计： 制表：

对于已清查出来的残存变质物资、伪劣产品，应另行编制“残存变质物资、伪劣产品情况表”(见表 8 - 5)，写明损失程度和损失金额，经盘点小组研究决定后提出处理意见，情况比较严重的还应做专项说明。

表 8 - 5 残存变质物资、伪劣产品情况表

单位名称： 年 月 日 金额单位：

<table>
<tr><td rowspan="2">名称规格</td><td rowspan="2">单　价</td><td rowspan="2">原　价</td><td colspan="2">账面记录</td><td colspan="2">报　废</td><td colspan="2">报　损</td><td colspan="2">残存伪劣</td><td rowspan="2">处理意见</td></tr>
<tr><td>数量</td><td>金额</td><td>数量</td><td>金额</td><td>数量</td><td>金额</td><td>数量</td><td>金额</td></tr>
<tr><td></td><td></td><td></td><td></td><td></td><td></td><td></td><td></td><td></td><td></td><td></td><td></td></tr>
<tr><td></td><td></td><td></td><td></td><td></td><td></td><td></td><td></td><td></td><td></td><td></td><td></td></tr>
<tr><td></td><td></td><td></td><td></td><td></td><td></td><td></td><td></td><td></td><td></td><td></td><td></td></tr>
<tr><td></td><td></td><td></td><td></td><td></td><td></td><td></td><td></td><td></td><td></td><td></td><td></td></tr>
<tr><td></td><td></td><td></td><td></td><td></td><td></td><td></td><td></td><td></td><td></td><td></td><td></td></tr>
<tr><td></td><td></td><td></td><td></td><td></td><td></td><td></td><td></td><td></td><td></td><td></td><td></td></tr>
</table>

主管人员： 会计： 制表：

（四）往来款项的清查方法

往来款项是指各种债权债务结算款项，主要包括应收账款、应付账款、预收账款、预付账款及其他应收款、其他应付款。往来账项的清查一般采用发函询证的方法进行核对，即派人前往或利用通信工具，向结算往来单位核实账目。

往来款项的清查方法一般是：

（1）首先确定本单位的往来款项记录准确无误，总分类账与明细分类账的余额相符。

（2）在保证本单位账簿记录正确的情况下，编制“往来款项询证函”，通过信函、电函、面询等多种方式，请对方企业核对，确定各种应收、应付款的实际情况。

对账单应按照明细账户逐笔摘抄，一式两联，其中一联是回单，对方单位核对后将回单盖章退回本单位；如果发现双方账目不相符，应在回单上注明，以便进一步查对。其格式如表 8－6 所示。

表 8－6　往来款项询证函

往来款项对账单

×××单位：

贵单位于××年××月××日从我单位购入乙产品 200 件，已付款 40 000 元，尚有 60 000 元货款未支付，请核对后将回单联寄回。

清查单位：（盖章）

年　　月　　日

如核对相符，请盖章确认（沿此虚线剪下，将以下回单联寄回）；如数据存在差异，请注明贵单位记载的金额。

往来款项对账单（回单联）

×××清查单位：

贵单位寄来的“往来款项对账单”已收到，经核对相符。

×××单位：（盖章）

年　　月　　日

（3）收到回单以后，要据以编制“往来款项清查报告单”，由清查人员和记账人员共同签名盖章，注明核对相符与不相符的款项，对不相符的款项按有争议、未达账项、无法收回等情况归类，并对具体情况及时采取措施进行处理，避免或减少坏账损失。往来款项清查报告单如表 8－7 所示。

表 8－7　往来款项清查报告单

总分类账户名称：　　　　　　　　年　　月　　日

明细分类账户		清查结果		核对不相符的原因				备　注
名　称	账面金额	核对相符	核对不符	未达账项	有争议款项	无法收回（或偿还）款项	其　他	

记账员：　　　　　　　　　　　　　　　　清查人员：

第四节 财产清查结果的核算

一、财产清查结果处理的要求

进行财产清查以后，通常都能发现会计工作、财产物资管理工作上存在的问题。妥善处理好这些问题是财产清查工作的主要目的之一，也是财产清查发挥积极作用的最终体现。对于财产清查中发现的问题，如财产物资的盘盈、盘亏、毁损或其他各种损失，应核实情况，调查分析产生的原因，按照国家有关法律法规的规定，进行相应的处理。财产物资清查结果的处理应该包括以下几个方面的要求。

（一）分析产生差异的原因和性质，提出处理建议

对于各种财产物资的盘盈盘亏，必须通过调查研究查明原因、分清责任，按照相关规定进行处理。一般来说，个人造成的损失，应由个人赔偿；因管理不善造成的损失，列入企业的管理费用；如相关财产已经向保险公司投保，还应向保险公司索取赔偿。

（二）积极处理多余积压的财产，清理往来款项

对于各种已经制订储备定额的财产物资，在财产清查后，还应当全面地清查物资储备的定额执行情况。储备不足的物资，应当及时通知有关部门，补充储备；对于多余、积压的物资，应当查明原因，分别处理。

在处理积压、多余物资时，对于利用率不高的固定资产，也必须查明原因积极处理，使所有固定资产都能充分加以利用，从而提高固定资产的使用效率。

（三）总结经验教训，建立健全各项管理制度

财产清查后，要针对存在的问题和不足，总结经验教训，采取必要的措施，建立健全财产管理制度，进一步提高财产管理水平。

（四）及时调整账簿记录，保证账实相符

对于财产清查中发现的盘盈或盘亏，应及时调整账面记录，以保证账实相符。要根据清查中取得的原始凭证编制记账凭证，登记有关账簿，使各种财产物资的账存数与实存数相一致，同时反映待处理财产损溢的发生。

二、财产清查结果处理的步骤与方法

对于财产清查结果的处理可分为以下两种情况。

（一）审批之前的处理

根据“清查结果报告表”“盘点报告表”等已经查实的数据资料，填制记账凭证，记入有关

账簿，使账簿记录与实际盘存数相符。同时根据权限，将处理建议报股东大会或董事会类似机构批准。

（二）审批之后的处理

企业清查的各种财产的损溢，应于期末前查明原因，并根据企业的管理权限，经股东大会或董事会等类似机构批准后，在期末结账前处理完毕。企业应严格按照有关部门对财产清查结果提出的处理意见，填制有关凭证，登记有关账簿，并追回由责任者造成的财产损失。

如果在期末结账前尚未经批准，在对外提供财务报表时，先按上述规定进行处理，并在附注中做出说明；其后，对于批准处理的金额与已处理金额不一致的，应调整财务报表相关项目的年初数。

三、财产清查结果的账务处理

（一）设置"待处理财产损溢"账户

为了反映和监督企业在财产清查中查明的各种财产物资的盘盈、盘亏、毁损及处理情况，应设置"待处理财产损溢"账户。

"待处理财产损溢"账户属于双重性质的资产账户，该账户应设置"待处理非流动资产损溢"和"待处理流动资产损溢"两个明细账户，分别核算非流动资产和流动资产的待处理财产损溢。

该账户的借方登记财产物资的盘亏数、毁损数和批准转销的财产物资盘盈数；贷方登记财产物质的盘盈数和批准转销的财产物资盘亏及毁损数。企业清查的各种财产物资的盘盈、盘亏和毁损应在期末结账前处理完毕，所以"待处理财产损溢"账户在期末结账后没有余额。"待处理财产损溢"账户的基本结构和内容如图 8－1 所示。

借方　　　　　　　　待处理财产损溢	贷方
待处理财产盘亏、毁损金额 根据批准的处理意见结转待处理财产盘盈数	待处理财产盘盈金额 根据批准的处理意见结转待处理财产盘亏、毁损数

图 8－1　"待处理财产损溢"账户的基本结构和内容

（二）库存现金清查结果的账务处理

1. 库存现金盘盈的账务处理

库存现金盘盈时，应及时办理库存现金的入账手续，调整库存现金账簿记录，即按盘盈的金额借记"库存现金"科目，贷记"待处理财产损溢——待处理流动资产损溢"科目。

对于盘盈的库存现金，应及时查明原因，按照管理权限报经批准后，按盘盈的金额借记"待处理财产损溢——待处理流动资产损溢"；按需要支付或退还他人的金额贷记"其他应付款"科目；按无法查明原因的金额贷记"营业外收入"科目。

【例 8－3】　甲公司在财产清查过程中盘盈库存现金 2 000 元，其中 1 000 元属于应支付

给其他公司的违约金,剩余盘盈金额无法查明原因。会计处理如下:

(1) 批准前:

借:库存现金	2 000	
贷:待处理财产损溢——待处理流动资产损溢		2 000

(2) 批准后:

借:待处理财产损溢——待处理流动资产损溢	2 000	
贷:其他应付款		1 000
营业外收入		1 000

2. 库存现金盘亏的账务处理

库存现金盘亏时,应及时办理盘亏的确认手续,调整库存现金账簿记录,即按盘亏的金额借记"待处理财产损溢——待处理流动资产损溢"科目,贷记"库存现金"科目。

对于盘亏的库存现金,应及时查明原因,按管理权限报经批准后,按可收回的保险赔偿和过失人赔偿的金额借记"其他应收款"科目;按管理不善等原因造成净损失的金额借记"管理费用"科目;按自然灾害等原因造成的净损失借记"营业外支出"科目;按原记入"待处理财产损溢——待处理流动资产损溢"科目借方的金额贷记"待处理财产损益——待处理流动资产损溢"。

【例 8-4】 某企业在财产清查中发现库存现金盘亏 8 000 元,其中出纳人员应赔偿4 000元,剩余部分因管理不善造成。会计处理如下:

(1) 审批前:

借:待处理财产损溢——待处理流动资产损溢	8 000	
贷:库存现金		8 000

(2) 审批后

借:其他应收款	4 000	
管理费用	4 000	
贷:待处理财产损溢——待处理流动资产损溢		8 000

(三) 存货清查结果的账务处理

1. 存货盘盈的账务处理

存货盘盈时,应及时办理存货入账手续,调整存货账簿的实存数。盘盈的存货应按其重置成本作为入账价值借记"原材料""库存商品"等科目,贷记"待处理财产损溢——待处理流动资产损溢"科目。

对于盘盈的存货,应及时查明原因,按管理权限报经批准后,冲减管理费用,即按其入账价值,借记"待处理财产损溢——待处理流动资产损溢"科目,贷记"管理费用"科目。

2. 存货盘亏的账务处理

存货盘亏时,应按盘亏的金额借记"待处理财产损溢——待处理流动资产损溢"科目,贷记"原材料""库存商品"等科目。材料、产成品、商品采用计划成本(或售价)核算的,还应同时结转成本差异(或商品进销差价)。涉及增值税的,还应进行相应的处理。

对于盘亏的存货,应及时查明原因,按管理权限报经批准后,按可收回的保险赔偿和过失人赔偿的金额借记“其他应收款”科目；按管理不善等原因造成净损失的金额借记“管理费用”科目；按自然灾害等原因造成的净损失借记“营业外支出”科目；按原记入“待处理财产损溢——待处理流动资产损溢”科目借方的金额贷记“待处理财产损溢——待处理流动资产损溢”。

【例 8-5】 企业的财产清查中发现甲商品溢余 50 件，每件单价 40 元；乙商品盘亏 300 件，每件 50 元；丙商品盘亏 100 件，每件 100 元。在发现盘盈、盘亏时，应编制如下会计分录：

(1) 盘盈甲商品时：

借：库存商品——甲　　2 000

　贷：待处理财产损溢——待处理流动资产损溢　　2 000

(2) 盘亏乙、丙商品时：

借：待处理财产损溢——待处理流动资产损溢　　25 000

　贷：库存商品——乙　　15 000

　　　　　　——丙　　10 000

【例 8-6】 承**【例 8-5】**经检查发现，盘盈的甲商品为收发计量差错所致，已批准进行处理，因此，应编制如下会计分录：

借：待处理财产损溢——待处理流动资产损溢　　2 000

　贷：管理费用　　2 000

【例 8-7】 承**【例 8-5】**经检查发现，盘亏的乙商品为管理不善所致，其中仓库管理人员赔偿 3 000 元(款项已收存银行)，已批准进行处理，应编制如下会计分录：

借：银行存款　　3 000

　管理费用　　13 950

　贷：待处理财产损溢——待处理流动资产损溢　　15 000

　　应交税费——应交增值税(进资税额转出)　　1 950

【例 8-8】 承**【例 8-5】**经检查发现，盘亏的丙商品是由火灾导致的，保险公司应赔偿 4 000 元，款项尚未收到，已批准进行处理，应编制如下会计分录：

借：其他应收款　　4 000

　营业外支出　　6 000

　贷：待处理财产损溢——待处理流动资产损溢　　10 000

(四) 固定资产清查结果的账务处理

1. 固定资产盘盈的账务处理

企业在财产清查过程中盘盈的固定资产，经查明确属企业所得，按管理权限报经批准后，应根据盘存凭证填制固定资产交接凭证，经有关人员签字后送交企业会计部门，填写固定资产卡片账，并作为前期差错处理，通过“以前年度损益调整”科目核算。盘盈的固定资产通常按其重置成本作为入账价值借记“固定资产”科目，贷记“以前年度损益调整”科目。涉及增值税、所得税和盈余公积的，还应按相关规定处理。

【例 8-9】 2×21 年 12 月 20 日甲公司在进行财产清查过程中，发现账外设备一台，重置成本 50 000 元，假定甲公司按净利润的 10%提取法定盈余公积，不考虑相关税费及其他因素的影响。甲公司应编制的会计分录如下：

(1) 盘盈固定资产时:

借:固定资产　　50 000

　贷:以前年度损益调整　　50 000

(2) 结转为留存收益时:

借:以前年度损益调整　　50 000

　贷:盈余公积——法定盈余公积　　5 000

　　利润分配——未分配利润　　45 000

2. 固定资产盘亏的账务处理

固定资产盘亏时,应及时办理固定资产注销手续,按盘亏固定资产的账面价值,借记“待处理财产损溢——待处理非流动资产损溢”科目;按已提折旧额,借记“累计折旧”科目,按其原价,贷记“固定资产”科目。涉及增值税和递延所得税的,还应按相关规定处理。

对于盘亏的固定资产,应及时查明原因,按管理权限报经批准后,按过失人及保险公司应赔偿的数额,借记“其他应收款”科目;按盘亏固定资产的原价扣除累计折旧和过失人及保险公司赔偿后的差额,借记“营业外支出”科目;按盘亏固定资产的账面价值,贷记“待处理财产损溢——待处理非流动资产损溢”科目。

【例 8-10】 东方公司在财产清查中,盘亏设备一台,原价 80 000 元,已提折旧 50 000 元。经查明,应由过失人赔偿 5 000 元,已批准进行处理,编制如下会计分录:

(1) 盘亏固定资产时:

借:待处理财产损溢——待处理非流动资产损溢　　30 000

　累计折旧　　50 000

　贷:固定资产　　80 000

(2) 批准后处理:

借:其他应收款　　5 000

　营业外支出　　25 000

　贷:待处理财产损溢——待处理非流动资产损溢　　30 000

(五) 结算往来款项盘存的账务处理

在财产清查过程中发现的长期未结算的往来款项,应及时清查。对于经查明确实无法支付的应付款项可按规定程序报经批准后,转入营业外收入。

企业对有确凿证据表明确实无法收回的应收款项,经批准后作为坏账损失,经批准后予以转销。坏账损失不需要通过“待处理财产损溢”账户进行核算。转销的方法通常采用备抵法。

备抵法,是指按期估计坏账损失,形成坏账准备。当某一应收款项全部或部分被确认为坏账时,应根据其金额冲减坏账准备,同时转销相应的应收款项金额的一种核算方法。估计坏账损失的方法有应收款项余额百分比法、账龄分析法和销货百分比法等。这里主要结算常用的应收款项余额百分比法。

在此方法下,企业计提坏账准备时借记“信用减值损失”科目,贷记“坏账准备”科目;实际发生坏账时,借记“坏账准备”科目,贷记“应收账款”科目。如果确认并转销的坏账以后又收回，则应按收回的金额，借记“应收账款”科目，贷记“坏账准备”科目，同时，借记“银行存款”科目，贷记“应收账款”科目。

【例 8-11】 某企业 2×19 年年末开始计提坏账准备。2×19 年年末应收账款余额为 4 000 000 元，2×20 年 6 月发生坏账 22 000 元，2×20 年年末应收账款余额为 4 400 000 元，2×21 年 1 月收回上年已转销的坏账 10 000 元，2×21 年年末应收账款余额为 5 000 000 元。该企业各年坏账准备提取比例为 5%。有关账务处理分录如下：

(1) 2×19 年年末提取坏账准备 200 000 元(=4 000 000×5%)。

借：信用减值损失　　200 000

　　贷：坏账准备　　200 000

(2) 2×20 年 6 月发生坏账 22 000 元。

借：坏账准备　　22 000

　　贷：应收账款　　22 000

(3) 2×20 年年末补提坏账准备 42 000 元(=4 400 000×5%−200 000+22 000)。

借：信用减值损失　　42 000

　　贷：坏账准备　　42 000

(4) 2×21 年 1 月收回上年已转销的坏账 10 000 元。

借：应收账款　　10 000

　　贷：坏账准备　　10 000

借：银行存款　　10 000

　　贷：应收账款　　10 000

(5) 2×21 年年末补提坏账准备 20 000 元(=5 000 000×5%−220 000−10 000)。

借：信用减值损失　　20 000

　　贷：坏账准备　　20 000

本章小结

本章重点介绍财产清查的相关理论与处理方法。财产清查是指通过对货币资金、实物资产和往来款项等财产物资进行实地盘点或查核，据以确认其账面结存数与实存数是否相符的一种专门方法。财产清查可以按不同的标准进行分类。根据被清查的对象和范围，可以分为全面清查和局部清查；按清查的时间，可以分为定期清查和不定期清查；根据执行单位不同，可以分为内部清查与外部清查。财产清查的重要环节是盘点财产物资的实存数量。为了使盘点工作顺利进行，应建立一定的盘存制度。财产物资盘存制度一般有“实地盘存制”和“永续盘存制”两种。在财产清查的实务操作中重点掌握银行存款、存货和固定资产三种资产的清查与处理方法。

知识拓展　　移动资产清查管理系统简介

一、系统概述

基于物联网的移动资产清查系统以实物管理为核心，采用国内领先的 RFID(无源电子标签)技术,在资产登记时即为每件固定资产实物分配唯一的识别码,从资产入库的源头开始管控,为资产管理者提供资产实时状态,并达到精确跟踪,减少资产浪费,真正解决了传统资产管理过程中“账、物、卡”不符、资产使用状况不明、难以跟踪、部分资产闲置浪费和虚增资产等问题。

二、系统业务流程展示

系统业务流程展示,如图 8-2 所示。

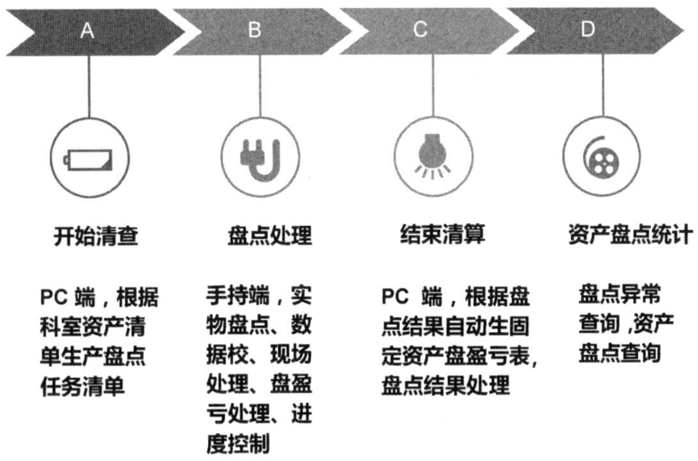

图 8-2　系统业务流程展示

三、应用价值

(1) 减少盘点错误和资产寻找时间,确保固定资产数据的准确性和时效性。

(2) 操作员可通过手持终端实时更新固定资产使用科室、保管科室、保管人、地点、状态等信息和维护资产的出厂编号,并同步到数据库,提高资产管理数据的准确性及易操作性。

(3) 提高在用固定资产的可视性,实现固定资产追踪,有助于用户及时掌握资产情况,合理配置资产。

(4) 管理设备整个生命周期及“条形码”管不到之处。RFID 识别速度快、数量多、距离远,可实现快速盘点与统计。

本章思考题

1. 什么是财产清查,有何作用?
2. 引起财产清查账实不符的原因有哪些?
3. 永续盘存制与实地盘存制的主要区别是什么,各有什么优缺点?
4. 何谓未达账项? 为什么会产生未达账项?
5. 如何编制银行存款余额调节表?
6. 财产清查结果的核算需设置什么账户? 该账户的结构是怎样的?
7. 采用备抵法核算坏账损失需设置什么账户? 该账户的结构是怎样的?

第九章　财务报表

引入案例

小明是会计专业大一的学生，暑假去一家公司实习，该公司的会计告诉小明："会计平时做的就是一些基本的记账工作，但到了月末或者季度末编制财务报表才是最忙的时候。"小明也知道企业的会计核算，最终是以报表的形式来进行反映。那么，企业的财务报表到底反映了哪些内容呢？为什么必须要在期末才能编制出财务报表？

学习目的与要求

1. 掌握财务报表的概念、种类和编制要求；
2. 掌握资产负债表、利润表的概念、作用、编制基础和基本结构；
3. 熟练掌握资产负债表、利润表的编制方法；
4. 理解现金和现金等价物的概念；
5. 理解几张报表之间的勾稽关系。

第一节　财务报表概述

一、财务报表的定义

财务报表是会计要素确认、计量的结果和综合性描述。会计准则中对会计要素确认、计量过程中所采用的各项会计政策被企业实际应用后，将有助于企业可持续发展，反映企业管理层受托责任的履行情况。

财务报表由报表本身及其附注两部分构成。财务报表包括资产负债表、利润表、现金流量表、所有者权益变动表、附注。财务报表是财务报告的主要部分，不包括董事报告、管理分析及财务情况说明书等列入财务报告或年度报告的资料。

二、财务报表的分类

财务报表可以按照不同的标准进行分类。

(1) 按照财务报表编报期间的不同，可以分为中期财务报表和年度财务报表。

中期财务报表是以短于一个完整会计年度的报告期间为基础编制的财务报表，包括月报、季报和半年报等。资产负债表、利润表、现金流量表和附注是中期财务报告至少应当编制的法定内容，对其他财务报表或者相关信息，如所有者权益（或股东权益）变动表等，企业可以根据需要自行决定，但其他财务报表或者相关信息一旦在中期财务报告中提供，就应当遵循中期财务报告准则的各项规定。中期财务报告中的附注相对于年度财务报告中的附注而言，是适当简化的。

（2）按照财务报表编报主体的不同，可以分为个别财务报表和合并财务报表。

个别财务报表是指在以母公司和子公司组成的具有控股关系的企业集团中，由母公司和子公司各自为主体分别单独编制的报表，用以分别反映母公司和子公司本身各自的财务状况、经营成果和现金流量情况。

合并财务报表是以母公司和子公司组成的企业集团为一个会计主体，以母公司和子公司单独编制的个别财务报表为基础，由母公司编制的综合反映企业集团财务状况、经营成果及其资金变动情况的财务报表。

（3）按照企业资金运动形态的不同，可以分为静态报表和动态报表。

静态报表是指反映企业资金运动处于某一相对静止状态情况的会计报表，如反映企业某一特定日期资产、负债和所有者权益的资产负债表。动态报表是指反映企业资金运动状况的会计报表，如反映企业一定期间的经营成果情况的利润表，反映企业一定会计期间内营运资金来源、运用及其增减变化情况的现金流量表等。

第二节　资产负债表

一、资产负债表的概念

资产负债表是指反映企业在某一特定日期的财务状况的报表，主要提供有关企业财务状况方面的信息。通过资产负债表，可以提供企业在某一特定日期的资产总额及其结构，表明企业拥有或控制的资源及其分布情况；可以提供企业在某一特定日期的负债总额及其结构，表明企业未来需要用多少资产或劳务清偿债务以及清偿时间；可以反映企业所有者在某一特定日期所拥有的权益，据以判断资本保值、增值的情况以及对负债的保障程度。

资产负债表主要反映资产、负债和所有者权益三方面的内容，并满足“资产＝负债＋所有者权益”平衡式。

资产，反映由过去的交易或事项形成并由企业在某一特定日期所拥有或控制的，预期会给企业带来经济利益的资源。资产应当按照流动资产和非流动资产两大类别在资产负债表中列示，在流动资产和非流动资产类别下进一步按性质分项列示。

负债，反映在某一特定日期企业所承担的、预期会导致经济利益流出企业的现时义务。负债应当按照流动负债和非流动负债在资产负债表中进行列示，在流动负债和非流动负债类别下再进一步按性质分项列示。

所有者权益，是企业资产扣除负债后的剩余权益，反映企业在某一特定日期股东（投资者）拥有的净资产的总额，一般按照实收资本（或股本）、资本公积、其他综合收益、盈余公积和未分配利润分项列示。

资产负债表的基本格式和内容见表9－1。

表9－1　资产负债表

单位名称：　　　　年　　月　　日　　　　单位：元

资　产	年初余额	期末余额	负债和所有者权益（或股东权益）	年初余额	期末余额
流动资产：			流动负债：		
货币资金			短期借款		
交易性金融资产			交易性金融负债		
衍生金融资产			衍生金融负债		
应收票据			应付票据		
应收账款			应付账款		
预付款项			预收款项		
其他应收款			合同负债		
存货			应付职工薪酬		
合同资产			应交税费		
持有待售资产			其他应付款		
			持有待售负债		
一年内到期的非流动资产			一年内到期的非流动负债		
其他流动资产			其他流动负债		
流动资产合计			流动负债合计		
非流动资产：			非流动负债：		
债权投资			长期借款		
其他债权投资			应付债券		
长期应收款			长期应付款		
长期股权投资			预计负债		
其他权益工具投资			递延收益		
其他非流动资产			递延所得税负债		
投资性房地产			其他非流动负债		
固定资产			非流动负债合计		
在建工程			负债合计		
生产性生物资产			所有者权益（或股东权益）：		
油气资产			实收资本（或股本）		
无形资产			其他权益工具		
研发支出			资本公积		
商誉			减：库存股		

续 表

资　产	年初余额	期末余额	负债和所有者权益（或股东权益）	年初余额	期末余额
长期待摊费用			其他综合收益		
递延所得税资产			盈余公积		
其他非流动资产			未分配利润		
非流动资产合计			所有者权益（或股东权益）合计		
资产总计			负债和所有者权益（或股东权益）总计		

二、资产负债表的编制方法

（一）资产负债表中的“年初数”和“期末数”

企业会计准则规定：会计报表至少应当反映相关两个期间的比较数据。也就是说，企业需要提供比较资产负债表，所以，资产负债表各项目需要分为“年初数”和“期末数”两栏分别填列。

表中“年初数”栏内各项目数字，应根据上年年末资产负债表“期末数”栏内所列数字填列，如果本年度资产负债表规定的各个项目的名称和内容同上年度不相一致，应对上年年末资产负债表各项目的名称和数字按照本年度的规定进行调整，按调整后的数字填入本表“年初数”栏内。

“期末数”是指某一会计期末的数字，即月末、季末、半年末或年末的数字。资产负债表各项目“期末数”栏内的数字，可通过以下几种方式取得：

（1）根据总账余额直接填列。例如，“短期借款”“应收股利”等项目。

（2）根据总账余额计算填列。例如，“货币资金”项目，需要根据“库存现金”“银行存款”“其他货币资金”账户的期末余额合计数填列。

（3）根据明细账余额计算填列。例如，“应付票据及应付账款”项目，需要根据“应付票据及应付账款”“预付账款”账户所属相关明细账的期末贷方余额计算填列。

（4）根据总账和明细账余额分析计算填列。例如，“长期借款”项目，需要根据“长期借款”总账期末余额，扣除“长期借款”总账所属明细账中反映的、将于1年内到期的长期借款部分，分析计算填列。

（5）根据有关账户余额减去其备抵账户余额后的净额填列。例如，“无形资产”项目是用“无形资产”账户余额减去“累计摊销”和“无形资产减值准备”账户余额后的净额填列。

（二）资产负债表中各项目的填列方法

（1）“货币资金”项目，反映企业库存现金、银行存款、外埠存款、银行汇票存款、银行本票存款、信用证保证金存款等的合计数。本项目应根据“库存现金”“银行存款”“其他货币资金”账户的期末余额合计填列。

(2)“交易性金融资产”项目，反映资产负债表日企业分类为以公允价值计量且其变动计入当期损益的金融资产，以及企业持有的指定为以公允价值计量且其变动计入当期损益的金融资产的期末账面价值。该项目应根据“交易性金融资产”科目的相关明细科目期末余额分析填列。自资产负债表日起超过一年到期且预期持有超过一年的以公允价值计量且其变动计入当期损益的非流动金融资产的期末账面价值，在“其他非流动金融资产”项目反映。

(3)“应收票据”项目，反映资产负债表日以摊余成本计量的，企业因销售商品、提供服务等收到的商业汇票，包括银行承兑汇票和商业承兑汇票。该项目应根据“应收票据”科目的期末余额，减去“坏账准备”科目中相关坏账准备期末余额后的金额分析填列。

(4)“应收账款”项目反映资产负债表日以摊余成本计量的，企业因销售商品、提供服务等经营活动应收取的款项。该项目应根据“应收账款”科目与“预收账款”科目的期末借方余额，减去“坏账准备”科目中相关坏账准备期末余额后的金额分析填列。

(5)“其他应收款”项目，反映企业除应收票据、应收账款、预付账款以外的应收和暂付其他单位和个人的款项，应根据“应收利息”“应收股利”“其他应收款”账户的期末余额合计数，减去“坏账准备”账户中相关坏账准备期末余额后的金额填列。“应收股利”项目，反映企业因股权投资而应收取的现金股利，企业应收其他单位的利润，也包括在本项目内，本项目应根据“应收股利”账户的期末余额填列。“应收利息”项目，反映企业因债权投资而应收取的利息，本项目应根据“应收利息”账户的期末余额填列。

(6)“预付款项”项目，反映企业预付给供应单位的款项。本项目应根据“预付账款”账户所属各明细账的期末借方余额合计填列。如“预付账款”账户所属有关明细账期末有贷方余额的，应在本表“应付账款”项目内填列。如“应付账款”账户所属明细账有借方余额的，也应包括在本项目内。

(7)“存货”项目，反映企业期末库存、在途和加工中的各项存货的价值，包括各种材料、商品、在产品、半成品、包装物、低值易耗品等。本项目应根据“在途物资”(或“材料采购”)、“原材料”“库存商品”“周转材料”“委托加工物资”“生产成本”等账户的期末余额合计，减去“存货跌价准备”账户期末余额后的金额填列。原材料或采用计划成本核算的企业，还应按加或减材料成本差异后的金额填列。

(8)“其他流动资产”项目，反映企业除以上流动资产项目外的其他流动资产，本项目应根据有关账户的期末余额填列。如其他流动资产价值较大，应在会计报表附注中披露其内容和金额。

(9)“其他债权投资”项目，反映资产负债表日企业分类为以公允价值计量且其变动计入其他综合收益的长期债权投资的期末账面价值。该项目应根据“其他债权投资”科目的相关明细科目期末余额分析填列。自资产负债表日起一年内到期的长期债权投资的期末账面价值，在“一年内到期的非流动资产”项目反映。企业购入的以公允价值计量且其变动计入其他综合收益的一年内到期的债权投资的期末账面价值，在“其他流动资产”项目反映。

(10)“债权投资”项目，反映资产负债表日企业以摊余成本计量的长期债权投资的期末账面价值。该项目应根据“债权投资”账户的相关明细账户期末余额，减去“债权投资减值准备”账户中相关减值准备的期末余额后的金额分析填列。自资产负债表日起一年内到期的长期债权投资期末账面价值，在“一年内到期的非流动资产”项目反映。企业购入的以摊余成本计量的一年内到期的债权投资的期末账面价值，在“其他流动资产”项目反映。

（11）“长期应收款”项目，反映企业应收期限在一年以上的款项。本项目应根据“长期应收款”账户的期末余额减去相应的“未实现融资收益”账户期末余额和“坏账准备”账户期末余额，再减去所属相关明细账中将于一年内到期的部分后的金额进行填列。

（12）“长期股权投资”项目，反映企业不准备在一年内（含一年）变现的各种股权性质投资的可收回金额。本项目应根据“长期股权投资”账户的期末余额，减去“长期股权投资减值准备”账户余额后的金额填列。

（13）“其他权益工具投资”项目，反映资产负债表日企业指定为以公允价值计量且其变动计入其他综合收益的非交易性权益工具投资的期末账面价值。该项目应根据“其他权益工具投资”账户的期末余额填列。

（14）“投资性房地产”项目，反映企业拥有的用于出租的建筑物和土地使用权的金额。本项目应根据“投资性房地产”账户的期末余额填列。

（15）“固定资产”项目，反映资产负债表日企业固定资产的期末账面价值和企业尚未清理完毕的固定资产清理净损益。该项目应根据“固定资产”账户余额减去“累计折旧”和“固定资产减值准备”账户期末余额后的金额，以及“固定资产清理”账户的期末余额填列。“固定资产清理”项目，反映企业因出售、毁损、报废等原因转入清理但尚未清理完毕的固定资产的账面价值，与固定资产清理过程中所发生的清理费用和变价收入等各项金额的差额。

（16）“在建工程”项目，反映资产负债表日企业尚未达到预定可使用状态的在建工程的期末账面价值和企业为在建工程准备的各种物资的期末账面价值。该项目应根据“在建工程”账户的期末余额，减去“在建工程减值准备”账户期末余额后的金额，以及“工程物资”账户的期末余额，减去“工程物资减值准备”账户的期末余额后的金额填列。

（17）“无形资产”项目，反映企业各项无形资产的期末可收回金额。本项目应根据“无形资产”账户的期末余额，减去“累计摊销”和“无形资产减值准备”账户期末余额后的金额填列。

（18）“研发支出”项目，反映企业自行研究开发无形资产在期末尚未完成开发阶段的无形资产的价值。本项目应根据“研发支出”账户的期末余额填列。

（19）“长期待摊费用”项目，反映企业尚未摊销的摊销期限在一年以上（不含一年）的各种费用，如租入固定资产改良支出、摊销期限在一年以上（不含一年）的其他待摊费用。本项目应根据“长期待摊费用”账户的期末余额填列。

（20）“其他非流动资产”项目，反映企业除以上资产以外的其他长期资产。本项目根据有关账户的期末余额填列。如其他非流动资产价值较大，应在会计报表附注中披露其内容和金额。

（21）“短期借款”项目，反映企业借入尚未归还的一年期以下（含一年）的借款。本项目应根据“短期借款”账户的期末余额填列。

（22）“交易性金融负债”项目，反映企业资产负债表日承担的交易性金融负债，以及企业持有的直接指定为以公允价值计量且其变动计入当期损益的金融负债的期末账面价值。本项目应根据“交易性金融负债”科目的相关明细科目期末余额填列。

(23)“应付票据”项目，反映资产负债表日以摊余成本计量的、企业因购买材料、商品和接受服务等开出、承兑的商业汇票，包括银行承兑汇票和商业承兑汇票。本项目应根据“应付票据”科目的期末余额填列。

(24)“应付账款”项目反映资产负债表日以摊余成本计量的，企业因购买材料、商品和接受服务等经营活动应支付的款项。本项目应根据“应付账款”和“预付账款”科目所属的相关明细科目的期末贷方余额合计数填列。

(25)“预收款项”项目，反映企业预收购买单位的账款。本项目应根据“预收账款”和“应收账款”账户所属各有关明细账户的期末贷方余额合计填列。如“预收账款”账户所属有关明细账户有借方余额的，应在本表“应收账款”项目内填列。

(26)“应付职工薪酬”项目，反映企业应付未付的职工薪酬。应付职工薪酬包括应付职工的工资、奖金、津贴和补贴、职工福利费和医疗保险费、养老保险费等各种保险费以及住房公积金等。本项目应根据“应付职工薪酬”账户期末贷方余额填列。如“应付职工薪酬”账户期末有借方余额，以“－”号填列。

(27)“应交税费”项目，反映企业期末未交、多交或未抵扣的各种税金和其他费用。本项目应根据“应交税费”账户的期末贷方余额填列。如“应交税费”账户期末为借方余额，以“－”号填列。

(28)“其他应付款”项目，应根据“应付利息”“应付股利”“其他应付款”账户的期末余额合计数填列。“其他应付款”项目，反映企业除应付票据、应付账款、应付工资、应付利润等以外的应付和暂收其他单位和个人的款项；本项目应根据“其他应付款”账户的期末余额填列。“应付股利”项目，反映企业尚未支付的现金股利；本项目应根据“应付股利”账户的期末余额填列。

(29)“其他流动负债”项目，反映企业除以上流动负债以外的其他流动负债。本项目应根据有关账户的期末余额填列。如其他流动负债价值较大，应在会计报表附注中披露其内容及金额。

(30)“长期借款”项目，反映企业借入尚未归还的一年期以上(不含一年)的借款本息。本项目应根据“长期借款”账户的期末余额填列。

(31)“应付债券”项目，反映企业发行的尚未偿还的各种长期债券的本息。本项目应根据“应付债券”账户的期末余额填列。

(32)“长期应付款”项目，反映企业除长期借款和应付债券以外的其他各种长期应付款项。本项目应根据“长期应付款”账户的期末余额，减去相应的“未确认融资费用”账户期末余额，再减去所属相关明细账将于一年内到期的部分后的金额，以及“专项应付款”账户的期末余额填列。其中，“专项应付款”项目，反映企业取得的政府作为所有者投入的具有专项或特定用途的款项；本项目应根据“专项应付款”账户的期末余额填列。

(33)“预计负债”项目，反映企业确认的对外提供担保、未决诉讼、产品质量保证等事项的预计负债的期末余额。本项目应根据“预计负债”账户的期末余额填列。

(34)“其他非流动负债”项目，反映企业除以上非流动负债项目以外的其他非流动负债。本项目应根据有关账户的期末余额填列。如其他非流动负债价值较大，应在会计报表附注中披露其内容和金额。

上述非流动负债各项目中将于一年内(含一年)到期的负债,应在“一年内到期的非流动负债”项目内单独反映。上述非流动负债各项目均应根据有关账户期末余额减去将于一年内(含1年)到期的非流动负债后的金额填列。

(35)“实收资本(或股本)”项目,反映企业各投资者实际投入的资本(或股本)总额。本项目应根据“实收资本(或股本)”账户的期末余额填列。

(36)“资本公积”项目,反映企业资本公积的期末余额。本项目应根据“资本公积”账户的期末余额填列。

(37)“盈余公积”项目,反映企业盈余公积的期末余额。本项目应根据“盈余公积”账户的期末余额填列。

(38)“未分配利润”项目,反映企业尚未分配的利润。本项目应根据“本年利润”账户和“利润分配”账户的余额计算填列,未弥补的亏损,在本项目内以“－”号填列。

三、资产负债表的编制方法举例

【例9－1】 赣江股份有限公司2×21年12月31日全部总账和有关明细账余额见表9－2。

表9－2　总账和有关明细账余额表

总　账	明细账户	借方余额	贷方余额	总　账	明细账户	借方余额	贷方余额
库存现金		20 000		短期借款			1 200 000
银行存款		300 000		应付账款			200 000
交易性金融资产		280 000			F企业		140 000
应收账款		460 000			H企业	100 000	
	A企业	200 000			W企业		160 000
	B企业		40 000	预收账款			20 000
	C企业	300 000			U企业		80 000
预付账款		94 000			V企业	60 000	
	D企业	100 000		其他应付款			640 000
	E企业		6 000	应付职工薪酬			694 000
其他应收款		160 000		应交税费			1 200 000
原材料		540 000		应付股利			460 000
生产成本		160 000		长期借款			1 280 000
库存商品		440 000		实收资本			5 600 000
长期股权投资		4 540 000		盈余公积			1 480 585
固定资产		14 000 000		利润分配	未分配利润		9 190 145

续 表

总　账	明细账户	借方余额	贷方余额	总　账	明细账户	借方余额	贷方余额
累计折旧			1 200 000				
无形资产		1 630 730					
长期待摊费用		80 000					

根据上述资料，编制该公司2×21年12月31日的资产负债表，如表9-3所示。

表9-3　资产负债表

编制单位：赣江股份有限公司　　2×21年12月31日　　单位：元

资　产	期末数	负债和所有者权益（或股东权益）	期末数
流动资产：		流动负债：	
货币资金	320 000	短期借款	1 200 000
交易性金融资产	280 000	应付账款	306 000
应收账款	560 000	预收款项	120 000
预付款项	200 000	其他应付款	640 000
其他应收款	160 000	应付职工薪酬	694 000
存货	1 140 000	应交税费	1 200 000
其他流动资产			
流动资产合计	2 660 000	其他流动负债	
非流动资产：		流动负债合计	4 160 000
长期股权投资	4 540 000	非流动负债：	
固定资产	12 800 000	长期借款	1 280 000
固定资产清理		应付债券	
在建工程		长期应付款	
无形资产	1 630 730	非流动负债合计	1 280 000
长期待摊费用	80 000	负债合计	5 440 000
其他非流动资产		所有者权益（或股东权益）：	
非流动资产合计	19 050 730	实收资本（或股本）	5 600 000
		资本公积	
		盈余公积	1 480 585
		未分配利润	9 190 145
		所有者权益（或股东权益）合计	16 270 730
资产总计	21 710 730	负债和所有者权益（或股东权益）总计	21 710 730

第三节　利润表

一、利润表的内容与格式

利润表属于动态报表，是反映企业在一定会计期间经营成果的报表，主要提供有关企业经营成果方面的信息。通过利润表，可以反映企业一定会计期间的收入实现情况和费用耗费情况；可以反映企业一定会计期间生产经营活动的成果，据以判断资本保值、增值情况。

一般情况下，利润表主要反映以下几个方面的内容：① 构成营业利润的各项要素。从营业收入出发，减去营业成本、营业税金及附加、销售费用、管理费用、财务费用等项目后得出营业利润。② 构成利润总额的各项要素。在营业利润的基础上，加上营业外收入、减去营业外支出等项目后得出。③ 构成净利润的各项要素。在利润总额的基础上，减去所得税费用后得出。

利润表一般有表首、正表两部分。其中，表首概括地说明报表名称、编制单位、报表所属期间、报表编号、货币名称、计量单位等；正表反映形成经营成果的各个项目和计算过程。

利润表正表的格式一般有两种：单步式利润表和多步式利润表。单步式利润表是将当期所有的收入列在一起，然后将所有的费用列在一起，两者相减得出当期净利润。多步式利润表是通过对当期的收入、费用、支出项目按性质或功能加以归类，按利润形成的主要环节列示一些中间性利润指标，如营业利润、利润总额、净利润，分步计算当期净利润。在我国，利润表一般采用多步式，具体格式和内容如表 9－4 所示。

表 9－4　利润表

编制单位：　　　　　　　　　　____年____月　　　　　　　　　　单元：元

项　目	本期金额	上期金额
一、营业收入		
减：营业成本		
税金及附加		
销售费用		
管理费用		
研发费用		
财务费用		
其中：利息费用		
利息收入		
加：其他收益		
投资收益(损失以“－”号填列)		

续 表

项　目	本期金额	上期金额
公允价值变动收益(损失以"－"号填列)		
信用减值损失(损失以"－"号填列)		
资产减值损失(损失以"－"号填列)		
资产处置收益		
二、营业利润(亏损以"－"号填列)		
加:营业外收入		
减:营业外支出		
三、利润总额(亏损总额以"－"号填列)		
减:所得税费用		
四、净利润(净亏损以"－"号填列)		
五、其他综合收益的税后净额(略)		
六、综合收益总额		
七、每股收益		
(一)基本每股收益		
(二)稀释每股收益		

二、利润表的编制方法

(一)利润表中的"本期数"与"上期数"

会计准则中规定:会计报表中至少应当反映相关两个期间的比较数据。也就是说,企业需要提供比较利润表,所以利润表各项目需要分为"本期数"和"上期数"两栏分别填列。

利润表中"本期数"栏反映各项目的本期实际发生数。在编报某月、某季度、某半年利润表时,填列上年同期实际发生数;在编报年度利润表时,填列上年全年实际发生数。如果上年度利润表与本年度利润表的项目名称和内容不相一致,应对上年度利润表项目的名称和数字按本年度的规定进行调整,填入本表"上期数"栏。

(二)利润表中各项目的填列方法

利润表中各项目的金额,一般是根据有关账户的本期发生额来填列的。"本期数"栏内各项数字,根据以下方法填列:

(1)"营业收入"项目,反映企业经营主要业务和其他业务所取得的收入总额。本项目应根据"主营业务收入"账户和"其他业务收入"账户的发生额合计分析填列。

(2)"营业成本"项目,反映企业经营主要业务和其他业务发生的实际成本总额。本项目应根据"主营业务成本"账户和"其他业务成本"账户的发生额合计分析填列。

(3)"税金及附加"项目,反映企业经营业务应负担的消费税、城市维护建设税、资源税、教育费附加及房产税、城镇土地使用税、车船税、印花税等。本项目应根据“税金及附加”账户的发生额分析填列。

(4)“销售费用”项目,反映企业在销售商品过程中发生的包装费、广告费等费用和为销售本企业商品而专设的销售机构的职工薪酬、业务费等经营费用。本项目应根据“销售费用”账户的发生额分析填列。

(5)“管理费用”项目,反映企业为组织和管理生产经营发生的管理费用。本项目应根据“管理费用”账户的发生额分析填列。

(6)“财务费用”项目,反映企业为筹集生产经营所需资金而发生的利息支出等。本项目应根据“财务费用”账户的发生额分析填列。

其中:“利息费用”项目,反映企业为筹集生产经营所需资金等而发生的应予费用化的利息支出,该项目应根据“财务费用”账户的相关明细账户的借方发生额分析填列。“利息收入”项目,反映企业确认的利息收入,该项目应根据“财务费用”账户的相关明细账户的贷方发生额分析填列。

(7)“资产减值损失”项目,反映企业因资产减值而发生的损失。本项目应根据“资产减值损失”账户的发生额分析填列。

(8)“信用减值损失”项目,反映企业按照《企业会计准则第 22 号——金融工具确认和计量》的要求计提的各项金融工具减值准备所形成的预期信用损失。该项目应根据“信用减值损失”账户的发生额分析填列。

(9)“其他收益”项目,反映计入其他收益的政府补助。该项目应根据在损益类账户新设置的“其他收益”账户发生额分析填列。

(10)“投资收益”项目,反映企业以各种方式对外投资所取得的净收益。本项目应根据“投资收益”账户的发生额分析填列;如为投资净损失,以“－”号填列。

(11)“公允价值变动收益”项目,反映企业资产因公允价值变动而发生的损益。本项目应根据“公允价值变动损益”账户的发生额分析填列,如为净损失,以“－”号填列。

(12)“资产处置收益”项目,反映企业出售划分为持有待售的非流动资产或处置时确认的利得或损失,以及处置未划分为持有待售的固定资产、在建工程、生产性生物资产及无形资产而产生的处置利得或损失。本项目应根据在损益类账户中新设置的“资产处置收益”账户的发生额分析填列;如为处置损失,以“－”号填列。

(13)“营业外收入”项目,反映企业发生的与其经营活动无直接关系的各项收入。本项目应根据“营业外收入”账户的发生额分析填列。

(14)“营业外支出”项目,反映企业发生的与其经营活动无直接关系的各项支出。本项目应根据“营业外支出”账户的发生额分析填列。

(15)“所得税费用”项目,反映企业按规定从本期利润总额中减去的所得税。本项目应根据“所得税费用”账户的发生额分析填列。

(16)“净利润”项目,反映企业实现的净利润。如为净亏损,以“－”号填列。

(17)“其他综合收益的税后净额”和“综合收益总额”项目。“其他综合收益的税后净额”反映企业未在当期损益中确认的各项利得和损失扣除所得税影响后的净额。“综合收益总额”反映净利润和其他综合收益扣除所得税影响后的净额相加后的合计数额。“其他综合收益的税后净额”项目根据有关科目的明细发生额分析计算填列，“综合收益总额”项目根据本表中相关项目计算填列。

(18)“基本每股收益”和“稀释每股收益”项目，反映企业根据每股收益准则计算的两种每股收益指标的金额。

（三）利润表的编制流程

第一步，以营业收入为基础，减去营业成本、税金及附加、销售费用、管理费用、财务费用、资产减值损失，加上其他收益、投资收益、公允价值变动收益和资产处置收益，计算出营业利润；

第二步，以营业利润为基础，加上营业外收入，减去营业外支出，计算出利润总额；

第三步，以利润总额为基础，减去所得税费用，计算出净利润(或净亏损)；

第四步，以根据企业会计准则规定未在损益中确认的各项利得和损失扣除所得税影响后的净额为基础，计算其他综合收益的税后净额；

第五步，以净利润(或净亏损)和其他综合收益的税后净额为基础，计算综合收益总额；

第六步，以净利润(或净亏损)为基础，计算每股收益。

【例 9－2】 赣江股份有限公司 2×21 年的有关收入、费用类账户的发生额资料如下：

主营业务收入	3 600 000 元
主营业务成本	1 200 000 元
税金及附加	80 000 元
管理费用	152 000 元
财务费用	48 000 元
销售费用	100 000 元
投资收益	200 000 元
营业外收入	30 000 元
营业外支出	15 000 元
其他业务收入	180 000 元
其他业务成本	100 000 元
所得税费用	578 750 元

该公司 2×20 年的利润表有关数据如表 9－5 所示。

表 9－5　2×20 年利润表

编制单位：赣江股份有限公司　　　　2×20 年　　　　单位：元

项　目	本期数	上期数
一、营业收入	2 150 000	
减：营业成本	940 000	
税金及附加	150 000	
销售费用	130 000	
管理费用	154 000	
财务费用	86 000	

续　表

项　目	本期数	上期数
资产减值损失		略
加:公允价值变动收益		
投资收益	120 000	
二、营业利润	810 000	
加:营业外收入	45 000	
减:营业外支出	14 500	
三、利润总额	840 500	
减:所得税费用	210 125	
四、净利润	630 375	

根据上述2×20年利润表及2×21年有关资料，编制2×21年利润表，如表9-6所示。

表9-6　2×21年利润表

编制单位:赣江股份有限公司　　2×21年　　单位:元

项　目	本期数	上期数
一、营业收入	3 780 000	2 150 000
减:营业成本	1 300 000	940 000
营业税金及附加	80 000	150 000
销售费用	100 000	130 000
管理费用	152 000	154 000
财务费用	48 000	86 000
资产减值损失		
加:公允价值变动收益		
投资收益	200 000	120 000
二、营业利润	2 300 000	810 000
加:营业外收入	30 000	45 000
减:营业外支出	15 000	14 500
三、利润总额	2 315 000	840 500
减:所得税费用	578 750	210 125
四、净利润	1 736 250	630 375

第四节　现金流量表

一、现金流量表的定义及内容

现金流量表，是反映企业一定会计期间现金及现金等价物流入和流出情况的报表，属于动态报表。企业编制现金流量表的主要目的，是为会计报表使用者提供企业一定会计期间内现金和现金等价物流入和流出的信息，以便于会计报表使用者了解和评价企业获取现金和现金等价物的能力，并据以预测企业未来现金流量。所以，现金流量表在评价企业经营业绩，衡量企业财务资源和财务风险以及预测企业未来前景方面，有着十分重要的作用。现金流量表有助于评价企业支付能力、偿债能力和周转能力，有助于预测企业未来现金流量，有助于分析企业收益质量及影响现金净流量的因素。

在现金流量表中，企业应当按照经营活动、投资活动和筹资活动的现金流量分类分项列示。经营活动的现金流量应当按照其经营活动的现金流入和流出的性质分项列示；投资活动的现金流量应当按照其投资活动的现金流入和流出的性质分项列示；筹资活动的现金流量应当按照其筹资活动的现金流入和流出的性质分项列示。

（一）经营活动产生的现金流量

经营活动是指企业投资活动和筹资活动以外的所有交易和事项，即除投资活动和筹资活动以外的所有交易和事项，都可归属于经营活动。对于工商企业而言，经营活动主要包括销售商品、提供劳务、购买商品、接受劳务、支付税费等。

通常情况下，经营活动产生的现金流入项目主要有：销售商品、提供劳务收到的现金；收到的税费返还；收到的其他与经营活动有关的现金。经营活动产生的现金流出项目主要有：购买商品、接受劳务支付的现金；支付给职工以及为职工支付的现金；支付的各项税费；支付的其他与经营活动有关的现金。

（二）投资活动产生的现金流量

投资活动是指企业长期资产的购建和不包括在现金等价物范围内的投资及其处置活动。

通常情况下，投资活动产生的现金流入项目主要有：收回投资所收到的现金；取得投资收益所收到的现金；处置固定资产、无形资产和其他长期资产所收回的现金净额；收到的其他与投资活动有关的现金。投资活动产生的现金流出项目主要有：购建固定资产、无形资产和其他长期资产所支付的现金；投资所支付的现金；支付的其他与投资活动有关的现金。

（三）筹资活动产生的现金流量

筹资活动是指导致企业资本及债务规模和构成发生变化的活动。

通常情况下，筹资活动产生的现金流入项目主要有：吸收投资所收到的现金；取得借款所收到的现金；收到的其他与筹资活动有关的现金。筹资活动产生的现金流出项目主要有：偿还债务所支付的现金；分配股利、利润或偿付利息所支付的现金；支付的其他与筹资活动有关的现金。

需要注意的是，对于企业日常活动之外特殊的、不经常发生的特殊项目，如自然灾害损失、保险赔款、捐赠等，企业应当将其归并到相关类别中单独反映。

二、现金流量表的编制基础

现金流量表是以现金及现金等价物为基础编制的，这里的现金包括库存现金、可以随时用于支付的存款。具体包括以下内容。

（一）库存现金

库存现金，是指企业持有的、可随时用于支付的现金。

（二）银行存款

银行存款，是指企业存在金融企业、随时可以用于支付的存款。它与银行存款账户核算的银行存款基本一致，主要的区别是编制现金流量表所指的银行存款是可以随时用于支付的银行存款，如结算户存款、通知存款等。

（三）其他货币资金

其他货币资金，是指企业存在金融企业、有特定用途的资金，也就是其他货币资金账户核算的银行存款，如外埠存款、银行汇票存款、银行本票存款、信用证保证金存款、在途货币资金等。

（四）现金等价物

现金等价物，是指企业持有的期限短、流动性强、易于转换为已知金额的现金、价值变动风险很小的投资。这一定义本身包含了判断一项投资是否属于现金等价物的四个条件，即期限短、流动性强、易于转换为已知金额的现金、价值变动风险较小。其中，期限短、流动性强，强调了变现能力，而易于转换为已知金额的现金、价值变动风险较小，则强调了支付能力的大小。

三、现金流量表的格式

现金流量表分为两部分，第一部分为表首，第二部分为正表。

表首概述地说明报表名称、编制单位、报表所属年度、报表编号、货币名称、计量单位等。正表反映现金流量表的各项内容。正表内容有五项：一是经营活动产生的现金流量；二是投资活动产生的现金流量；三是筹资活动产生的现金流量；四是汇率变动对现金的影响；五是现金及现金等价物净增加额。其格式和内容如表 9－7 所示。

表 9－7　现金流量表

编制单位：　　　　　　　　年度　　　　　　　　单位：元

行　次	项　目	金　额
1	一、经营活动产生的现金流量	
2	销售商品、提供劳务收到的现金	
3	收到的税费返还	
4	收到的其他与经营活动有关的现金	
5	现金流入小计	

续 表

行 次	项 目	金 额
6	购买商品、接受劳务支付的现金	
7	支付给职工以及为职工支付的现金	
8	支付的各项税费	
9	支付的其他与经营活动有关的现金	
10	现金流出小计	
11	经营活动产生的现金流量净额	
12	二、投资活动产生的现金流量	
13	收回投资所收到的现金流量	
14	取得投资收益所收到的现金	
15	处置固定资产、无形资产和其他长期资产所收回的现金净额	
16	收到的其他与投资活动有关的现金	
17	现金流入小计	
18	购建固定资产、无形资产和其他长期资产所支付的现金	
19	投资所支付的现金	
20	支付的其他与投资活动有关的现金	
21	现金流出小计	
22	投资活动产生的现金流量净额	
23	三、筹集活动产生的现金流量	
24	吸收投资所收到的现金	
25	借款所收到的现金	
26	收到的其他与筹资活动有关的现金	
27	现金流入小计	
28	偿还债务所支付的现金	
29	分配股利、利润或偿付利息所支付的现金	
30	支付的其他与筹资活动有关的现金	
31	现金流出小计	
32	筹集活动产生的现金流量净额	
33	四、汇率变动对现金的影响	
34	五、现金及现金等价物净增加额	

第五节　所有者权益(或股东权益)变动表

所有者权益(或股东权益)变动表是反映企业年末所有者权益(或股东权益)增减变动情况的报表。通过该表,可以了解企业某一会计年度所有者权益(或股东权益)的各项目实收资本(或股本)、资本公积、盈余公积和未分配利润等的增加、减少及其余额的情况,分析其变动原因及预测未来的变动趋势。

按照《企业会计准则第 30 号——财务报表列报》的规定,所有者权益(或股东权益)变动表至少应当单独列示下列信息项目:① 综合收益总额;② 会计政策变更和差错更正的累计影响金额;③ 所有者投入的资本和向所有者分配的利润等;④ 按照规定提取的盈余公积;⑤ 所有者权益各组成部分的期初和期末余额及其调节情况。

为了清楚地表明构成所有者权益的各组成部分当期的增减变动情况,所有者权益变动表应当以矩阵的形式列示:一方面,列示导致所有者权益变动的交易或事项,不再仅仅按照所有者权益的各组成部分反映所有者权益变动情况,而是从所有者权益变动的来源对一定时期所有者权益变动情况进行全面反映;另一方面,按照所有者权益各组成部分(包括实收资本、资本溢价、其他综合收益、盈余公积、未分配利润和库存股等)及其总额列示交易或事项对所有者权益的影响。此外,企业还需要提供比较所有者权益变动表,所有者权益变动表还就各项目再分为"本年金额"和"上年金额"两栏分别填列。

第六节　报表之间勾稽关系

各项报表之间的关系,不是孤立存在的,它们之间存在一定的联系,下面从报表所反映的内容来分析各种报表之间的关系。

一、报表之间的勾稽关系

资产负债表、利润表、现金流量表和所有者权益变动表直接有着密切的关系,它们所提供的指标虽然重点不同,但各报表的指标之间存在一定的勾稽关系。清楚各个报表之间的勾稽关系,有利于信息使用者更深刻地理解财务报表的内涵。

(一)会计报表项目之间基本勾稽关系

会计报表项目之间基本勾稽关系包括以下几点:资产=负债+所有者权益;收入-费用=利润;现金流入-现金流出=现金净流量;资产负债表、利润表及现金流量表分别与其附表、附注、补充资料等相互勾稽等。在会计报表基本勾稽关系中,前三项勾稽关系,分别是资产负债表、利润表及现金流量表的基本平衡关系。

(二)会计报表项目之间具体勾稽关系

(1) 利润表中,本期"净利润"+资产负债表中期初"未分配利润"-所有者权益变动表中本期"利润分配"=资产负债表本期"未分配利润"。

(2) 所有者权益变动表中本期"净利润"=利润表中本期"净利润"。

(3) 所有者权益变动表中"本年年末余额合计"=资产负债表中"本年年末所有者权益合计"。

二、四表之间内容的比较

资产负债表、利润表、现金流量表和所有者权益变动表分别从不同的角度反映企业的经济活动，各自有着不同的作用。在使用时不能局限于某一张报表，而是在全面了解与分析所有财务报表的基础之上，认真分析它们之间的联系和区别，从而真正发挥财务报表在经济管理中的作用。各报表之间的内容比较见表 9-8。

表 9-8　各报表之间的内容比较

项　目	资产负债表	利润表	现金流量表	所有者权益变动表
1. 编制基础	权责发生制	权责发生制	收付实现制	权责发生制
2. 数据性质	时点数	时期数	时期数	时期数
3. 填列依据	所有账户期初、期末余额	损益类账户本期发生额	现金及现金等价物本期发生额	所有者权益类账户和"以前年度损益调整"等账户的期初余额和本期发生额
4. 报表作用	反映企业某一时点所拥有、控制的经济资源的来源与分布情况	反映某一时期的经营成果及构成情况	反映企业某一时期现金及现金等价物的来龙去脉	反映企业构成所有者权益的各组成部分某一时期的增减变动情况
5. 会计方程式	资产＝负债＋所有者权益	收入－费用＝利润	现金流入－现金流出＝现金净流量	本年末余额＝本年年初余额＋(－)本年增减变动金额

资产负债表、利润表、现金流量表和所有者权益变动表等组成了一个财务报表体系，分别揭示了企业在一定时期的财务状况、经营成果、财务状况变动情况和所有者权益变动等情况的全貌。它们从不同侧面反映企业的财务状况和经营成果的构成情况，更好地满足信息使用者多方面的需求。

第七节　财务报表附注

一、会计报表附注概述

会计报表附注是对资产负债表、利润表、现金流量表和所有者权益变动表等报表中列示项目的文字或明细资料，以及对未能在这些报表中列示项目的说明等。

财务报表中的数字是经过分类与汇总后的结果，是对企业发生的经济业务的高度简化和浓缩的数字，如果没有形成这些数字所使用的会计政策和理解这些数字所必需的披露，财务报表就不可能充分发挥效用。因此，附注与资产负债表、利润表、现金流量表、所有者权益变动表等财务报表具有同等的重要性，是财务报表的重要组成部分。财务报表使用者要了解企业的财务状况、经营成果和现金流量，应当全面阅读附注。

二、会计报表附注的内容

根据《企业会计准则第 30 号——财务报表列报》的规定，会计报表附注应包含的主要内容有：企业的基本情况；财务报表的编制基础；遵循企业会计准则的声明；重要会计政策和会计估计；会计政策和会计估计变更以及差错更正的说明；报表重要项目的说明；或有和承诺事项、资产负债表日后非调整事项、关联方关系及其交易等需要说明的事项；有助于财务报表使用者评价企业管理资本的目标、政策及程序的信息。

企业应当在附注中披露在资产负债表日后、财务报表批准报出日前提议或宣布发放的股利总额和每股股利总额（或向投资者分配利润总额）。

本章小结

编制财务报表是会计核算的专门方法之一，也是会计核算公司的最终环节。由于财务报表是传递会计信息的一个重要手段，因此，每一个企事业单位必须根据审核无误的会计资料，定期编制财务报表。

企业的财务报表主要包括资产负债表、利润表、现金流量表和所有者权益变动表。

(1) 资产负债表是根据“资产＝负债＋所有者权益”这一基本会计恒等式的原理设计和编制的报表，是反映企业在一定日期财务状况的静态报表。

(2) 利润表是根据“收入－费用＝利润”这一基本会计恒等式的原理设计和编制的报表，是反映企业一定时期经营成果的动态财务报表。

(3) 现金流量表是依据“现金流入－现金流出＝现金流量净额”这一基本会计式来设计和编制的报表，是反映企业一定期间现金流入、流出及增减净额的动态报表。

(4) 所有者权益变动表是根据“上年年末余额＋(－)本年增减变动金额＝本年年末余额”的这一基本关系式来设计和编制的报表，是反映企业所有者权益构成及其变动情况的报表。

资产负债表、利润表、现金流量表、所有者权益变动表及附注组成了一个完整的财务报表体系，分别揭示了企业一定期间的财务状况、经营成果、财务状况变动情况和所有者权益变动等情况的全貌。财务报表的附注可以使信息使用者更加透彻地理解、使用财务报表，它可以更好地满足信息使用者多方面的需求。

知识拓展　　上市公司信息披露制度要点解析

信息披露制度也称为公示制度，是国家要求与证券发行和交易有关的组织或机构，依法披露相关信息。要求及时、完整、准确、真实地披露和上市公司、证券交易有关的信息。而信息披露制度的诞生和发展，也是证券市场不断完善的一个过程。在早期的证券市场中，上市公司利用内幕信息进行交易，损害了投资者的利益。因此，政府要求上市公司披露涉及经营管理或影响公司运营状况的信息，信息披露制度应运而生。归根结底，信息披露制度的产生，也主要是为了减少投资者和上市公司之间的信息不对称情况，从而保护投资者的利益。

上市公司掌握大量内幕信息和一手信息，需要及时和投资者进行沟通和交流，因此成为信息披露的主要主体。上市公司信息披露主要分为三种形式。第一种是招股说明书、募集公告书与上市公告书；第二种是定期报告，比如上市公司定期发布的年报或季报；第三种是临时报告，涉及上市公司的重大事项，比如说上市公司的兼并和收购。

上市公司的定期报告包括年度报告、半年度报告和季度报告。这些报告的披露内容与格式主要由中国证监会颁布的《公开发行证券公司信息披露内容与格式准则第2号——年度报告的内容与格式》《公开发行证券公司信息披露内容与格式准则第3号——半年度报告的内容与格式》和《公开发行证券公司信息披露编报规则第13号——季度报告内容与格式特别规定》来规范。

在定期报告中，年度报告以其权威性（必须经过注册会计师审计）、全面性、完整性在定期报告中占有十分重要的地位。年报准则是上市公司编报年度报告的依据，为上市公司编报年度报告提出了最低要求，所以其完善程度直接决定了年度报告质量的高低。

在正文部分，我国上市公司年度报告共分为12个部分，分别是："重要提示及目录""公司基本情况简介""会计数据和业务数据摘要""股本变动及股东情况""董事、监事、高级管理人员和员工情况""公司治理结构""股东大会情况简介""董事会报告""监事会报告""重要事项""财务报告""备查文件目录"。

而半年度报告在年度报告基础上，省去了"会计数据和业务数据摘要""公司治理结构""股东大会情况简介""董事会报告""监事会报告""备查文件目录"6个部分，增加了"管理层讨论与分析"。

季报内容在半年度报告的基础上再次精简，省去了"股本变动及股东情况""董事、监事、高级管理人员和员工情况""重要事项"3个部分，"财务报告"则在"附录"中反映。

年报和半年报还有相对正文更为精简的摘要部分，但季报没有正文、摘要之分。

在"财务报告"部分中，年报和半年报均要求披露完整的合并会计报表和母公司会计报表，包括资产负债表、利润表及利润分配表、现金流量表，而且规定登载公开披露的财务数据应精确到元。而季报无须披露完整的财务报表，只需披露简要的合并利润表与合并资产负债表，财务数据以千元或万元为单位。利润表中数据按报告期、年初至报告期期末数分别披露，上年同期数无须披露；资产负债表的数据按年初、报告期期末数分别披露。

本章思考题

1. 什么是财务报告？它由哪些内容构成？
2. 什么是资产负债表？它有何重要作用？
3. 什么是利润表？它有何重要作用？
4. 资产负债表中各项目填列的依据是什么，各项目如何填列？
5. 利润表中各项目填列的依据是什么，各项目如何填列？
6. 什么是现金流量表？其结构是怎样的？
7. 所有者权益变动表包括哪些项目？
8. 会计报表附注有什么作用？哪些内容应在附注中披露？

第十章　会计核算组织程序

引入案例

某公司于2×15年成立，注册资本30万元。由于创办初期公司规模较小，主要从事商品生产和销售业务，记账一直采用记账凭证核算组织程序。随着经济业务的不断发展，到2×21年该公司注册资本已经扩大到了1 000万元，每年销售额达到1.8亿元，这时会计人员提出改用科目汇总表核算组织程序。

在上述案例中，该公司使用的是记账凭证核算组织程序，准备更换为科目汇总表核算组织程序。那么，什么是记账凭证核算组织程序？什么是科目汇总表核算组织程序？为什么需要改变会计核算组织程序？

学习目的与要求

1. 了解会计循环的含义及程序；
2. 了解会计组织核算程序的意义及种类；
3. 掌握科目汇总表和汇总记账凭证的编制方法；
4. 掌握在不同的核算组织程序下的核算步骤、适用范围；
5. 了解不同的会计核算组织程序之间的区别。

第一节　会计核算组织程序概述

一、会计核算组织程序的概念

（一）会计核算组织程序的基本概念

会计核算组织程序也称账务处理程序，或会计核算形式，它是指在会计循环中，会计主体采用的会计凭证、会计账簿、会计报表的种类和格式与记账程序有机结合的方法和步骤。

1. 会计循环

会计循环是指一个会计主体在一定的会计期间内，从经济业务发生取得或填制会计凭证起，到登记账簿，编制会计报表止的一系列处理程序。会计循环是会计信息产生的步骤，也可以说是会计核算的基本过程。由于每个企业单位的规模大小、经济业务的性质和繁简程度各有特点，在具体组织会计核算工作时，其具体要求也就有所不同，但会计处理的基本过程总体上是一致的。一般来说，所有的会计处理过程都需要经过证（会计凭证）、账（会计账簿）、表（财务报表）三个基本环节。

一个完整的会计循环一般包括以下 8 个步骤：

(1) 分析经济业务。

会计循环的第一步是遵循会计确认的基本标准对企业单位发生的各种经济活动进行分析，即决定记录什么。

企业单位在日常经营过程中会发生各种各样的经济活动，但并不是所有的经济活动都能通过会计工作进行处理。在会计上，我们把能引起会计要素增减变化进而可以确认与计量的经济活动称为经济业务。经济业务包括交易（对外经济业务）或事项（对内经济业务），所以分析经济业务也就是对交易或事项的确认和计量。

(2) 填制或审核原始凭证，编制记账凭证。

为了记录经济业务的发生或完成情况，明确经济责任，经济业务的执行人员应填写或取得原始凭证。原始凭证是会计核算的起点，会计人员首先要对其形式上的合规性、合法性以及内容上的真实性、合理性进行严格审核。审核无误后，才能据其编制记账凭证。

(3) 登记账簿，包括各总分类账、明细分类账和日记账。

记账凭证虽反映了经济业务的内容，但这种反映只是零散的信息，为了连续、系统、全面、综合地反映和监督企业一定期间内发生的全部经济活动，必须根据记账凭证来登记账簿。登记账簿一般也称"过账"。过账后，账簿才能较系统地反映各类经济活动的综合信息。

(4) 编制调整前试算平衡表。

期末，为了检查日常编制的记账凭证及登记的账簿是否有数字抄写或计算错误，应根据各总分类账户的本期发生额或期末余额编制试算平衡表，这时需要计算出各账户的本期发生额和期末余额，但要注意这时并不结账。如果试算不平衡，说明账簿中有错误，应检查纠正。

(5) 期末处理有关业务，编制有关记账凭证。

① 编制调整分录。

根据权责发生制原则对应计收入、应计费用进行调整，编制相关记账凭证。

② 成本计算。

将本期发生的制造费用在所生产的各种产品之间进行分配，将制造费用转入生产成本，从而计算出本期所生产的各种产品的总成本及单位成本。将已完工产品的生产成本从"生产成本"账户转入"库存商品"账户，进一步计算出本期已售商品的成本。将已售商品的成本从"库存商品"账户转入"主营业务成本"账户，编制相关记账凭证。

③ 计算损益及所得税费用并结转各损益类账户。

将各损益类账户的本期发生额转入"本年利润"账户，并计算出利润总额，再计算所得税费用，从而算出净利润，并编制相关记账凭证。

④ 将"本年利润"账户余额转入"利润分配"账户，编制有关记账凭证。

⑤ 进行利润分配，编制有关记账凭。

(6) 根据期末编制的记账凭证登记。

在上一步骤中编制的各记账凭证要依次登记各总账及明细账。

(7) 结账并编制调整后试算平衡表。

结转是指计算出各账户的本期发生额及期末余额并填写在账簿中。结转表明账簿登记工作已完成。结转后应再编制一张期末余额试算平衡表，以验证本期的登账工作有无错误。如果试算平衡，就可以编制会计报表了。

(8) 编制会计报表并提交财务报表。

为了向企业内部和外部信息使用者反映企业本期财务状况及经营成果等会计信息。会计人员应及时编制会计报表并提交财务报表。

会计循环的过程如图 10－1 所示。

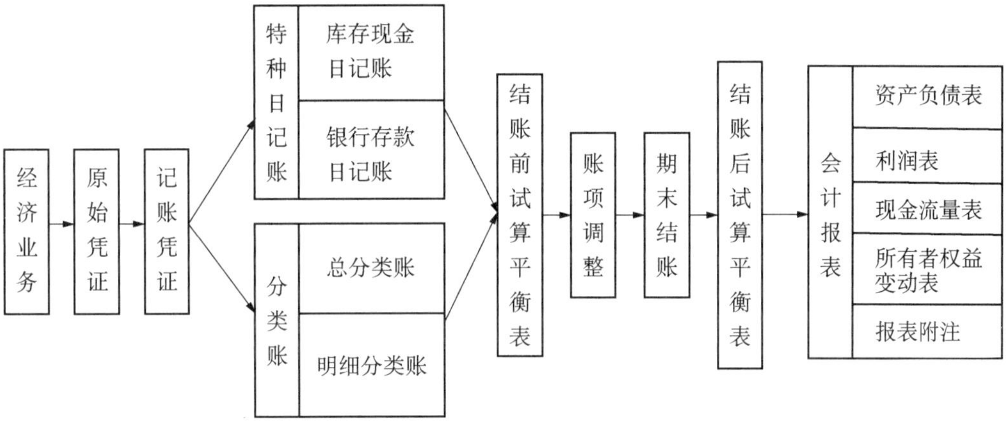

图 10－1　会计循环流程

尽管目前会计电算化已得到长足的发展，财务软件得到了普遍应用，会计人员通过计算机搜集、处理并最终生产会计信息，但是无论是手工操作还是电算化，会计处理过程中，相关的流程指令还是以复式记账原理和会计循环的基本程序为依据。因此，对会计循环的基本流程内容的了解、掌握仍有其必要性。

2. 记账程序

记账程序是指企业在会计循环中，利用不同种类和格式的会计凭证、会计账簿和会计报表对发生的经济业务进行记录和反映的具体做法。

会计凭证、会计账簿和会计报表是会计用以记录和储存会计信息的重要载体。在实务中使用的会计凭证(特别是其中的记账凭证)、会计账簿和会计报表种类繁多，格式也各不相同。一个特定的会计主体应当根据选定的业务处理程序和方法，选择一定种类和格式的会计凭证(特别是其中的记账凭证)、会计账簿和会计报表。这就决定了不同的会计主体所采用的会计凭证、会计账簿和会计报表的种类及格式有所不同。因而，对其所发生的经济业务如何进行具体处理，特别是如何在有关的总分类账户中进行登记，有着不同的做法。也就是说，即使是对同样内容的经济业务进行账务处理，由于采用的会计凭证、会计账簿和会计报表的种类和格式不同，采用不同记账程序的会计主体也有着截然不同的方法，也就会形成在做法上各不相同的账务处理程序。这个程序在不同的会计主体下是采用不同的组织方法来完成的。

（二）会计核算组织程序的种类

各种核算组织程序之间既相互联系又相互区别。各种核算组织程序之间共有的差异就是登记总账的依据和方法不同。在我国，目前普遍被采用的会计核算组织程序共有以下四种：

（1）记账凭证核算组织程序，是指直接根据每张记账凭证逐笔登记总分类账的一种核算组织程序；

（2）科目汇总表核算组织程序，是指以定期或定量编制的科目汇总表为依据登记总分类账的一种核算组织程序；

（3）汇总记账凭证核算组织程序，是指以定期编制的汇总记账凭证为依据登记总分类账的一种核算组织程序；

（4）日记总账核算组织程序，是指以多栏式总分类账替代三栏式总分类账，并以记账凭证为依据进行序时登记的一种核算组织程序。

（三）设计会计核算组织程序的意义

会计核算组织程序是否科学合理会对整个会计核算工作产生诸多影响。因此，科学、合理地选择适合本单位的会计核算组织程序对于有效地组织会计核算具有重要意义，具体表现如下：

（1）有利于提高会计核算工作的质量和效率，以确保会计信息的及时性和有用性。

（2）有利于明确会计核算工作的分工协作，加强岗位责任制，促进会计机构和会计人员按照不同的责任分工，有条不紊地处理好各个环节上的会计工作。

（3）有利于适当地减少会计凭证、账簿的使用数量和周转时间，节约会计核算工作的费用开支。

（4）有利于更充分地发挥会计核算工作的职能作用，促使企业加强对经济活动和财产物质的监督管理。

二、建立会计核算组织程序的原则

各个会计主体由于其业务的性质、经营规模、经营业务的繁简和经营管理的要求不尽相同，所以在会计循环过程中所采用的具体的会计核算形式也就有所差别。为了科学、合理地组织会计核算工作，顺利地完成会计循环，任何单位都必须根据自身的实际情况和具体条件制定适当的会计核算形式。一般来说，建立科学、合理、实用的会计核算组织程序应遵循以下基本原则：

（1）以本单位规模、业务繁简和资金运动特点等实际情况为依据；

（2）以满足各方面信息使用者需要，保证信息质量为目的；

（3）在满足需要、保证质量前提下，有利于提高工作效率、节约会计成本。

第二节　记账凭证核算组织程序

一、记账凭证核算组织程序及其主要特点

记账凭证核算组织程序，是指经济业务发生后，先根据原始凭证或汇总原始凭证填制记账凭证，再根据所填制的记账凭证直接逐笔登记总分类账，并定期编制会计报表的一种核算组织程序。记账凭证核算组织程序是最简单也是最基本的核算组织程序，其他各种核算组织程序都是在其基础上逐步演化或发展而来。

记账凭证会计核算组织程序的主要特点是根据记账凭证直接逐笔登记总分类账。在这种核算组织程序下，对发生的每一笔经济业务都要根据记账凭证逐笔在日记账、明细分类账与总分类账中进行登记，记账凭证替代了日记账，起着记账依据的作用。

二、记账凭证核算组织程序的凭证、账簿与报表选择

（一）记账凭证

在记账凭证核算组织程序下，记账凭证可以采用收款凭证、付款凭证和转账凭证等专用记账凭证，也可以采用通用记账凭证。无论是专用记账凭证还是通用记账凭证，都属于非汇总记账凭证。

（二）会计账簿

在记账凭证核算组织程序下，应当设置库存现金日记账、银行存款日记账、明细分类账和总分类账。日记账一般采用收入、支出、结余三栏式；明细分类账可根据需要采用三栏式、数量金额式和多栏式；总分类账一般采用借方、贷方、余额三栏式。

（三）会计报表

在记账凭证核算组织程序下，使用的会计报表主要有资产负债表、利润表和现金流量表等。由于在国家颁布的会计准则或会计制度中对会计报表的种类和格式已有统一规定，因而，不论在什么样的会计核算组织程序下，会计报表的种类和格式都不会有大的变动。因此，在研究会计核算组织程序的过程中，对会计报表的种类与格式问题不再做更多探讨。

三、记账凭证核算组织程序的基本步骤

(1) 经济业务发生后，根据有关原始凭证或原始凭证汇总表填制记账凭证；
(2) 根据收款凭证和付款凭证逐笔登记库存现金日记账和银行存款日记账；
(3) 根据记账凭证并结合原始凭证或原始凭证汇总表逐笔登记各种明细分类账；
(4) 根据记账凭证逐笔登记总分类账；
(5) 期末，将库存现金日记账、银行存款日记账的余额以及各种明细分类账的余额合计

数，分别与总分类账中相关账户的余额核对相符；

(6) 期末，根据核对无误的总分类账和明细分类账的相关资料，编制财务报表。

记账凭证核算组织程序的主要步骤如图 10－2 所示。

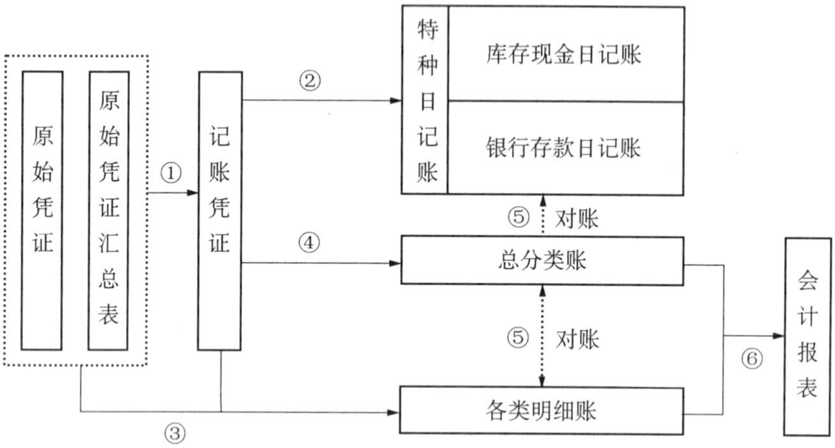

图 10－2　记账凭证核算组织程序的主要步骤

四、记账凭证核算组织程序的优点、缺点及适用范围

记账凭证核算组织程序的优点是简单明了，易于理解和掌握，账户之间的对应关系清晰，总分类账反映详细。其缺点则是登记总分类账的工作量较大，特别是与库存现金日记账、银行存款日记账明显地存在重复登记的现象，账页耗用多。

记账凭证核算组织程序一般只适用于规模较小、经济业务量较少、需要编制记账凭证不是很多的会计主体。

第三节　科目汇总表核算组织程序

一、科目汇总表核算组织程序及其主要特点

科目汇总表核算组织程序，又称记账凭证汇总表核算组织程序，是指根据各种记账凭证先定期或定量按会计科目汇总编制科目汇总表，然后根据科目汇总表登记总分类账，并定期编制会计报表的一种核算组织程序。科目汇总表核算组织程序是在记账凭证核算组织程序的基础上发展和演变而来的。

科目汇总表是定期(每 10 天或 15 天，或每月一次，见表 10－1) 或定量(与凭证的装订成册和档案保管相关，见表 10－2) 地将会计期间内全部的记账凭证汇总编制成的一种汇总凭证。科目汇总表的具体编制方法见本节第五部分。

科目汇总表核算组织程序的主要特点是根据编制的科目汇总表登记总分类账。在这种会计核算组织程序下，一般应于每次登记完总分类账后就结出各账户的借方或贷方余额。

表 10－1　科目汇总表

单位：

汇__（共__册）

__年__月__日至__日　　注账凭证：__字第__号至第__号止

会计科目	借方发生额	√	贷方发生额	√	总账页数
合　计					

会计主管：　　记账：　　复核：　　制单：

表 10－2　会计科目汇总表

年　月　　单位：

会计科目	1—10 日		11—20 日		21—30 日		合　计		总账页数
	借方	贷方	借方	贷方	借方	贷方	借方	贷方	
合　计									

会计主管：　　记账：　　复核：　　制单：

二、科目汇总表核算组织程序的凭证和账簿设置

（一）记账凭证

在科目汇总表核算组织程序下，涉及的记账凭证包括非汇总记账凭证（可以采用通用记账凭证或专用记账凭证）和汇总记账凭证（采用科目汇总表）。

（二）会计账簿

在科目汇总表核算组织程序下，账簿的设置一般与记账凭证核算组织程序相同。日记账一般采用收入、支出、结余三栏式；明细分类账可根据需要采用三栏式、数量金额式和多栏式；总分类账一般采用借方、贷方、余额三栏式。

三、科目汇总表核算组织程序的基本步骤

(1) 经济业务发生后，根据有关原始凭证或原始凭证汇总表填制记账凭证；

(2) 根据收款凭证和付款凭证逐笔登记库存现金日记账和银行存款日记账；
(3) 根据记账凭证并结合原始凭证或原始凭证汇总表逐笔登记各种明细分类账；
(4) 根据记账凭证定期或定量编制科目汇总表；
(5) 根据科目汇总表登记总分类账；
(6) 月末，将日记账、明细分类账的余额与总分类账中相应账户的余额进行核对；
(7) 月末，根据总分类账和明细分类账的记录编制会计报表。

科目汇总表核算组织程序的主要步骤如图 10－3 所示。

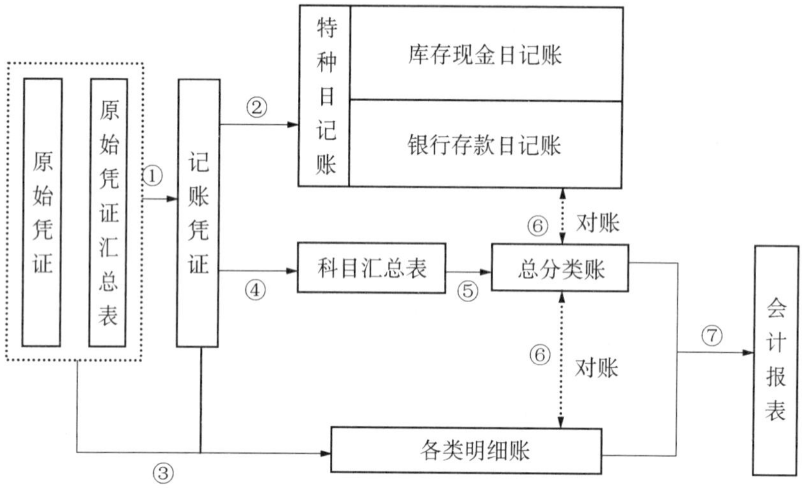

图 10－3　科目汇总表核算组织程序的主要步骤

四、科目汇总表核算组织程序的优点、缺点及适用范围

与记账凭证核算组织程序相比，科目汇总表核算组织程序极大地减少了登记总分类的工作量。同时，科目汇总表按各科目借、贷金额汇总，记账前可以检查汇总记账数的借、贷是否平衡，起到了试算平衡的作用，能减少总账记账差错。但因总分类账根据科目汇总表中借、贷方发生额合计数登记，不存在账户对应关系，无法全面反映经济业务的来龙去脉，因而不利于对经济业务进行分析和审核。

科目汇总表核算组织程序在实际工作中应用范围比较广泛，尤其适用于规模较大、记账凭证较多的单位。

五、科目汇总表核算的编制方法

(一) 编制科目汇总表的基本方法

科目汇总表是根据记账凭证汇总编制而成的。基本方法如下：根据一定会计期间编制的全部记账凭证，按照相同会计科目进行归类，定期或定量汇总每一个账户的借、贷双方的发生额，并将其列在科目汇总表的相应栏内，借以反映全部账户的借、贷方发生额。

根据科目汇总表登记总分类账时，只需要将汇总编制的科目汇总表中的各科目的本期借、贷方发生额的合计数，分次或月末一次记入相应的总分类账的借方或贷方。

（二）科目汇总表的编制举例

【例 10－1】 根据洪城公司 2×21 年 7 月上旬发生的经济业务，在记账凭证上编制的会计分录如表 10－3 所示。假设：洪城公司采用科目汇总表（定期法，每 10 天编制一次）核算组织程序。

表 10－3 记账凭证简表

凭证号	会计分录		
银付 1	借：原材料	20 000	
	应交税费	2 600	
	贷：银行存款		22 600
转 1	借：生产成本	8 000	
	制造费用	2 000	
	贷：原材料		10 000
银收 1	借：银行存款	5 000	
	贷：应收账款		5 000
银付 2	借：库存现金	3 000	
	贷：银行存款		3 000
现付 1	借：管理费用	1 200	
	贷：库存现金		1 200
转 2	借：应收账款	10 000	
	贷：主营业务收入		10 000
现收 1	借：库存现金	20	
	贷：其他应收款		20
转 3	借：管理费用	580	
	贷：其他应收款		580

要求：根据上述资料，编制洪城公司 2×21 年 7 月上旬的科目汇总表。

如表 10－3 所示，编制的会计分录涉及多个会计科目。在对这些会计科目分别按借、贷方发生额进行汇总时，可利用编制科目汇总表工作底稿的方法进行。本例的科目汇总表工作底稿如表 10－4 所示。

表 10－4 科目汇总表工作底稿

2×21 年 7 月 1 日至 10 日　　单位：元

会计科目	借方		贷方	
	金额	小计	金额	小计
库存现金	3 000、20	3 020	1 200	1 200
银行存款	5 000	5 000	22 600、3 000	25 600
原材料	20 000	20 000	10 000	10 000

续 表

会计科目	借　方		贷　方	
	金　额	小　计	金　额	小　计
应收账款	10 000	10 000	5 000	5 000
其他应收款			600	600
应交税费	2 600	2 600		
生产成本	8 000	8 000		
制造费用	2 000	2 000		
管理费用	1 200、580	1 780		
主营业务收入			10 000	10 000
合　计		52 400		52 400

根据表 10－4 的汇总结果编制洪城公司 2×21 年 7 月上旬的科目汇总表，如表 10－5 所示。

表 10－5　科目汇总表

2×21 年 7 月 1 日至 10 日

单位：元

会计科目	本期发生额		总账页数
	借　方	贷　方	
库存现金	3 020	1 200	
银行存款	5 000	25 600	
原材料	20 000	10 000	
应收账款	10 000	5 000	
其他应收款		600	
应交税费	2 600		
生产成本	8 000		
制造费用	2 000		
管理费用	1 780		
主营业务收入		10 000	
合计	52 400	52 400	

应当注意的是，科目汇总表核算组织程序时，登记总分类账所依据凭证的编号方法应为“科汇字第×号”字样按月连续编号。

第四节　汇总记账凭证核算组织程序

一、汇总记账凭证核算组织程序及主要特点

汇总记账凭证核算组织程序是指根据各种专用记账凭证定期汇总编制汇总记账凭证，然后根据汇总记账凭证登记总分类账，并定期编制会计报表的一种账务处理程序。汇总记账凭证核算组织程序是在记账凭证核算组织程序的基础上发展演变而来。

汇总记账凭证是对日常会计核算过程中所填制的专用记账凭证，按凭证的种类，采用一定的方法定期进行汇总而重新填制的一种记账凭证，包括汇总收款凭证（见表 10－6）、汇总付款凭证（见表 10－7）、汇总转账凭证（见表 10－8）。汇总记账凭证的具体编制方法见本节第五部分。

表 10－6　汇总收款凭证

借方科目：　　　　年　月　　　　汇收字第____号

贷方科目	金额				总账页码	记　账
	1—10 日 凭证：	11—20 日 凭证：	21—30 日 凭证：	合　计		
合　计						

会计主管：　　　记账：　　　复核：　　　制单：

表 10－7　汇总付款凭证

贷方科目：　　　　年　月　　　　汇付字第____号

借方科目	金额				总账页码	记　账
	1—10 日 凭证：	11—20 日 凭证：	21—30 日 凭证：	合　计		
合　计						

会计主管：　　　记账：　　　复核：　　　制单：

表 10－8 汇总转账凭证

贷方科目：　　　　　　　　年　月　　　　　　　　汇转字第____号

<table>
<tr><th rowspan="2">借方科目</th><th colspan="4">金　额</th><th rowspan="2">总账页码</th><th rowspan="2">记　账</th></tr>
<tr><th>1—10 日
凭证：</th><th>11—20 日
凭证：</th><th>21—30 日
凭证：</th><th>合　计</th></tr>
<tr><td></td><td></td><td></td><td></td><td></td><td></td><td></td></tr>
<tr><td></td><td></td><td></td><td></td><td></td><td></td><td></td></tr>
<tr><td></td><td></td><td></td><td></td><td></td><td></td><td></td></tr>
<tr><td></td><td></td><td></td><td></td><td></td><td></td><td></td></tr>
<tr><td>合　计</td><td></td><td></td><td></td><td></td><td></td><td></td></tr>
</table>

会计主管：　　　　记账：　　　　复核：　　　　制单：

汇总记账凭证核算组织程序的主要特点是根据编制的汇总记账凭证登记总分类账。

二、汇总记账凭证核算组织程序的凭证和账簿设置

（一）记账凭证

在汇总记账凭证核算组织程序下，涉及的记账凭证包括非汇总凭证（只能设置专用记账凭证，不能设置通用记账凭证）和汇总凭证（采用汇总记账凭证）。

（二）会计账簿

在汇总记账凭证核算组织程序下，账簿的设置一般与记账凭证核算组织程序相同。日记账一般采用收入、支出、结余三栏式；明细分类账可根据需要采用三栏式、数量金额式和多栏式；总分类账一般采用借方、贷方、余额三栏式。

三、汇总记账凭证核算组织程序的基本步骤

(1) 经济业务发生后，根据有关原始凭证或原始凭证汇总表填制各种专用记账凭证；

(2) 根据收款凭证和付款凭证逐笔登记库存现金日记账和银行存款日记账；

(3) 根据记账凭证并结合原始凭证或原始凭证汇总表逐笔登记各种明细分类账；

(4) 根据收款凭证、付款凭证和转账凭证定期（一般每隔 5 天或 10 天）汇总编制汇总收款凭证、汇总付款凭证和汇总转账凭证；

(5) 根据定期编制的各种汇总记账凭证登记总分类账；

(6) 月末，将日记账、明细分类账的余额与总分类账中相应账户的余额进行核对；

(7) 月末，根据总分类账和明细分类账的记录编制会计报表。

汇总记账凭证核算组织程序的主要步骤如图 10－4 所示。

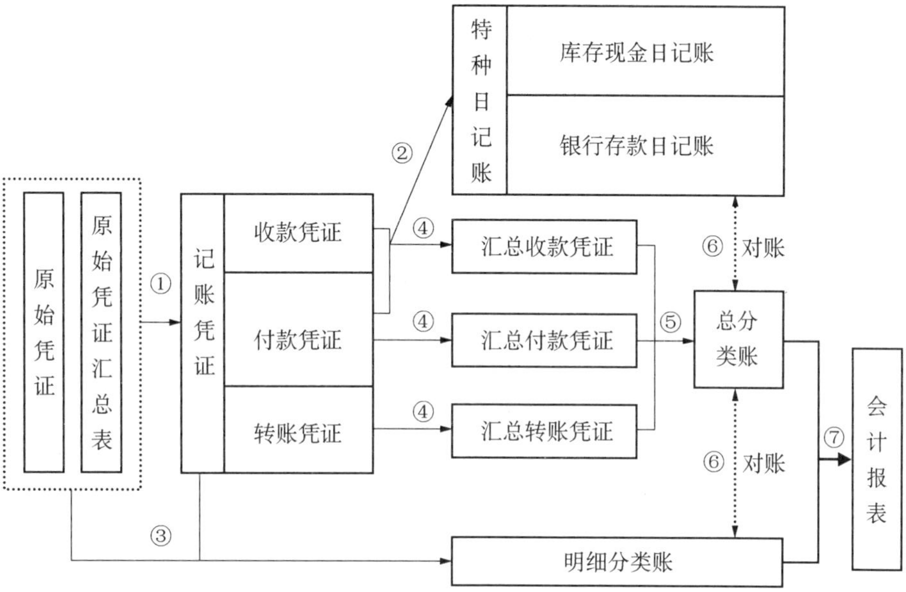

图 10-4 汇总记账凭证核算组织程序的主要步骤

四、汇总记账凭证核算组织程序的优点、缺点及适用范围

在汇总记账凭证核算组织程序中，通过编制汇总记账凭证登记总分类账，能够大大简化登记总分类账的工作量，节约人力和物力的投入。同时，汇总记账凭证能反映经济业务的来龙去脉，弥补了科目汇总表核算组织程序的缺点。但是，在该核算形式下，对记账凭证的分录形式要求过于死板，加大了记账凭证的处理难度和工作量。

汇总记账凭证核算组织程序一般适用于规模大、记账凭证多但转账凭证相对较少的企业。

五、汇总记账凭证的编制方法

汇总记账凭证是根据一定期间内各种专用记账凭证，按照一定的方法进行汇总编制而成的。汇总记账凭证的种类不同，汇总编制的方法也有所不同。

（一）汇总收款凭证的编制方法

1. 编制汇总收款凭证的基本方法

按日常核算工作中所填制的专用记账凭证中的收款凭证上会计分录的借方科目（库存现金或银行存款）设置汇总收款凭证，按分录中相应的贷方科目（库存现金或银行存款的对应科目）定期（如每5天或10天等）进行汇总，每月编制一张。汇总时计算出每一个贷方科目发生额合计数，填入汇总收款凭证的相应栏次。可以根据各次的汇总数分次登记到有关账户中，也可以在月末时将各次汇总数字相加，求得该账户的全月发生额合计，一次性登记到有关账户（汇总付款凭证和汇总转账凭证同样如此）。

2. 汇总收款凭证的编制举例

【例 10－2】根据**【例 10－1】**中的资料，编制洪城公司 2×21 年 7 月上旬的汇总收款凭证。

在**【例 10－1】**中，收款凭证的借方科目涉及库存现金和银行存款。会计分录的借方科目为库存现金时，对应的贷方科目有：其他应收款(20 元)。会计分录的借方科目为银行存款时，对应的贷方科目有：应收账款(5 000 元)。根据此汇总结果，填入该公司本月的汇总收款凭证的相应栏次，如表 10－9、表 10－10 所示(11—20 日、21—31 日为另外两次汇总结果的假定数)。

表 10－9　汇总收款凭证

借方科目：库存现金　　　　2×21 年 7 月　　　　汇收字第 1 号

贷方科目	金　额				总账页码	记　账
	1—10 日凭证：1～8 号	11—20 日凭证：9～20 号	21—31 日凭证：21～36 号	合　计		
其他应收款	20			20		
应收账款		5 000	4 500	9 500		
主营业务收入			10 000	10 000		
合　计	20	5 000	14 500	19 520		

会计主管：　　　　记账：　　　　复核：　　　　制单：

表 10－10　汇总收款凭证

借方科目：银行存款　　　　2×21 年 7 月　　　　汇收字第 2 号

贷方科目	金　额				总账页码	记　账
	1—10 日凭证：1～8 号	11—20 日凭证：9～20 号	21—31 日凭证：21～36 号	合　计		
应收账款	5 000			5 000		
其他应收款			4 500	4 500		
主营业务收入		10 000		10 000		
合　计	5 000	10 000	4 500	19 500		

会计主管：　　　　记账：　　　　复核：　　　　制单：

应当注意的是，为了便于编制汇总收款凭证，在日常编制收款凭证时，会计分录的形式最好是一借一贷、一借多贷，不宜多借一贷或多借多贷。

(二) 汇总付款凭证的编制方法

1. 编制汇总付款凭证的基本方法

汇总付款凭证的编制方法与汇总收款凭证的编制方法类似，基本方法如下：按日常核算工作中所填制的专用记账凭证中的付款凭证上会计分录的贷方科目(库存现金或银行存款)设置汇总付款凭证，按分录中相应的借方科目(库存现金或银行存款的对应科目)定期(如每 5 天或 10 天等)进行汇总，每月编制一张。汇总时计算出每一个借方科目发生额合计数，填入汇总付款凭证的相应栏次。

2. 汇总付款凭证的编制举例

【例 10-3】根据**【例 10-1】**中的资料，编制洪城公司 2×21 年 7 月上旬的汇总付款凭证。

在**【例 10-1】**中，付款凭证的贷方科目涉及库存现金和银行存款。会计分录的贷方科目为库存现金时，对应的借方科目有：管理费用（1 200 元）。会计分录的贷方科目为银行存款时，对应的借方科目有：库存现金（3 000 元）、原材料（20 000 元）、应交税费（2 600 元）。根据此汇总结果，填入该公司本月的汇总付款凭证的相应栏次，如表 10-11、表 10-12 所示（11—20 日、21—31 日为另外两次汇总结果的假定数）。

表 10-11　汇总付款凭证

贷方科目：库存现金　　　　2×21 年 7 月　　　　汇付字第 1 号

借方科目	金额				总账页码	记　账
	1—10 日凭证：1～8 号	11—20 日凭证：9～20 号	21—31 日凭证：21～36 号	合　计		
管理费用	1 200			1 200		
其他应收款		1 000		1 000		
合　计	1 200	1 000		2 200		

会计主管：　　　　记账：　　　　复核：　　　　制单：

表 10-12　汇总付款凭证

贷方科目：银行存款　　　　2×21 年 7 月　　　　汇付字第 2 号

借方科目	金额				总账页码	记　账
	1—10 日凭证：1～8 号	11—20 日凭证：9～20 号	21—31 日凭证：21～36 号	合　计		
库存现金	3 000			3 000		
原材料	20 000			20 000		
应交税费	2 600			2 600		
管理费用			2 000	2 000		
合　计	25 600		2 000	27 600		

会计主管：　　　　记账：　　　　复核：　　　　制单：

应当注意的是，为了便于编制汇总付款凭证，在日常编制付款凭证时，会计分录的形式最好是一借一贷、多借一贷，不宜一借多贷或多借多贷。

（三）汇总转账凭证的编制方法

1. 编制汇总转账凭证的基本方法

按日常核算工作中所填制的专用记账凭证中的转账凭证上会计分录的贷方科目（如生产成本、原材料等）设置汇总转账凭证，按分录中相应的借方科目定期（如每5天或10天等）进行汇总，每月编制一张。汇总时计算出每一个借方科目发生额合计数，填入汇总转账凭证的相应栏次。

2. 汇总转账凭证的编制举例

【例10－4】在**【例10－1】**中，转账凭证的贷方科目涉及原材料、主营业务收入和其他应收款。会计分录的贷方科目为原材料时，对应的借方科目有：生产成本（8 000元）、制造费用（2 000元）。会计分录的贷方科目为主营业务收入时，对应的借方科目有：应收账款（10 000元）。会计分录的贷方科目为其他应收款时，对应的借方科目有：管理费用（580元）。根据此汇总结果，填入该公司本月的汇总转账凭证的相应栏次，如表10－13、表10－14、表10－15所示（11—20日、21—31日为另外两次汇总结果的假定数）。

表10－13　汇总转账凭证

贷方科目：原材料　　　　2×21年7月　　　　汇转字第1号

借方科目	金额				总账页码	记账
	1—10日凭证：1～8号	11—20日凭证：9～20号	21—31日凭证：21～36号	合计		
生产成本	8 000	2 000	3 000	13 000		
制造费用	2 000			2 000		
合计	10 000	2 000	3 000	15 000		

会计主管：　　　　记账：　　　　复核：　　　　制单：

表10－14　汇总转账凭证

贷方科目：主营业务收入　　　　2×21年7月　　　　汇转字第2号

借方科目	金额				总账页码	记账
	1—10日凭证：1～8号	11—20日凭证：9～20号	21—31日凭证：21～36号	合计		
应收账款	10 000	2 000	1 000	13 000		
合计	10 000	2 000	1 000	13 000		

会计主管：　　　　记账：　　　　复核：　　　　制单：

表 10－15　汇总转账凭证

贷方科目：其他应收款　　　　2×21 年 7 月　　　　汇转字第 3 号

借方科目	金　额				总账页码	记　账
	1—10 日凭证：1～8 号	11—20 日凭证：9～20 号	21—31 日凭证：21～36 号	合　计		
管理费用	580			580		
合　计	580			580		

会计主管：　　　　记账：　　　　复核：　　　　制单：

应当注意的是，为了便于编制汇总转账凭证，在日常编制转账凭证时，会计分录的形式最好是一借一贷、多借一贷，不宜一借多贷或多借多贷。

第五节　日记总账核算组织程序

一、日记总账核算组织程序及其主要特点

日记总账核算形式，又称为多栏式总分类账核算组织程序，是一种以日记总账（多栏式总分类账）替代三栏式总分类账，根据经济业务发生后所添置的各种记账凭证直接逐笔登记日记总账，并据以编制会计报表的会计核算形式。

日记总账，又称多栏式总分类账，是一种兼具序时账簿和分类账簿功能的联合账簿，其账页一般为多栏式，即将会计主体可能涉及的所有账户分设专栏集中列示在同一张账页上，每一个账户又具体分设借方和贷方两栏。日记总账的格式如表 10－16 所示。

表 10－16　日记总账

年		记账凭证	摘　要	发生额	会计科目		会计科目		…
月	日				借方	贷方	借方	贷方	

日记总账核算组织程序的主要特点是以日记总账替代三栏式总分类账，并且每日逐笔

即序时地登记日记总账。

二、日记总账核算组织程序的凭证和账簿设置

（一）记账凭证

在日记总账核算组织程序下，会计主体应设置专用记账凭证（即收款凭证、付款凭证、转账凭证）或通用记账凭证，不需设置汇总凭证。

（二）会计账簿

在日记总账核算组织程序下，涉及的会计账簿包括日记账（银行存款日记账和库存现金日记账）、明细分类账和日记总账。日记账一般采用收入、支出、结余三栏式；明细分类账可根据需要采用三栏式、数量金额式和多栏式；日记总账一般为按会计科目设置的借、贷多栏式。

三、日记总账核算组织程序的基本步骤

(1) 经济业务发生后，根据有关原始凭证或原始凭证汇总表填制记账凭证；
(2) 根据收款凭证和付款凭证逐笔登记库存现金日记账和银行存款日记账；
(3) 根据记账凭证并结合原始凭证或原始凭证汇总表逐笔登记各种明细分类账；
(4) 根据收款凭证、付款凭证和转账凭证定期逐日逐笔登记日记总账；
(5) 月末，将日记账、明细分类账的余额与日记总账中相应账户的余额进行核对；
(6) 月末，根据日记总账和明细分类账的记录编制会计报表。

日记总账核算组织程序的主要步骤如图 10－5 所示。

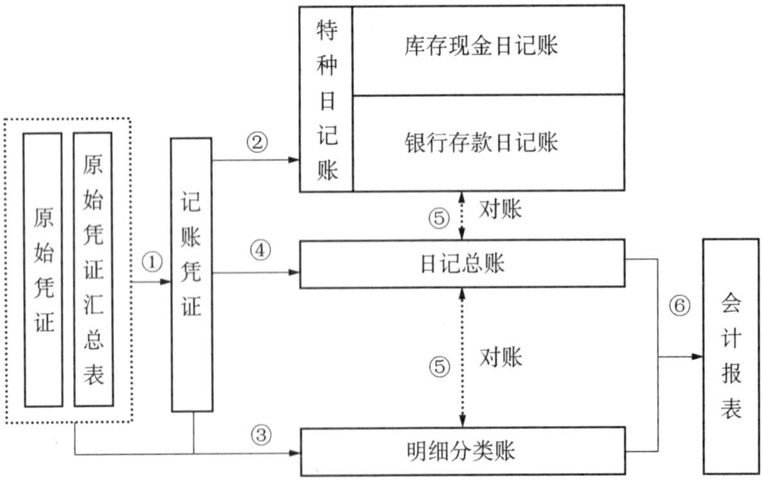

图 10－5　日记总账核算组织程序的主要步骤

四、日记总账核算组织程序的优点、缺点及适用范围

在日记总账核算组织程序中，日记总账、明细账均依据记账凭证逐日逐笔登记，不需要汇总各记账凭证，会计凭证的处理简单、易操作。在日记总账中，能及时、全面反映经济业务的来龙去脉，便于与明细账核对，有利于进行会计检查和会计分析。但在该核算形式下，增大了登记总账的工作量，同时总账集中反映在一张账页上，使得账页过宽，不便于记账和查阅。

日记总账核算组织程序主要适用于规模小、业务量少、使用会计科目不多的会计主体。但在使用电子计算机进行账务处理的企业，由于账簿的登记等工作是由计算机完成，该模式中的缺点可以被弥补，因此在一些大中型企业也可以应用这种核算组织程序。

本章小结

本章重点介绍从经济业务发生取得或填制会计凭证起，到登记账簿，编制会计报表止的一系列处理程序，即“会计循环”。一般来说，会计处理程序都需要经过会计凭证、会计账簿、财务报表三个基本环节。

不同的会计主体所采用的会计凭证、会计账簿和会计报表的种类及格式有所不同，进而决定了其采用的会计核算组织程序不同。本章介绍了记账凭证核算组织程序、科目汇总表核算组织程序、汇总记账凭证核算组织程序、日记总账核算组织程序四种会计核算组织程序的核算步骤、优缺点及适用范围。四种核算组织程序之间最根本的区别是登记总分类账的依据或方法不同，其中记账凭证核算组织程序又是最基本、最简单的一种，其他各种都是以其为基础演化、扩展而来。

各经济单位在选择会计核算组织程序时，应结合经营规模和经济业务特点考虑。选择适用的核算组织程序才能满足信息使用者的需要并提高会计工作效率，节约会计成本。

知识拓展　从手工账到世界一流财务共享中心——华为财务变革

曾经华为的基层会计，每天早上一踏进办公室，就不由得深吸一口气，需要在成堆的单据中挑出自己需要的。操作的过程中，只要有其他同事稍微打扰一下，翻一下放收据的筐，一切又乱套了，还得从头再来。

财务人员每天为了员工上交的各种“杂乱无章、不合制度”的单据发愁。和其他部门员工沟通扣减报销事项，遇到脾气不好的，免不得一通责骂。明明每天累得像狗，却似乎始终得不到其他部门的认可——效率低、速度慢、扣减规则不明等，都是财务的“锅”。

在当时，华为除了基层处理报销、核算的会计，每天忙得焦头烂额外，负责财报的总账也麻烦不断。简单概括为两个词：混乱、崩溃。而问题的源头，便是不能及时性更新的数据：前端给的数据错了，之后的账目也随之一错到底，这样的情况，发生过不止一次。因数据不及时，几个月前就已落单的项目，可能还不曾被归进最新的财报中。为此，曾采取过一系列应对措施，专门成立“找碴小分队”，核审各地报过来的数据，然后手工调账。但事实表明，这种从下游堵住污水，治标不治本的方法，成效并不大。

这是十几年前，华为财务人员每天的工作状态，一天的工作能否顺利展开，颇有点“三分

靠运气，七分靠人品”的无奈。而这样的工作状态，是当时大多数会计人的日常。

然而，现在华为财务人员只要鼠标一点，大西洋边维多利亚岛的订单，就能瞬间进入深圳供应中心，继而进行流程化处理。同时，利用时差优势，“日不落”地循环结账，经营数据第一时间掌握。这一切的改变都是从2006年开始的。

2006年，华为集团在全球范围内统一体系规范，陆续建立了七大区域账务共享中心。共享服务中心的建立和网络的完善，加强了公司总部对全球业务的财务控制，成为财务内控有效实施的最强有力的保障；同时通过持续推动流程的标准化与简化，大幅提升了财务专业流程的运行效率，创建财务职能卓越专精、精益管理的领先实践。

构建全球共享服务网络对于华为而言创建了一个全球标准化的财务会计处理与核算管理平台，为华为在过去十几年业务的腾飞提供了很好的财务资源保障和风险控制基础。集团收入业务中心部长梁家骥说道：“共享的首要目标不是为了成本的节约，而是集团企业加强财务管控的强有力的手段。”

本章思考题

1. 什么是会计循环？会计循环的基本程序有哪些？
2. 会计循环中，为何有两次试算平衡？
3. 什么是核算组织程序，与会计循环有何联系？
4. 各种核算组织程序最主要的区别是什么？
5. 试比较各核算组织程序的凭证、账簿设置的区别。

第十一章　会计工作组织

引入案例

2×19 年 5 月，某省级财政部门在对某企业进行检查时，发现下列情况：① 由于会计机构人手较少，会计张某同时负责会计账簿的记账和审批；② 该年 2 月，会计机构负责人王某将其弟弟小王调入该企业任出纳，小王于该年 4 月取得会计从业资格证；③ 为了达到预定业绩目标，单位负责人郑某要求机构负责人李某虚构交易事项，伪造会计资料，粉饰财务报告，李某拒绝后被撤职。

该案例中，上述人员的做法是否符合《会计法》及相关规定？

学习目的与要求

1. 了解会计工作组织的相关概念与内容；
2. 了解会计机构的设置条件和组织形式；
3. 掌握会计人员的职责范围以及权限；
4. 了解会计规范体系的构成及具体内容；
5. 了解会计职业道德要求的相关内容；
6. 了解会计档案保管的相关内容。

第一节　会计工作组织的基本内容

一、会计工作组织的概念与内容

（一）会计工作组织的概念

会计工作是指运用一系列会计专门方法，对会计事项进行处理的活动。通过对会计工作的探究，可知会计工作是一项综合性的管理工作，各单位所发生的各项经济业务都要通过会计加以反映和监督，因而，会计工作就与其他经营管理工作有着密切的关系；会计工作也是一项政策性很强的工作，必须按照有关的财经政策、法规、制度的要求办理业务；会计工作还是一项严密细致的工作，会计所产生的数据信息要经过一连串的记录、计算、分类、汇总和分析等处理程序。因此，要做好会计工作，就必须建立专门的会计机构，要有专职的办事人员，并按照规定的会计制度开展日常的会计工作。而会计工作的组织则是完成会计工作任务，发挥会计工作作用的重要保证。

综上可知，会计工作组织是指为了适应会计工作的综合性、政策性、相关性和严密细致性的特点，对会计机构的设置、会计人员的配备、会计制度的制定与执行等工作所做的统筹安排。

（二）会计工作组织的主要内容

（1）会计管理体制的安排；

（2）会计机构与岗位的设置、会计人员的配置；

（3）会计法规制度的建立与完善；

（4）会计信息处理、传输、储存手段的选择；

（5）会计档案资料的保管。

二、正确组织会计工作的意义

（一）有利于提高会计工作质量和效率

会计工作是一项细致复杂的工作，各个部门、各个程序、各项手续以及各项数字之间必须密切联系，要求会计机构和会计人员通过合理的手续制度和处理程序，有机地联系和沟通生产经营的各个环节，相互配合，协调一致，以保证会计工作质量，提高会计工作效率。

（二）有利于对企业各项计划、预算进行有效的控制和对各项制度的贯彻执行

会计是核算和监督各单位的经济活动是否符合国家的方针、政策，是否符合企业的各项计划和预算。它所提供的各项指标又是为编制和检查计划、预算，进行综合平衡的一种依据，因此，按照国家的要求组织会计工作，有利于保证国家方针、政策和企业计划、预算的贯彻实施。这不仅是微观经济的需要，也是宏观经济的需要。

（三）有利于维护国民经济有序运行

从宏观角度看，一个国家的会计系统既是国民经济的“晴雨表”，又是国家贯彻经济政策和各项财经法规制度的重要工具。在市场经济条件下，全局与局部、集团与集团之间、单位与个人之间的利益博弈是一种普遍现象，只有与会计上述身份相匹配的会计管理体制、机构、人员、法规制度及方法安排，才能保证会计发挥应有的作用，从而维护国民经济的有序运行。

三、会计工作组织应遵循的基本原则

要保证科学、有效地组织和管理会计工作，必须遵循以下几项原则。

（一）统一性原则

统一性原则，是指组织会计工作必须按照《会计法》以及其他相关会计法规制度对会计工作的统一要求，贯彻执行国家规定的法令制度，进行会计核算，实行会计监督，以便更好地

发挥会计工作在维护社会主义市场经济秩序、加强经济管理、提高经济效益中的应有作用。

（二）适应性原则

适应性原则，是指组织会计工作必须适应本单位经营管理的特点。各单位应在遵守国家法规和准则的前提下，根据自身管理特点及规模大小等情况，制定出相应的具体办法，采用不同的账簿组织、记账方法和程序处理相应的经济业务，以适应企业自身发展的需要。

（三）内部控制及责任制要求

内部控制及责任制要求，是指组织会计工作时，要遵循内部控制的原则，在保证贯彻整个单位责任制的同时，建立和完善会计工作自身的责任制，从现金出纳、财产物资进出以及各项费用的开支等方面形成彼此相互牵制的机制，防止工作中的失误和弊端。

（四）成本效益原则

会计工作组织应遵循成本效益原则，即在保证会计工作质量的前提下，会计机构的设置，会计岗位与人员的配备，核算与监督程序方法安排均应讲求效益，节约人力和物力，防止机构重叠、环节重复和不必要的程序或手续，从而提高会计活动的运行效率。

第二节　会计机构与会计人员

建立健全各单位的会计机构，配备与工作要求相适应的、具有一定素质和数量的会计人员，是在空间上保证会计工作正常进行，充分发挥会计管理职能作用的重要条件。在《会计法》《会计基础工作规范》等会计规范中，对会计机构设置和会计人员配备的相关要求都做了具体规定。

一、会计机构

（一）会计机构的设置

会计机构是贯彻执行党和国家方针政策，制定和执行会计制度，组织领导和处理会计工作的职能机构。《会计法》第三十六条规定："各单位应依据会计业务的需要，设置会计机构，或者在有关机构中设置会计人员并制定会计主管人员；不具备设置条件的，应当委托经批准设立从事会计代理记账业务的中介机构代理记账。"

一般而言，一个单位是否需要单独设置会计机构，往往取决于下列因素：

(1) 单位规模的大小。一个单位的规模，往往决定了这个单位内部职能部门的设置，也决定了会计机构的设置与否。一般来说，大中型企业和具有一定规模的事业行政单位，以及财务收支数额较大、会计业务较多的社会团体和其他经济组织都应单独设置会计机构，如会计(或财务)处、部、科、股、组等，以便及时组织本单位各项经济活动和财务收支的核算，实行有效的会计监督。

(2) 经济业务和财务收支的繁简。经济业务多、财务收支量大的单位，有必要单独设置会计机构，以保证会计工作的效率和会计信息的质量。

(3) 经营管理的要求。有效的经营管理是以信息的及时准确和全面系统为前提的。一个单位在经营管理上的要求越高，对会计信息的要求也高，从而决定了该单位设置会计机构的必要条件。

（二）会计机构的组织形式

会计机构的组织形式是由企业的规模和它所负担的任务决定的，一般可分为独立核算机构和非独立核算机构。非独立核算机构又可分为半独立核算和报账单位。

1. 独立核算

企业实行独立核算必须具备一定的条件，通常要有一定的自有资金，有独立经营的自主权，能单独编制计划，单独计算盈亏，单独在银行开户并经工商行政注册登记。独立核算单位必须全面地进行记账、独立对外结算和定期编制财务会计报告。

独立核算单位的记账工作组织形式又可分为集中核算和分散核算两种。

集中核算是账务工作全部在会计部门进行，各车间、部门一般不进行单独核算，而只是对所发生的经济业务进行原始记录，办理原始凭证手续，并对原始凭证进行适当汇总，定期将原始凭证或汇总原始凭证送交财务会计部门进行总分类核算和明细分类核算。其优点是可以减少核算环节，减少核算手续，有利于及时掌握全面的经营情况和精简人员。这种组织形式一般适用于中、小型企业。

分散核算是指企业所属的分厂、车间根据生产经营的原始凭证，登记账簿，定期编制记账凭证汇总表向财务会计部门报账（这种单位称为报账单位），或把各部门的会计报表送财务会计部门汇总编表（这种单位成为半独立核算单位），其编制方法类似合并会计报表的编制。即企业的内部单位对本身所发生的经济业务进行较全面的核算。这种组织形式一般适用于大型企业。

所以，一个企业实行集中核算还是分散核算，应视企业规模大小和经营管理的要求而决定。而往往一个企业对某些会计业务采用集中核算，对另一些业务又采用非集中核算。但无论采用哪种组织形式，企业对外的现金往来、物资购销、债权债务和结算都应由财务会计部门集中办理。

2. 半独立核算

半独立核算是指独立核算企业所属的分厂、车间或生产、业务单位，其规格较大，生产经营上有一定的独立性，但不具备完全独立核算的某些必要条件，如不能单独在银行开户，没有独立的资金等。这些单位配备一定的会计人员，单独编制会计凭证、单独记账和编制财务会计报告，然后送会计部门汇总编表。其优点是部门负责人和职工能及时掌握部门的生产成本、经营情况和财务成果，动员职工参加企业管理。

3. 报账单位

报账单位是指企业内部各部门本身不单独计算盈亏，只记录和计算几个主要指标，进行简单核算，以考核其工作质量。这些单位（如商品流通企业所属的门市部和分销店），平时只向上级领取备用金，定期向上级报销，一次收入全部解缴上级，由财会部门集中进行核算。

二、会计人员

有了专门的会计机构，还必须配备一定数量合格的、训练有素的会计人员。明确会计人员的职责和权限，则是充分发挥会计人员积极性的有效措施。会计人员是会计机构内部从事会计工作的全体成员，包括总会计师、会计主管人员、出纳及各专项会计人员等。

（一）会计人员的职责

会计人员的主要职责，一般有下列九个方面：

（1）按照国家财务制度规定，认真编制并严格执行财务计划、预算，遵守各项收入制度、费用开支范围和开支标准，分清资金渠道，合理使用资金。

（2）按照《会计法》的规定，进行会计核算。按照国家会计制度的规定记账、算账和报账，做到手续完备，内容真实，数字准确，账面清楚，日清月结，按期到账。

（3）建立财产清查制度，保证账簿记录与实物、款项相符。

（4）按照国家颁布的《会计档案管理办法》的规定，建立会计档案，要妥善保管各种会计凭证、会计账簿、会计报表及其他会计资料。

（5）根据《会计法》的规定实行会计监督，概括地说，就是通过会计工作对各经济实体的财务收支和经济活动的合法性、合理性、有效性进行监督。

（6）根据《会计法》、会计准则和行业、部门会计制度，拟定本单位办理会计实务的具体办法，建立、健全各项财务会计制度。

（7）参与拟订经济计划、业务计划，按照经济核算原则，定期检查、分析财务计划、预算的执行情况，挖掘增收节支的潜力，考核资金使用效果，揭露经营管理中的问题，及时向领导提出建议。

（8）会计人员调动工作或离职，必须按规定向接管人员办理移交手续。

（9）遵守、宣传、维护国家财政、财务制度和财经纪律，同一切违法乱纪行为做斗争。

（二）会计人员的权限

会计人员的权限，一般包括以下五点：

（1）有权要求本单位遵守国家有关财经纪律和财务会计制度。对不合规、不合法、不合理、不真实的经济业务，有权拒绝付款、拒绝报销和拒绝执行，并向单位领导报告或向上级财政部门报告。

（2）有权参与本单位计划、定额的制度，参加签订经济合同及有关生产、经营管理会议。

（3）有权监督、检查本单位的财务收支、资产使用和财产保管、收发、计量等情况。

（4）对于违反法令、制度、规定的事项，有权拒绝办理。

（5）对于在执行职务中所发现的问题，有权向本单位领导或上级机关、财政部门报告，提请处理。

（三）会计人员任免和工作交接

1. 会计人员的任免

针对会计人员的工作特点，在《会计法》和其他相关法规中都对会计人员的任免做了相关规定，其主要内容如下：

（1）单位领导人的直系亲属不得在本单位担任会计机构负责人，同时，会计机构负责人的直系亲属不得在本单位的会计机构中担任出纳工作。

（2）国有企业、事业单位的会计机构负责人、会计主管人员的任免，应当经过上级主管单位同意，不得任意调动或撤换。

（3）会计人员应忠于职守，坚持原则。受到错误处理的，主管单位应当责成所在单位予以纠正；玩忽职守，丧失原则，不宜担任会计工作的，主管单位应当责成所在单位予以撤职或免职。

2. 会计人员的工作交接

关于会计人员的工作交接问题，有关的会计法规都做了明确的规定。在《会计工作基础规范》中，对会计人员的工作交接做了如下规定：

（1）会计人员工作调动或因故离职，必须与交接人员办理交接手续，并将本人所经管的会计工作，在规定期限内移交清楚。会计人员临时离职或因事、因病不能到职工作的，会计机构负责人、会计主管人员或单位领导必须指定人员接替或代理。没有办清交接手续的，不得调动或者离职。

（2）接替人员应认真接管移交的工作，并继续办理移交的未了事项。移交后，如果发现原经管的会计业务有违反财会制度和财经纪律等问题，仍由原移交人负责。

（3）会计人员办理交接手续时，必须有监交人负责监交。其中，一般会计人员办理交接手续，由会计机构负责人或会计主管人员监交；会计机构负责人或会计主管人员办理交接手续，应由单位负责人监交，必要时主管单位可以派人同时监交。

第三节　会计规范体系

一、会计规范体系概述

（一）会计规范体系的概念

会计规范，是指协调、统一会计处理过程中对不同处理方法做出合理选择的假设、原则、制度等的总和，它是会计行为的标准。会计规范的内容繁杂多样，如果将所有属于会计规范的内容综合在一起表示，就构成了一个体系。会计规范体系并不是简单地罗列这些规范的内容，而是将它们按照一定逻辑顺序、层次分明地、有机地联系起来。

（二）会计规范体系的构成

从不同的角度对会计规范体系的构成进行分类，可以形成不同的规范体系。

(1) 从内容性质角度,会计规范体系可分为会计法律、会计行政法规、会计规则制度、会计职业道德和会计惯例。

(2) 从适用范围角度,会计规范体系可分为国家性会计规范、地方性会计规范、部门(或行业)会计规范和企业会计规范。

(3) 从约束力的强弱角度,会计规范体系可分为强制性会计规范和非强制性会计规范。

(三) 会计规范体系的特征

1. 权威性

会计规范作为评价会计行为合理、合法的有效标准,必然具有充分的影响力和威望,能够让会计人员信服,而不管这种承认是自发的还是强制的,也不管这种规范是成文的还是惯例的。只有按照会计规范进行会计工作,才能得到同行的认可和社会工作的认同。

2. 统一性

会计规范的统一性体现在时间和空间上的统一。在某一历史时期,会计规范对同一国家、同一地区的不同会计主体的会计行为具有共同的约束力。

3. 科学性

科学性是指会计规范体系能够体现会计工作的内在规律和内在要求。会计规范的形成、完善和发展,一方面有会计基本理论的指导,另一方面则表现为与会计所处客观环境的有机结合,体现了会计工作的内在规律和要求。因此,会计规范体系具有科学性这一特征。

4. 相对稳定性

会计规范体系的内容是相对稳定的,任何国家的会计规范都体现为历史的继承性和历史的演进性,以及在特定历史条件和社会环境下的稳定性。随着社会环境的变化,一些不再适宜或过时的规范会被修正甚至放弃,而一些新的规范体系则被建立和接受。

二、我国会计规范体系的具体内容

从我国会计规范体系的形成和发展来看,人们一般是从会计规范的性质和内容两个方面来归纳我国会计规范体系的,即会计规范体系分为会计法律、行政法规、部门规章、规范性文件、地方性会计法规和单位内部会计制度等6个方面。

(一) 会计法律

会计法律是由全国最高权力机关——全国人民代表大会及其常务委员会制定的。它是会计规范体系中权威性最高、最具法律效力的规范,是制定其他各层次会计规范体系的依据,是会计工作的基本大法。

在我国,会计法律具有两种形式:一种是专门规范会计行为的法律,如《中华人民共和国会计法》《中华人民共和国注册会计师法》等;另一种是其他法律中与会计相关的法律条款规定,如《中华人民共和国合同法》《中华人民共和国公司法》等法律中相关条款。

(二) 行政法规

会计行政法规是由国家最高行政机关——国务院制定、颁布和实施的会计行为规范,如

《企业财务会计报告条例》《总会计师条例》等。会计行政法规是根据会计法律制定的，是对会计法律某个方面的补充或具体化，一般称为条例。

（三）部门规章

部门规章是国家主管会计工作的行政部门——财政部及其他部委制定的、以部长令形式公布的会计方面的规范，如《企业会计准则——基本准则》《企业财务通则》等。制定会计部门规章必须依据会计法律和会计行政法规的规定。

（四）规范性文件

规范性文件是国家主管会计工作的行政部门——财政部及其他部委制定的、以部门文件形式印发的会计方面的规范，如《企业会计准则——存货》等38项具体准则、《会计控制制度》和《会计基础工作规范》等。

（五）地方性会计法规

地方性会计法规是各省、自治区、直辖市根据会计法律、行政法规和部门规章等的规定，结合本地区的实际情况制定的一些在本地区范围内实施的会计行为规范。

（六）单位内部会计制度

单位内部会计制度是各单位根据上述5个层次的会计规范，结合单位类型和内部管理的需要而制定的适合本单位实际情况和经营发展需要的单位内部会计行为规范。

第四节　会计职业道德

一、会计职业道德的含义

道德是一定社会调节人际关系的行为、规范的总和。会计职业道德是在会计职业活动中应当遵循的，体现会计职业特征的，调整一定职业关系的职业行为准则。我国《会计法》第三十九条明确规定："会计人员应当遵守职业道德，提高业务素质。"因此，正确认识和分析我国会计职业道德现状，建立健全会计职业道德规范体系，广泛开展会计职业道德宣传教育，全面提高会计职业素养和执业质量，是会计工作发展的关键部分。

二、会计职业道德的作用

(1) 会计职业道德是对会计法律制度的重要补充。会计法律制度是会计职业道德的最低要求，会计职业道德是对会计法律规范的重要补充，其作用是其他会计法律制度所不能替代的。

(2) 会计职业道德是规范会计行为的基础。动机是行为的先导，有什么样的动机就有什么样的行为。会计行为是由内心信念来支配的，信念的善与恶将导致行为的是与非。会计职业道德对会计的行为动机提出了相应的要求，如诚实守信、客观公正等，引导、规劝、约束会计人员树立正确的职业观念，遵循职业道德要求，从而达到规范会计行为的目的。

(3) 会计职业道德是实现会计目标的重要保证。从会计职业关系角度讲，会计目标就是为会计职业关系中的各个服务对象提供有用的会计信息。能否为这些服务对象及时提供相关的、可靠的会计信息，取决于会计从业者能否严格履行职业行为准则。如果会计从业者故意或非故意地提供了不充分、不可靠的会计信息，会严重背离会计目标，造成会计信息严重失真，使服务对象的决策失误，甚至导致社会经济秩序混乱。因此，会计职业道德规范约束着会计人员的职业行为，是实现会计目标的重要保证。

(4) 会计职业道德是会计人员提高素质的内在要求。社会的进步和发展，对会计职业者的素质要求越来越高，会计职业道德是会计人员素质的重要体现。倡导会计职业道德，加强会计职业道德教育，并结合会计职业活动，引导会计职业者进一步加强自我修养，提高专业胜任能力，有利于促进会计职业者整体素质的不断提高。

三、会计职业道德的基本内容

根据《会计基础工作规范》中对会计职业道德的具体规定，结合我国会计工作和会计人员的实际情况，可以将我国会计职业道德的基本内容归纳为以下 8 个方面。

（一）爱岗敬业

爱岗就是会计人员应热爱本职工作，安心本职岗位，并为做好本职工作尽心尽力、尽职尽责；敬业就是会计人员对所从事的会计职业或行业的正确认识和恭敬态度，并用这种严肃恭敬的态度认真对待本职工作，将身心与本职工作融为一体。爱岗和敬业相互支持，相辅相成，爱岗是敬业的基础，敬业是爱岗的升华。

爱岗敬业要求会计人员做到“正确认识会计职业，树立爱岗敬业精神；热爱会计工作，敬重会计职业；安心会计工作，任劳任怨；严肃认真，一丝不苟；忠于职守，尽职尽责”。

（二）诚实守信

诚实守信就是忠诚老实，信守承诺。诚实是指言行与内心思想一致，不弄虚作假、不欺上瞒下，做老实人，说老实话，办老实事。守信是指遵守自己所做出的承诺，讲信用，重信用，信守承诺，保守秘密。

诚实守信要求会计人员做到“做老实人，说老实话，办老实事，执业谨慎，信誉至上，不为利益所诱惑，不弄虚作假，不泄露秘密”。

（三）廉洁自律

不收受贿赂、不贪污钱财，就是廉洁。自律是指行为主体能够自我约束、自我规范。在会计职业中，自律包括两层含义：一是会计行业自律；二是会计人员的自律，即会计人员的自我约束。廉洁是自律的基础，而自律是廉洁的保证。

廉洁自律要求会计人员做到“公私分明、不贪不占、遵纪守法、清正廉洁”。

（四）客观公正

客观是指按事物的本来面目去认识和反映事物，不夸大，不缩小。公正就是公平正直，不偏不倚，不掺杂个人的主观意愿，也不为他人意见所左右。既要求国家制定的会计制度要公正，也要求执行会计准则、制度的人要公正。客观是公正的基础，公正是客观的反映。

客观公正要求会计人员做到“端正态度，依法办事，实事求是，不偏不倚，保持应有的独立性”。

（五）坚持准则

坚持准则，要求会计人员在处理业务过程中，严格按照会计法律制度办事，不为主观或他人意志左右。以会计准则为自己的行动指南，以会计法律法规为准绳，正确处理国家、集体和个人三者之间的利益关系。同时，要以会计准则作为与违法违纪现象做斗争的有力武器，通过树立会计准则的权威性来维护会计行业的信誉和会计人员的地位，确保经济活动的正常进行。

坚持准则要求会计人员做到“熟悉国家法律、法规和国家统一的会计制度，始终坚持按法律、法规和国家统一的会计制度的要求进行会计核算，实施会计监督”。

（六）提高技能

提高技能，就是要求会计人员通过学习、培训和实践等途径，持续提高自身的会计理论水平、会计实务能力、职业判断能力、自动更新知识能力、提供会计信息的能力、沟通交流能力以及职业经验等，以达到和维持足够的专业胜任能力。

提高技能要求会计人员做到“增强提高专业技能的自觉性和紧迫感，勤学苦练，刻苦钻研，不断进取，提高业务水平”。

（七）参与管理

参与管理，就是间接参加管理活动，为管理者当参谋，为管理活动服务。会计人员应当树立参与管理的意识，在做好本职工作的同时，积极主动地经常向上级领导者反映经营活动情况和存在的问题，提出合理化建议，协助领导决策，参与经营管理活动，不能只是消极被动地记账、算账、报账。

参与管理要求会计人员做到“在做好本职工作的同时，努力钻研相关业务，全面熟悉本单位经营活动和业务流程，主动提出合理化建议，协助领导决策，积极参与管理”。

（八）强化服务

强化服务是现代经济社会对劳动者所从事职业的更高层次的要求，要求劳动者应具有更文明的服务态度、更强烈的服务意识和更优良的服务质量。

强化服务要求会计人员“树立服务意识，提高服务质量，努力维护和提升会计职业的良好社会形象”。

第五节　会计档案管理

一、会计档案

会计档案是指单位在进行会计核算等过程中接收或形成的，记录和反映单位经济业务事项的，具有保存价值的文字、图表等各种形式的会计资料，包括通过计算机等电子设备形成、传输和存储的电子会计档案。会计档案是国家档案的重要组成部分，也是各单位的重要档案之一。各单位必须建立、健全会计档案的立卷、归档、保管、调阅和销毁等管理制度，切实管好会计档案。

会计档案的具体分类如表 11 - 1 所示。

表 11 - 1　会计档案的分类

分　类	会计档案
会计凭证类	原始凭证、记账凭证、汇总凭证、其他会计凭证
会计账簿类	总账、明细账、日记账、固定资产卡片、辅助账簿、其他会计账簿
财务会计报告类	月度、季度、半年度、年度财务报告，包括财务报表、附表、报表附注及相关文字说明、其他财务会计报告
其他会计资料类	银行存款余额调节表、银行对账单、其他应当保存的会计核算专业资料、会计档案移交清册、会计档案保管清册、会计档案销毁清册

二、会计档案的管理

为加强会计档案的科学管理，统一全国会计档案管理制度，有效保护和利用会计档案，财政部、国家档案局于 2015 年修订并发布了《会计档案管理办法》，自 2016 年 1 月 1 日起执行。该办法主要内容如下。

（一）立卷

各单位每年形成的会计档案应由财务部门按照归档的要求，负责整理立卷或装订成册。

（二）保管

各单位当年形成的会计档案，在会计年度终了后，可暂由财会部门保管 1 年，期满之后，编造清册移交档案管理部门保管。因工作需要推迟移交的，应当经单位档案管理部门同意。

会计档案的保管期限分为永久、定期两类。定期保管期限一般为 10 年和 30 年，该年限为最低保管年限。会计档案的管理期限，从会计年度终了后的第一天算起。各会计档案的具体保管期限如表 11－2 所示。

表 11－2　企业和其他组织会计档案管理期限表

序　号	档案名称	保管期限	备　注
一	会计凭证		
1	原始凭证	30 年	
2	记账凭证	30 年	
二	会计账簿		
3	总账	30 年	
4	明细账	30 年	
5	日记账	30 年	
6	固定资产卡片		固定资产报废清理后保管 5 年
7	其他辅助性账簿	30 年	
三	财务会计报告		
8	月度、季度、半年度财务会计报告	10 年	
9	年度财务会计报告	永久	
四	其他会计资料		
10	银行存款余额调节表	10 年	
11	银行对账单	10 年	
12	纳税申报表	10 年	
13	会计档案移交清册	30 年	
14	会计档案保管清册	永久	
15	会计档案销毁清册	永久	
16	会计档案鉴定意见书	永久	

（三）移交

各单位会计管理机构在办理会计档案移交时，应当编制会计档案移交清册，并按照国家档案管理的有关规定办理移交手续。

（四）查阅

各单位应严格按照相关制度规定利用会计档案，在进行会计档案查阅、复制、借出时履行登记手续，严禁篡改和损坏。单位保存的会计档案一般不得对外借出。确因工作需要且根据国家有关规定必须借出的，应严格按照规定办理相关手续。

（五）鉴定

各单位应当定期对已到保管期限的会计档案进行鉴定，并形成会计档案鉴定意见书。

经鉴定,仍需要继续保管的会计档案,应当重新划定保管期限;对保管期满,确无保存价值的会计档案,可以销毁。

（六）销毁

会计档案保管期满,需要销毁时,由档案管理部门提出意见,会同财会部门共同监督,严格审查,编造会计档案销毁清册,上报审批。对于其中未了结债权债务的原始凭证,应单独抽出另行立卷,保管到结清债权债务为止。

销毁会计档案时,应由档案管理部门和财会部门共同派员监销。各级主管部门销毁会计档案时应由同级财政部门、审计部门派员监销。销毁后,监销人员在销毁清册上签名盖章,并将情况报本单位领导。销毁清册永久保存。

本章小结

会计工作组织是指为了适应会计工作的综合性、政策性、相关性和严密细致性的特点,对会计机构的设置、会计人员的配备、会计制度的制定与执行等工作所做的统筹安排。会计工作组织应遵循统一性、适应性、成本效益、内部控制及责任制要求原则。

一个单位是否需要单独设置会计机构,取决于单位规模的大小、经济业务和财务收支的繁简和经营管理的要求。会计机构的组织形式则是由企业的规模和它所负担的任务决定的,一般可分为独立核算机构和非独立核算机构。独立核算还可以采用集中核算、分散核算形式;非独立核算机构又可分为半独立核算和报账单位。会计机构应当合理设置岗位并明确岗位责任和权利。

我国现行会计规范体系有《中华人民共和国会计法》等法律、《企业财务报告条例》等准则、《企业会计准则——基本准则》及会计制度等部门规章、《企业会计准则——具体准则》及其应用指南等规范性文件。我国目前提出的会计职业道德要求具体有爱岗敬业、诚实守信、廉洁自律、客观公正、坚持准则、提高技能、参与管理、强化服务八项。

会计档案的管理是会计组织管理的重要内容。我国《会计档案管理办法》对会计档案的管理机构、整理档案、保存时间、借阅调阅、到期销毁等方面都做了具体规定。

知识拓展一　倡导"三坚三守",推进会计诚信

财政部于2023年1月12日制定印发了《会计人员职业道德规范》(以下简称《规范》)。这是我国首次制定全国性的会计人员职业道德规范。《规范》将新时代会计人员职业道德要求总结提炼为三条核心表述,即"坚持诚信,守法奉公""坚持准则,守责敬业""坚持学习,守正创新"。

(1) 坚持诚信,守法奉公。牢固树立诚信理念,以诚立身、以信立业,严于律己、心存敬畏。学法知法守法,公私分明、克己奉公,树立良好职业形象,维护会计行业声誉。

(2) 坚持准则,守责敬业。严格执行准则制度,保证会计信息真实完整。勤勉尽责、爱岗敬业,忠于职守、敢于斗争,自觉抵制会计造假行为,维护国家财经纪律和经济秩序。

(3) 坚持学习,守正创新。始终秉持专业精神,勤于学习、锐意进取,持续提升会计专业能力。不断适应新形势新要求,与时俱进、开拓创新,努力推动会计事业高质量发展。

三条要求逻辑清晰、层层递进:第一条“坚持诚信,守法奉公”是对会计人员的自律要求;第二条“坚持准则,守责敬业”是对会计人员的履职要求;第三条“坚持学习,守正创新”是对会计人员的发展要求。会计人员承担着生成和提供会计信息,维护国家财经纪律和经济秩序的重要职责。党的十八大以来,党中央、国务院部署加快社会信用体系建设、构筑诚实守信的经济社会环境,将会计人员作为职业信用建设的重点人群,要求引导职业道德建设与行为规范。倡导“三坚三守”,推进会计诚信建设,引导会计人员形成正确的价值追求和行为规范,对于提高会计工作水平和会计信息质量,加强社会信用体系建设,推动经济社会高质量发展具有重要意义。

知识拓展二　　CEO如何挑选CFO

放眼全球,CFO接替CEO的案例屡见不鲜,百事CEO英德拉·卢英德、西门子CEO乔伊·凯瑟、新浪董事长曹国伟、阿里巴巴CEO张勇等都是从企业内部的CFO起家。

CEO(首席执行官,Chief Executive Officer),是在一个企业中负责日常事务的最高行政人员,在公司或组织内部拥有最终的执行权利,其主要职责是任免经理人员、主持公司的日常业务活动、执行董事会决议等。作为公司三大功能板块之一的领导,CFO(首席财务官,Chief Financial Officer)则需要直接向CEO汇报工作。作为CEO的“助手”,CFO如何才能受到青睐呢?

CFO的传统身份是企业经营者和管控者,他们高效履行财务部门的核心职责,利用预算等工具维持企业内业务能力、成本等之间的平衡,同时又需要保障和维护企业重要资产,通过三张报表向利益相关者汇报企业的财务局面和运营情况。但随着全球经济前景不确定性加强、市场增速放缓,企业所面临的行业生态系统也在不断变化,CFO仅凭上述两个角色难以帮助CEO有效控制企业成本、提高企业价值、吸引资本关注。在新的商业环境中,CFO应当作为推动者,帮助CEO实现战略和财务目标,同时以长远的眼光,协助CEO把控企业的关键业务方向,制订长期战略计划。

可以看到,在未来,会计工作已经不再是衡量CFO的首要标准,CFO的转型关键在于其对业务知识的全面掌握和基于战略的内部协同,最终成为企业的瞭望者,帮助CEO制订未来征途的方向和起航的路程。公司组织如图11-1所示。

图11-1　公司组织图

本章思考题

1. 简述会计工作组织的含义及主要内容。
2. 组织会计工作应遵循哪些基本原则？
3. 简述我国现行会计规范的构成。
4. 会计职业道德要求包括哪些？
5. 我国会计人员应具备的基本条件是什么？
6. 会计人员的主要职责与权限有哪些？
7. 会计档案保管主要包括哪些？其各自保管期限是多长？

第十二章　会计信息化实务工作案例

引入案例

会计信息化是采用现代信息技术，对传统的会计模型进行重整，并在重整的现代会计基础上，建立信息技术与会计学科高度融合的、充分开放的现代会计信息系统。这种会计信息系统将全面运用现代信息技术，通过网络系统，使业务处理高度自动化，信息高度共享，能够进行主动和实时报告会计信息。它不仅仅是信息技术运用于会计上的变革，它更代表的是一种与现代信息技术环境相适应的新的会计思想。

学习目的与要求

1. 深入了解信息技术在会计业务处理中的具体应用；
2. 理解并掌握财务数据在会计软件中的基本操作流程；
3. 明确会计信息化工作的目的，了解会计信息化实务的未来发展方向。

第一节　企业电子银行业务的应用

1995 年 10 月，美国安全第一网络银行(Security First Network Bank，SFNB)在互联网上诞生，成为整个银行业全面转型的开端。这家银行可以为客户提供全天候 24 小时的服务，业务涉及信息传递、数据查询和交易支付等传统业务。它在开业后短短几个月就创造了近千万人次的浏览量，给金融界带来极大震撼。紧接着，电通银行(Telebank)、网通银行(Netbank)等一大批新兴网络银行迅猛崛起，花旗银行、大通银行、富国银行等老牌银行也奋起直追，纷纷调整营业布局，加快开展网上银行业务。相比传统银行，网上银行具有无可比拟的优势。它不需要修建遍布各地的营业网点，不需要雇用大量柜面操作人员，不需要支付昂贵的办公费用。比如美国安全第一网络银行刚成立时，员工总共不到 10 人，即使它的市值已达几十亿美元时，员工总共也不过 20 人左右。显而易见，用网上银行替代传统银行业务是一桩极其划算的事。由此，网上银行得以在短短数年间风靡全球，各家银行争先恐后投身于这场网上银行运动。时至今日，电子银行已经能够分流几乎所有的传统银行业务。在美国，近七成客户通过网银实现基本业务，网上投资正成为主流的投资方式；在欧洲，七成以上客户是通过网络进行银行业务；在中国，四大行中半数以上的业务是通过电子渠道完成。许多人再也不用在银行网点排着长队焦急地等待缴水电煤气费，有些人还可以足不出户逛“街”，银行网点里也越来越少看到单位财务人员出入银行配专车专人护送的场景。人们高兴地发现，将银行“搬”回家里或办公室里、把银行带在手上或揣在口袋里，是一件惬意的事。网银、电话银行、自助银行已成为引领银行业整体经营模式转型的战略工具，手机银行、电子商务支付等诸多新型业务也突飞猛进。电子银行渠道越来越深入地渗透到各个角落。而与此同时，金融机构和非金融机构共同提供金融服务，不同金融机构的差别分工日趋淡化的“大金融”格局也在逐步显现。

一、电子银行的概念

根据中国银行业监督管理委员会 2006 年 3 月 1 日施行的《电子银行业务管理办法》中的有关定义：“电子银行业务是指商业银行等银行业金融机构利用面向社会公众开放的通信通道或开放型公众网络，以及银行为特定自助服务设施或客户建立的专用网络，向客户提供的银行服务。电子银行业务包括利用计算机和互联网开展的银行业务（网上银行），利用电话等声讯设备和电信网络开展的银行业务（电话银行），利用移动电话和无线网络开展的银行业务（手机银行），以及其他利用电子服务设备和网络，由客户通过自助服务方式完成金融交易的银行业务。”

从服务渠道的角度，相对于银行网点柜台，电子银行（Electronic Banking）也可理解为利用电子化网络通信技术提供自助性离柜业务的银行服务渠道。它的范畴非常宽泛，广义的电子银行不仅包括网上银行、电话银行和手机银行等产品，还包括自助银行、短信金融、TV银行、家庭银行、电子商务在线支付等（见图 12－1）。

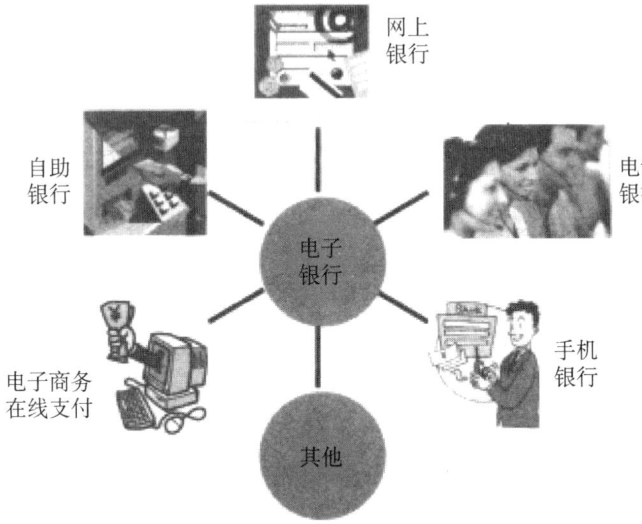

图 12－1　电子银行

二、电子银行的功能

（一）交易类

电子转账、个人小额抵押贷款、个人外汇买卖、企业外汇买卖、换兑、代收和代付费业务，比如从活期或信用卡账户代扣代缴水、电、煤气、电话费等。

（二）查询类

个人综合账户余额查询、交易历史查询、企业综合账户余额查询、支票情况查询、企业授信额度查询、企业往来信用证查询、客户贷款账户资料查询、汇兑状态查询、利率查询等。

（三）扩展业务类

证券交易、网上理财业务、信用卡网上商城、电子交易支付等。

（四）信息服务类

银行基本信息发布、银行促销信息发布、银行业务品种介绍以及银行储蓄网点、自动柜员机的分布情况等。目前，人们最常用的电子银行功能是交易类和查询类。现阶段国内大多数银行对电子银行的战略定位是：电子银行并不是盈利的主要手段，盈利也不是电子银行的主要目的，电子银行是银行吸引客户的手段，是银行为客户提供优质服务的手段。

三、电子银行的优势与作用

电子银行是社会信息化高度发展的产物，也是金融创新与科技创新的产物，其主要特征在于网络化和虚拟化。作为一项金融产品和服务，电子银行服务具有传统银行服务不可比拟的特点和优势（见表 12－1），这些特点有利于银行业满足客户需求、提升服务效率、提高服务质量和降低操作风险，有利于提高客户服务满意度和忠诚度。

表 12－1　商业银行服务渠道比较

服务渠道	物理网点	自助银行	电话银行	网上银行	手机银行
设备成本	最高	较高	较低	较低	低
服务范围	地理位置周边区域	地理位置周边区域	本行客户	所有互联网客户	本行手机用户
服务方式	人工面对面沟通服务	人机互动	系统远程服务＋人机远程服务	系统远程服务	系统远程服务
服务时间	每天 8 小时，每周 5～6 天	365 天 × 24 小时	365 天 × 24 小时	365 天 × 24 小时	365 天 × 24 小时
收入来源	存贷利差、手续费	利差、手续费等派生收入	利差、手续费等派生收入	利差、手续费等派生收入	利差、手续费等派生收入
服务对象	所有客户	所有客户	本行客户	互联网客户	手机用户
单笔交易成本	约 1.1 美元	约 0.25 美元	约 0.54 美元	约 0.1 美元	约 0.1 美元

（一）服务优势

① 自助服务，这是电子银行有别于传统柜台渠道的最大特点；② 超越时空的“AAA”（Anytime Anywhere Anyhow）式服务；③ 高度程序化、标准化的服务，依靠电子化技术完成

客户交易;④ 综合、全面、个性化服务,电子银行可替代大部分柜台业务,更能实现一站式金融、个性化设置等。

（二）成本优势

例如,就银行一笔业务的成本来看,手工交易的成本约为 1.1 美元,自助银行交易约为 25 美分,电话交易约为 54 美分,而网上银行交易的成本更可低至 10 美分以内,几乎为手工交易的 10%。因此,以电子渠道代替传统柜台渠道,将大大降低整体运营成本。

若是开办纯网络银行,其成本优势就更加明显了。据计算,在美国开办一家纯网络银行的成本仅为 100 万美元,因为所有必要的软件都是现成的。相比之下,建立一个传统的银行分行所需成本是 150～200 万美元,外加每年的附加经营成本 35～50 万美元,而这仅仅是建立一个分行的费用。在此基础上,网上银行的经营成本仅相当于经营收入的 15%～20%,而传统银行的经营成本则占收入的 60%。

（三）价格优势

由于运营成本低廉,使得电子银行有足够的条件和空间通过价格策略吸引大批量客户,价格是电子银行最主要的竞争利器。例如,1995 年设立的全球最早的网络银行——美国安全第一网络银行,当时传统银行针对账单支付平均每月收费 7.95 美元,而美国安全第一网络银行对普通支票账户每月收费 3.95 美元,并对最初的 200 张支票汇单免收费用,有息支票账户每月收费 4.5 美元,与此同时,美国安全第一网络银行还能提供全美国最高的存款利率。

（四）促进业务扩容与扩张

信息技术推进了经济的全球化进程,同样也推动了银行业的全球化。它只需借助互联网、通信网络等各种低成本渠道,便可以将金融业务延伸到全球的每个角落,世界上每个公民都成了它的潜在客户。电子银行是金融运营方式的革命,它使得银行竞争突破国界变为全球性竞争。同时它也为一些网点数量处于劣势的中小银行实现战略突围创造了条件。以我国首家突破“亿级”个人网银客户量的工商银行为例,工商银行的电子业务始于 2000 年前后,在全球互联网泡沫破灭的背后,工商银行开始大力推动“水泥＋鼠标”的业务发展模式。经过 10 年的发展,全行业务中已经有 60%的业务量由电子渠道完成。2011 年 3 月末,该行个人网上银行客户数突破“亿级”,达到 1.02 亿户。电子银行年交易额从 2000 年的 2 万亿元上升到了 2010 年的 248.8 万亿元,增长了 124 倍;交易数量达到 243.7 亿笔,年复合增长超过 60%。其电子银行结算量也从 2000 年的 40 万亿元上升到了 870 万亿元,增长了 22 倍。这些数字意味着,工商银行的电子银行业务量已经相当于 1.7 万个物理网点、17 万个柜员所办理的业务量。与此同时,截至 2011 年 4 月,工商银行已经在 17 个国家和地区开通了网银业务,发展境外网银个人客户超过了 10 万户,企业客户超过 1 万户。该行发言人曾表示:“电子银行已经成为我们转变方式的新推手。如果没有电子银行业务的发展,现有能力就无法承担,这等于再造了一个虚拟的工商银行。”2010 年全年,工商银行通过电子银行对传统业务的替代,共节约了经营成本约 260 亿元,2010 年的成本收入比仅仅为 30.99%,比 2009 年下降了 2.09%,低于同业 15%～20%。

（五）促进销售转型

首先，通过电子银行分流柜台压力，解放一部分网点人力，有利于网点的工作重心从交易向销售转变，实现零售网点的转型。

同时，基于电子化平台建立的客户数据库和客户信息系统可以实现对客户交易情况、资产情况的自动分析，可以大大提高营销的精准性和成功率，还能针对客户潜在需求匹配适合的银行产品。这有利于商业银行更好地开展客户关系管理，提升销售业绩，提高客户黏性和忠诚度。

四、案例精选——招商银行“科技兴行”电子银行战略

（一）电子化系统建设阶段

招商银行于1987年在深圳蛇口成立，起初它以对公业务为主，个人储蓄只占其业务的很少部分。20世纪90年代初，在电子网络和信息技术的推动下，银行业掀起巨变，技术创新、产品创新和业务模式创新层出不穷，尤其以个人理财为重点的零售银行蓬勃发展。电子银行也为中小银行实现战略突围创造了条件。此时招商银行敏锐地意识到，作为一家中小型商业银行，必须以建立现代企业制度和金融创新作为发展的目标，需要确立“科技兴行”的发展战略思想。1992年，当时的招行行长亲自带队专程赴美国和加拿大学习考察，选择合适的机型，以“统一管理、统一规划、统一需求、统一系统”为原则，高起点、高标准、高速度地建立起招行的银行业务电子化处理系统。并同时以储蓄业务为突破口，制定了“依托科技创新业务，创立品牌进入大市场”的储蓄发展思路。

（二）“一卡通”——银行卡与个人理财综合服务

1995年7月，基于统一的银行电子化系统，招商银行推出现今著名的金融品牌“一卡通”，以先进的计算机处理替代了已沿袭几十年的传统储蓄方式。“一卡通”是国内银行业第一家采取先进的客户号管理方式的银行卡，它将客户在银行的所有资金，包括本外币、定活期，甚至信用卡归集在同一客户号下，是完全的个人理财基本账户。这是以客户为主体的观念的革命，它不仅实现了储蓄业务从单一型、分散型向综合型、系统化处理的转变，而且实现了单纯储蓄业务向个人理财综合服务的质的飞跃。“一卡通”被同业誉为我国银行业在个人理财方面的一个创举，多次被评为消费者喜爱的银行卡品牌。

1996年6月，“一卡通”在国内率先实现储蓄全国通存通兑，这使招商银行的科技含量在全国迅速走在了前列。1999年12月，招商银行又与VISA国际卡组织合作发行北亚太区第一张“INTERLINK”卡，即互连“一卡通”。

（三）“一网通”——领跑国内网上银行

“一卡通”是招商银行技术创新的开篇，而“一网通”的推出并领跑网上银行则是招商银行走向技术领先的开端，并以科技兴行成为业界典范。

1997年4月，招商银行推出国内第一个银行网站。1998年4月，招行正式推出“一网

通"服务。1998 年 4 月 16 日，深圳的彭先生通过"一网通"向先科娱乐传播有限公司购买了一批价值 300 元的 VCD 光碟，完成了国内第一笔银行卡网上支付业务。"一网通"开创了"水泥＋鼠标"的业务模式，成为国内首家推出网上银行服务的银行。

在功能创新上，1998 年 6 月，招商银行推出中国第一个 B2C 网上支付系统，并在国内率先实现全国联网；1999 年建成了网上企业银行、网上个人银行、网上证券、网上商城、网上支付组成的完善的网络银行服务体系；截至 2000 年年底，它的个人网上银行用户中 80％以上的客户实现了在线支付业务；2001 年"一网通"自助贷款功能上线，标志着招行网银理财功能基本完善。目前，招行的个人网银已成为涵盖一卡通、信用卡、存折三大类个人产品的功能性平台。在此基础上，个人客户还可开展个人理财和个人财务综合管理。以它的个人网银专业版（MG 6.0.3.5）中一卡通业务为例，可发现该业务已囊括 176 项子功能模块，表 12－2所示为部分功能模块。

表 12－2　招商银行个人网银专业版功能范围

业务种类	功能模块
一卡通	我的财务、账户管理、卡内互转、转账汇款、自助缴费、投资管理、贷款管理、网上支付、理财计划、财务分析、功能申请
银行卡	账户管理、还款管理、自助缴费、网上支付、卡片管理、积分管理、网上申请、客户服务
存折	账户管理、自助缴费、投资管理、自助转账
财务管理	账户管理、记账对账、统计分析、计划预算、数据管理
专业版管理	系统管理、证书管理、关联卡管理

资料来源：招商银行个人网银专业版（MG 6.03.5）。

在安全技术方面，2004 年 4 月，"一网通"专业版推出移动数字证书，这促进了"专业版"的跨越式发展。招行网银的大众版与专业版从此成为国内网上银行研发的标准，并在 2006 年 6 月又升级为免驱动的"优 Key"，成为当时国内唯一支持"即插即用"功能的移动数字证书。2010 年 6 月，招商银行在国内率先推出"全能优 Key"，它以手机 Micro－SD 卡为介质，同时支持网上银行和手机大额转账，全方位升级银行安全服务。

在企业银行方面，招商银行自 1998 年 5 月推出中国第一个网上企业银行以来，一直注重对企业网银的品牌建设和业务创新。2008 年 5 月，招行发布网上企业银行全新品牌"U－BANK"，随后在 2009 年 4 月又推出全新企业网上银行门户——超级网上企业银行 SUPER－BANK。2010 年 7 月，招行在国内首次推出 3G 企业手机银行。

在多年的发展过程当中，招行始终坚持"科技兴行"的发展战略，注重以领先的技术优势为客户带来优质的使用体验。在国内同业中，招行网银一直以简单易用、操作快速、功能种类全面而广受好评，其个人网银业务堪称国内网银市场的标杆。据招商银行 2011 年中期报告显示，2011 年上半年，招行零售电子渠道综合柜面替代率达到 85.38％，其中零售网上银行替代率为 77.55％，在业内居最高水平。

第二节　Excel 在会计核算实务中的应用

Excel 电子表格，以其强大的数据处理和分析功能越来越引起会计人员的注意和重视，已被广泛应用于会计核算的各个环节。

Excel 会计核算工具，是运用 Excel 电子表格进行日常经济业务核算的一种工具，通过对 Excel 电子表格函数及公式的应用，利用简单的 VBA 代码和窗体的设计，完成日常经济业务的会计核算工作。

本节将对 Excel 会计核算工具的设计思路和工作流程进行详细说明，并根据会计核算工具的设计思路和工作流程来创建会计核算工具。

一、会计核算工具的设计思路

Excel 在会计核算实务中的应用，是通过一套完整的 Excel 会计核算工具来实现的。设计 Excel 会计核算工具，要有一个完整的设计思路，才能做到胸有成竹，才能有效、准确地完成会计核算工具的设计。

Excel 会计核算工具的设计思路如下：

(1) 在 Excel 中创建“会计核算工具.xls”工作簿(即 Excel 文件)，确定一个保护工作表，命名为“Protect”，其作用是登录或退出会计核算工具时不显示其他内容。另外，可将会计核算工具的使用者注册信息、权限设置等一些必备的辅助性设置放入此表中，并且做隐藏处理。

(2) 确定一个工作表作为会计核算工具的主页，命名为“主界面”。因为在打开 Excel 文件时，Excel 电子表格自身至少要求有一个可视的工作表出现，所以将一个工作表作为会计核算工具的主界面，而其他包含数据的工作表全部进行隐藏处理，这样做符合会计核算工具在安全性和保密性上的要求。在这个工作表里可以设置一个自己喜欢的图片作为主界面背景，另外可以设置一些常用图片作为按钮，便于平时的账务处理。

(3) 确定一个能够包括整个会计核算工具综合信息的工作表，命名为“年度科目汇总”。这个工作表在整个会计核算工具中起到统帅的作用，包括工具的初始设置数据及每个会计月份的综合财务数据。此表还可用于总分类账的实现，以及财务报表中资产负债表和利润表的实现。

(4) 在建立第 3 个工作表“年度科目汇总”之后，要考虑的就是综合的月度财务数据从何而来，这就要求新增一个工作表，用于导出这些综合的财务数据，即完成会计实务中科目汇总表的功能。Excel 电子表格有 3 个默认的工作表，所以放在“年度科目汇总”工作表后面的“科目汇总表”，就是新增加的第 4 个工作表。

(5) 有了“科目汇总表”，科目汇总表里的数据又从何而来？会计人员进行手工做账是用丁字账户，丁字账户汇总了一个会计周期的会计信息。把这些会计信息放到一个工作表里，利用 Excel 电子表格的函数及公式设置，让“科目汇总表”自动汇总这些信息，这样就完成了丁字账户汇总的功能。新增的第 5 个工作表命名为“凭证信息汇总”。

(6) 有了“凭证信息汇总”工作表,就要有单个的会计凭证信息录入操作,这时需要增加第6个工作表,用于编制会计凭证,命名为“凭证信息录入”。

(7) 录入了凭证信息,也就做好了会计凭证。手工状态下做好会计凭证就可以告一段落了,可是用电脑做账,没有纸质会计凭证的输出打印,是不符合会计制度规定的,所以需要增加第7个工作表,用于会计凭证的输出和打印,命名为“记账凭证”。

(8) 有了以上的数据,就可以编制会计报表,即再增加3个工作表,分别命名为“资产负债表”“利润表”和“现金流量表”。将这三大主表的内容定义为模板,这样,会计核算工具的会计报表功能就实现了。“资产负债表”和“利润表”的数据来源于“年度科目汇总”工作表,“现金流量表”的数据来源于“凭证信息汇总”工作表中的辅助设置。

(9) 会计核算中还要根据审核过的记账凭证进行登账,就是会计核算工具里总分类账和明细分类账的实现。然而,凭证信息都是按月汇总的,否则就无法按会计月度生成科目汇总表,所以还需要增加第11个工作表,用于放置每个月的会计凭证信息,命名为“凭证汇总总表”。在把会计凭证信息导入“凭证信息汇总”工作表的同时,也要导入“凭证汇总总表”工作表中,这样就为日后明细账的生成提供了依据。

(10) 生成明细账和总账,增加两个工作表用于生成明细分类账和总分类账,分别命名为“明细分类账”和“总分类账”。

Excel会计核算工具就是基于上述13张工作表来完成日常会计核算工作的。

二、会计核算工具的工作流程

有了Excel会计核算工具的设计思路,还要明确Excel会计核算工具的工作流程,这样才能真正全面把握和理解会计核算工具,完善会计核算工具的功能。

会计核算工具拥有13张工作表,具体到会计日常经济业务核算的过程和程序,其工作流程如下:

(1) 通过“Protect”工作表数据信息进行会计核算工具的登录,登录后显示会计核算工具“主界面”工作表,此时其他的12张工作表全部做隐藏处理;

(2) 和手工状态下的会计核算一样,接下来要做的就是录入会计凭证信息,录入的会计凭证信息分别保存到“凭证信息汇总”工作表和“凭证汇总总表”工作表中;

(3) “凭证信息汇总”工作表和“凭证汇总总表”工作表中保存的凭证信息,经复核签名后即可进行打印输出,其中“凭证信息汇总”工作表中的凭证信息可用于生成现金流量表和科目汇总表,“凭证汇总总表”工作表中保存的凭证信息可用于生成明细分类账;

(4) “科目汇总表”工作表中的信息导入到“年度科目汇总”工作表,“年度科目汇总”工作表中这些综合的会计数据可用于“总分类账”“资产负债表”和“利润表”的生成,同时“年度科目汇总”工作表中的部分数据可用于生成明细分类账的期初余额。

会计核算工具的工作流程如图12-2所示。

提示:在图12-2所示的工作流程图里,没有“记账凭证”工作表的显示痕迹,是由于该工作表是会计凭证打印输出的载体,“凭证复核,打印输出”中的“打印输出”即借助于“记账凭证”工作表完成的。

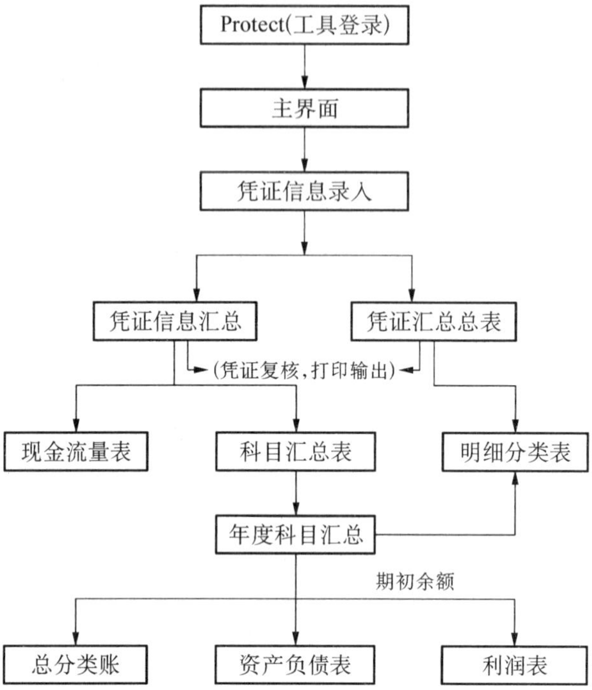

图 12－2　会计核算工具工作流程图

第三节　企业网上纳税申报流程

纳税申报是指纳税人按照税法规定的期限和内容向税务机关提交有关纳税事项书面报告的法律行为，是纳税人履行纳税义务、承担法律责任的主要依据，是税务机关税收管理信息的主要来源和税务管理的一项重要制度。纳税人使用网上申报系统，通过互联网填报申报信息，实现税款缴纳，具有以下几个优点：

(1) 成本低。可减少办税服务厅内申报人员的数量，减轻征收工作压力，有效提高服务质量。而使用远程电子申报纳税系统的纳税人只需要向税务机关缴纳一次性开通手续费。

(2) 高效。技术先进，操作简便，实时性好，中间环节少。税务部门可以减轻征收成本，提高办事效率。

(3) 方便。纳税人不受时间和场地的限制，足不出户即可完成申报纳税。

(4) 快捷。纳税人可以全天 24 小时使用本系统，避免了到办税服务厅申报时的拥挤，减少了等候时间，提高了工作效率。

(5) 安全。减少了纳税人因携带现金申报纳税产生的不必要的风险。

企业网上纳税申报，一般先后有开通纳税申报权限和网上纳税申报操作两个环节。下面以江西省一般增值税纳税人为例详细介绍网上纳税申报流程。

一、开通纳税申报权限

(1) 登录国家税务局网站,通过“网上办税”栏目进入,点击“注册”将出现一份申请表格。

(2) 填写完成表格中的相关栏目,然后点击“提交”。

(3) 提交成功后,打印该申请表并盖上公章,携带该申请表和税务登记证副本复印件、法人身份证复印件、“纳税申报方式申请审批表”(在网站“下载中心”——表证单书栏目可以下载)到主管税务机关申请开通权限。

二、网上纳税申报操作

(1) 纳税申报权限开通后,纳税人可以在国家税务局网站上进入“网上办税”栏目,输入用户名(纳税人识别号)和密码(纳税人注册时自行设定的密码)。

(2) 登录后点击“网上申报”,选择“增值税”。

(3) 在增值税一般纳税人申报下方点击“获取进销项发票”。

(4) 先后弹出免责声明、结构提示,确认信息的提示窗口,分别点击“确定”。

(5) 核实增值税纳税申报表附列资料“(一) 本期销售情况明细”和资产负债表后,在提示信息保存成功窗口分别点击“确定”。

(6) 进入“汇算清缴”,点击“进入申请表发送”,选择“申报表发送”,在弹出的显示信息窗口点击“确定”。

(7) 用办税员身份输入手机验证码进入申报结果查询,核实申报成功与否。

(8) 如果发现一般纳税人网上纳税申报之后,查出有对比不符合的,要及时查明原因,不能随意自行在申报表中做调整来进行申报。

图 12-3 为江西省电子税务局操作首页,学习中可进入网站,在“温馨提示”中下载以下资料:① 第一次使用指引;② “检查系统办税环境”;③ “下载网上税务局办税工具包”;④ “下载网上税务局操作手册”。

图 12-3　江西省电子税务局操作首页界面

三、必要申报资料报送

(1) 网上报税还需报送作为财务分析依据的财务报表，以验证报表的平衡及勾稽关系。这些财务报表包括资产负债表(月报)、损益表(月报)、应上缴各税及其他款项情况表、主营业务收支明细表(年报)、利润分配表(年报)、现金流量表(年报)。

(2) 采用网上报税的业户必须定期向主管税务机关报送纸质申报资料：通用纳税申报表、资产负债表、损益表、其他需报送的资料。

纳税人在向税务机关报送纸质资料时，要求必须在每份资料的纳税人名称处加盖单位公章。按照上述列出的需报送资料的顺序定期向办税服务厅报送。

第四节 企业财务软件基本工作流程

财务软件是指专门用于完成会计工作的计算机应用软件，属于企业管理软件，包括一系列采用各种计算机语言编制，通过指挥计算机完成会计工作的程序代码和技术资料。它用于配合计算机完成记账、算账、报账，以及辅助财务管理和财务决策等工作。

20 世纪 80 年代初期，很多单位自主开发简单的财务软件，这些自主开发的财务软件周期长，成本高，质量低，很难进行大规模的推广。1989 年财政部出台了针对财务软件的规定，催生了商业化财务软件。此后，由于计算机软硬件技术的飞速发展，财务软件也随之蓬勃发展。进入 21 世纪以后，计算机硬件的升级、软件技术的提高和图形学的发展共同促进了财务软件从简单的数字化报表升级为图形化的交互式财务报表，能够以更形象更直观的方式体现在企业的财务工作中。

财务软件的普及改变了传统会计的数据处理方式和账务处理方式。财务软件的应用代替了人工记账、算账和报账，以及部分代替人脑完成对会计信息的分析、预测和决策的过程。具有运算速度快、存储容量大、信息共享便捷、编制报表简单、检索数据高效、数据分析准确等特点，从而使会计核算工作得到细化、深入地发挥了参与管理的职能，对我国会计工作产生了重要的影响。

目前，财务软件的使用非常普遍，企业根据各自需求选定不同的财务软件，国内用户使用较多的财务软件有用友财务软件、金蝶财务软件、易飞财务软件、速达财务软件、浪潮财务软件、管家婆财务软件等。

一、财务软件的主要账套角色

(1) 业务人员，即经济业务执行的主体(如采购人员、销售人员、后勤人员等)。

(2) 凭证编制人员，即将经济业务信息转换成会计信息——记账凭证的人员。

(3) 凭证审核人员，即对凭证的正确性、合法性、合规性进行审核的财会人员，与凭证编制人员不能为同一人。

(4) 记账与结账人员，即负责将凭证信息转换为账簿信息以及月末进行结账的财会人员。

(5) 查询与分析人员，即对于企业的财务信息有权查询的人员以及对企业财务状况和经营成果有权查询的人员（包括财会人员、财务经理、总经理等）。

二、财务软件的账务处理步骤

(1) 在系统启用时，由凭证编制人员将本单位的基本会计信息（如企业基本信息档案、科目编码和名称、期初余额、客户档案、供应商档案、财会人员档案、仓库档案等），通过初始设置模块输入计算机，并保存在企业基础信息文件中。

(2) 日常经济业务发生时，业务人员将原始单据提交给财会部门。可以根据原始单据编制凭证，也可以由凭证处理人员编制纸质记账凭证，然后在企业基础会计信息的支持下，通过键盘输入记账凭证，经检查无误后，保存在临时凭证文件中。

(3) 从临时凭证文件中获取凭证，并进行审核。审核通过后则对记账凭证做审核标记，否则，将未通过审核信息提交业务人员。

(4) 记账。由记账人员操作计算机自动地将临时凭证文件中已审核凭证进行记账，分别更新汇总文件、历史凭证文件、企业银行账单文件等，并将临时凭证文件中已记账的凭证删除。

(5) 结账。会计期末结账人员操作计算及自动根据凭证模板生成实时凭证（机制凭证），保存在临时凭证文件中，供记账使用；当所有凭证都记账后，计算机自动计算出本月合计、本年累计数据。

(6) 根据企业银行账文件和银行对账单文件中的银行业务进行自动对账，并生成对账结果。

(7) 查询与生成报表，计算机根据各种数据文件自动、实时生成日记账、明细账（某科目、部门、项目等明细账）和总账，以及各级管理者所需的会计报表和内部分析报表。

三、财务软件的应用工作框架

财务软件的应用工作框架如图 12－4 所示。

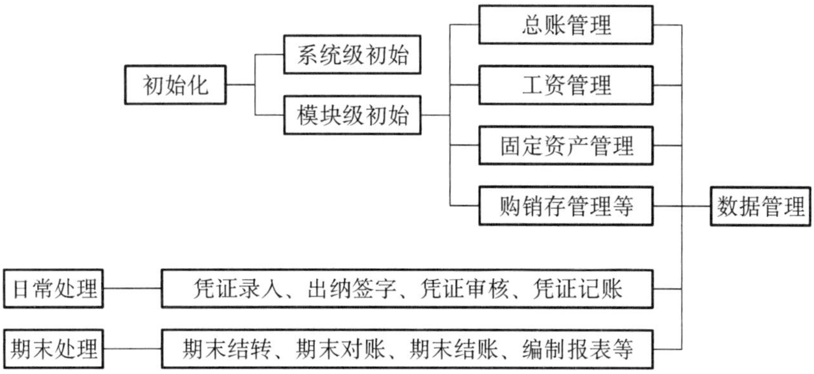

图 12－4　财务软件应用工作流程

（一）初始化

系统初始化是在首次使用财务软件系统时，根据企业情况进行参数设置，并录入基础档案与初始数据的过程。系统初始化的内容包括系统级初始化和模块级初始化。

1. 系统级初始化

系统级初始化内容主要包括创建账套并设置相关信息、增加操作员并设置权限，设置公共基础信息等。

2. 模块级初始化

模块级初始化内容主要包括设置系统控制参数、设置基础信息，录入初始数据等。

（二）日常处理

日常处理是指在每个会计期间内，企业日常经济活动中发生重复频繁的业务处理，包括凭证录入、出纳签字、凭证审核、凭证记账等都属于财务软件的日常处理范围。

（三）期末处理

期末处理是指在每个会计期间的期末所要完成的特定业务，包括期末结转、对账、结账、编制报表等业务都属于财务软件的期末处理范围。

（四）数据管理

在财务软件应用的过程中应注意对数据的管理。

1. 数据备份

数据备份是指便于后续使用，将财务软件的数据输出并保存在其他存储介质上，主要包括账套备份和年度账备份等。

2. 数据恢复

数据恢复与数据备份是相反的过程，是指将备份的数据使用财务软件恢复到计算机硬盘上，也称为数据还原，主要包括账套还原、年度账还原等。

四、财务软件基本流程工作案例(以系统级初始化为例)

（一）案例资料

在系统管理中，按照以下信息建立账套：

(1) 账套信息。

账套号:001;账套名称:江西国控物流投资发展有限公司;采用默认账套路径;启用会计期:2×22 年 1 月(会计期间设置:1 月 1 日至 12 月 31 日)。

(2) 单位信息。

单位名称:江西国控发展有限公司;

单位简称:国控发展。

(3) 核算类型。

记账本位币:人民币(RMB);企业类型:工业;行业性质:2007 年新会计准则;账套主管:邱谷静;按行业性质预置科目。

(4) 基本信息。

对存货、客户、供应商进行分类核算,有外币核算。

(5) 业务流程。

采购流程、销售流程均选用标准流程。

(6) 分类编码方案。

科目编码级次:4222;客户分类编码级次:222;存货分类编码级次:222;供应商分类编码级次:222。

(7) 数据精度定义。

存货数量、存货单价、开票单价、件数、换算率小数位均设为 2。

(8) 系统启用。

总账、固定资产、工资管理、购销存管理等的启用会计期间均设为 2×22 年 1 月 1 日。

(二) 具体操作

(1) 双击桌面上"系统管理"快捷方式,打开系统管理界面,在该界面执行"系统—注册"命令。

(2) 在打开的"注册【控制台】"窗口输入用户名和密码。

(3) 单击"确定"按钮,以系统管理员的身份进入系统管理。

(4) 在系统管理界面,执行"账套—建立"命令。

(5) 在打开的"创建账套—账套信息"窗口中,根据要求输入账套信息。

(6) 单击"会计期间设置"按钮,进入"会计月历—建账"窗口,设置会计期间为 1 月 1 日至 12 月 31 日。

(7) 单击"确定"按钮,返回"会计月历—账套信息"窗口,单击"下一步"按钮,进入"创建账套—单位信息"窗口,根据要求输入单位名称和单位简称。

(8) 单击"下一步"按钮,进入"创建账套—核算类型"窗口,根据要求设置本位币、企业类型、行业性质、账套主管等,勾选"按行业性质预置科目"。

(9) 单击"下一步"按钮,进入"创建账套—基础信息"窗口,根据要求在相应的复选框勾选"存货分类""客户分类""供应商分类"。

(10) 单击"下一步"按钮,进入"创建账套—业务流程"窗口,根据要求选择"标准流程"。

(11) 单击"完成"按钮,系统弹出"创建账套—是否创建"对话框,提示"可以创建账套了么?"。单击"是"进入"分类编码方案"窗口,根据要求设置编码级次。

(12) 单击"确认"按钮,进入"数据精度定义"窗口,根据要求,小数位均设为 2。

(13) 单击"确认"按钮,系统弹出"创建账套—创建成功"对话框,提示账套创建成功。单击"确定"按钮,系统弹出"创建账套—启用账套"对话框,提示"是否立即启用账套"。

(14) 单击"是"按钮,进入"系统窗口",在窗口中,选择相应的复选框,在弹出的"日历"窗口中设置日期"2×22 年 1 月 1 日"。

(15) 以同样操作方法设置总账、工资管理、购销存管理等系统的启用日期，设置完成后，单击“退出”按钮。

本章小结

本章旨在让学生了解信息化技术在会计中的应用实务。信息化技术是以微电子技术、光电子技术、计算机技术、网络技术、软件开发技术和通信技术为核心的高科技技术。一般认为，信息化技术具有两个明显的特点：一是将微电子技术、光电子技术、计算机技术、网络技术、软件开发技术和通信技术紧密地结合在一起；二是把分处异地的许多用户之间的信息传递通过一个转接网，控制在一个系统内，形成互联网络，从而为高效能、大容量地收集、处理、存贮信息，为系统、全面、准确地提供和反馈信息，为对大量信息开展综合分析和预测，进而为制定与优选决策方案、检查决策执行情况提供有效的技术保障。会计信息化是未来会计实务发展的热门领域，也是会计人员能力提升的重要方面。

知识拓展一　“互联网＋会计”时代来临

一、什么是“互联网＋”？

“互联网＋”是把互联网的创新成果与经济社会各领域深度融合，推动技术进步和组织变革，提升实体经济创新力和生产力，形成更广泛的以互联网为基础设施和创新要素的经济社会发展新形态。在计算机信息技术对各行各业的影响力越来越大的今天，随着互联网技术的高速发展，我国进入了“互联网＋”时代，在这个时代背景下，会计行业也迎来了新的发展和机遇。

二、什么是“互联网＋会计”时代？

会计工作的许多方面也与互联网开始深入融合，网络代理记账、在线财务管理咨询、云会计与云审计服务等第三方会计审计服务模式初现端倪；以会计信息化应用为基础的财务一体化进程不断提速、财务共享服务中心模式逐渐成熟；联网管理、在线受理等基于互联网平台的管理模式成为会计管理新手段；在线联机考试、远程培训教育等已成为会计人才培养的重要方式。

“互联网＋会计”时代的发展越来越细化，趋势越来越明朗，从提高会计行业的服务水准到促进网络平台的有效建立，再到改善会计资源的不均分配等。在发展的同时存在一些问题，需要不断提高专业会计人员的计算机技术、会计分析技术的开发水平以及财务体系的信息安全等，这些也是时代赋予会计人员成长的挑战和进步的机遇。

三、“互联网＋会计”的时代新方向

(一)“互联网＋”为会计技术的发展提供了新支撑

随着云计算、大数据、移动互联网等新兴技术的快速发展，会计信息处理更实时、动态、集中，会计核算更规范、高效、便捷，信息技术的发展为会计技术的演进升级提供了有力支撑。

(二)“互联网＋”为会计人员的转型带来了新机遇

在互联网技术和大数据融合的辅助下，单位构建涵盖财务分析与预测、财务战略规划、资本市场运作、全面预算管理、风险控制和绩效管理等较为完备的现代化管理体系成为可

能，这将有助于会计核算向价值管理转型，推动管理会计独特作用进一步体现。

（三）"互联网+"为会计职能的转变创造了新环境

随着网络技术的迅速发展，会计职能已从传统的"信息处理和提供"转向"信息的分析使用和辅助决策"，从"事后算账"转向"事前预测、事中控制"。加快推进"互联网+"，有利于更好地发挥会计的预测、计划、决策、控制、分析、监督等功能，推动会计工作提质升级。

知识拓展二　区块链技术对财务共享中心带来的变革

一、什么是财务共享中心？

将易于标准化的财务业务进行流程再造与标准化，并由共享服务中心统一对其进行处理，是近年来出现并流行起来的一种财务业务处理模式，是将不同地域的实体的会计业务拿到一个共享服务中心来统一处理的方式。财务共享服务中心在信息技术的基础上，利用各种新兴的技术手段，搭建财务共享服务平台，将全球范围内的会计核算集中起来，提高财务工作的效率，既有必要性，又有可行性。

二、什么是区块链技术？

区块链技术的问世给传统的会计、审计领域带来了许多新的启示。"四大"之一的德勤率先开始试验区块链技术，建立了一站式区块链平台。区块链是分布式数据存储、点对点传输、共识机制、加密算法等计算机技术的新型应用模式。它本质上是一个去中心化的分布式账本数据库，其中的区块是很多交易数据的集合，它被标记上时间戳和之前一个区块的独特标记。

三、基于区块链技术对财务共享服务中心带来的技术变革

（一）采用分布式记账模式削减授权流程

当前财务共享服务中心普遍采用的仍旧是 ERP 系统，属于集中式记账模式。在这种模式下，不同职级和不同岗位拥有不同权限，各级子账本都要接受上级监督，各终端、次中心、中心的管理职能分设，需要层层授权、审批和复核才能保证可靠性和规范性。财务共享服务中心的建立是为了利用规模效应降低成本，其中很大一部分是授权成本。将数据库中心放在总部并在总部中心进行规模化操作的模式使得整个集团的授权流程减少，并改变了授权的分布，使之从各个分布的"终端—中心"模式变成整个集团的"终端—中心"模式。但是这样的模式并没有完全解决授权问题，出现了部分业务信息反复进行传递与审批、总部过于臃肿和分布基层人员积极性不高的问题，还引发了新的安全性风险。采用区块链的分布式记账模式则打破了节点之间不平等的问题，也就是授权问题。由全网节点共同运行一个账本，即使节点处于不同的地理位置，都记录和保存了全部交易信息，并且无法被篡改。

（二）选取私有链模式形成半去中心化系统

私有链(Private Blockchain)是区块链的一种模式，指其写入权限由某个组织和机构控制的区块链，参与节点的资格会被严格限制，但是读取权限是完全对外开放的，所以是一种半去中心化的可审计的系统。由于参与节点是有限和可控的，因此私有链往往可以有极快的交易速度、更好的隐私保护、更低的交易成本、不容易被恶意攻击，并且能做到身份认证等金融行业必需的要求。如果企业运用完全开放的分布式记账模式，财务共享服务中心已经不具备减少运营成本的优势，因为各个分公司单独配备财务人员仍旧可以高效地进行日常

账务处理和资源管理。半开放的私有链模式是一个最佳的选择。在这种模式下,有部分业务并非是与客户、供应商、投资者等所形成的共识机制,对于这部分的业务,财务共享服务中心仍旧具有规模化效应减小成本的优势。并且从实质来看,分布式账本与财务共享服务中心所承载的共享账本概念上是同质的。

(三)整合升级分公司财务部,重点偏向财务分析岗和本地依赖度高的业务

传统的财务共享模式下,基层财务人员完全沦为了辅助岗,只是机械地向总部中心传递原始凭证,缺乏同分公司销售人员的沟通,而总部中心不能及时对报税这种本地依存度高的业务进行信息的更新,与当地税务部门缺乏联系,很有可能造成税务成本和税务风险的提高。在区块链技术支持下的财务共享模式中,由于节点之间已经是平等的,各级授权减少,集团的运营成本已经比现有的财务共享模式大幅降低。所以应该恢复分部门的财务部门,保留本地依赖度高的业务,比如税务等,同时加大对财务分析岗的投入,将总部中心的战略财务中心功能授权到各个分公司,这样才能更好地因地制宜,实现资源的高效利用。财务共享依旧依靠同一个分布式账本进行共享,此时每一个分部都可以成为一个共享中心。

本章思考题

1. 什么是信息化技术?信息化技术对会计未来发展有何影响?
2. 思考会计人员在会计信息化实务中应具备哪些能力。
3. 思考企业会计信息化建设需要做哪些基础性工作。
4. 思考会计信息化对传统会计流程的挑战,将会有哪些变革。

会计专业学习资料

一、会计经典理论类书目

1. [美] 迈克尔·查特菲尔德.会计思想史[M].文硕，董晓柏，译.北京：中国商业出版社，1988.
2. 美国会计学会(AAA).基本会计理论[M].文硕，等，译.北京：中国商业出版社，1991.
3. [美] R.G.布朗，等.巴其阿勒会计论[M].林志军，等，译.上海：立信会计图书用品社，1988.
4. [美] A.C.利特尔顿.会计理论结构[M].林志军，等，译.北京：中国商业出版社，1988.
5. [美] 财务会计准则委员会.论财务会计的概念[M].娄尔行，译.北京：中国财政经济出版社，1992.
6. [美] 埃尔登·S.亨德里克森.会计理论[M].王澹如，等，译.上海：立信会计图书用品社，1987.
7. [英] C.W.诺比斯，R.H.帕克.比较国际会计[M].潘琰，等，译.大连：东北财经大学出版社，2002.
8. [美] 罗斯·L.瓦茨，杰罗尔德·L.齐默尔曼.实证会计理论[M].陈少华，黄世忠，等，译.东北财经大学出版社，2000.
9. [美] 阿迈德·贝克奥伊.会计理论[M].钱逢胜，等，译.上海：上海财经大学出版社，2004.
10. [加拿大] 威廉姆·R.斯科特.财务会计理论[M].陈汉文，等，译.北京：机械工业出版社，2006.
11. [英] 鲍普·瑞安，罗伯特·W.斯卡彭斯，迈克尔·西奥博尔德.财务与会计研究方法与方法论[M].戴德明，等，译.北京：机械工业出版社，2004.
12. 陈今池.西方现代会计理论[M].上海：立信会计出版社，2007.
13. 葛家澍，林志军.现代西方会计理论[M].厦门：厦门大学出版社，2001.
14. 许家林.西方会计学名著导读[M].北京：中国财政经济出版社，2004.
15. 郭道扬.中国会计史稿(上、下)[M].北京：中国财政经济出版社，1982.
16. 郭道扬.会计发展史纲[M].北京：中央广播电视大学出版社，1984.
17. 郭道扬.会计史研究(第1卷、第2卷、第3卷)[M].北京：中国财政经济出版社，2004.
18. 郭道扬.郭道扬文集[M].北京：经济科学出版社，2009.
19. 陈信元，等.新中国会计思想史[M].上海：上海财经大学出版社，1999.
20. 文硕.西方会计史(上)[M].北京：中国商业出版社，1987.
21. 葛家澍，刘峰.中国会计大典——会计理论[M].北京：中国财政经济出版社，1998.

22. 葛家澍，刘峰.会计理论[M].北京：中国财政经济出版社，2003.
23. 吴水澎.会计理论[M].北京：机械工业出版社，2007.
24. 汤云为，钱逢胜.会计理论[M].上海：上海财经大学出版社，1997.
25. 于玉林.现代会计理论——会计系统论、会计信息论与会计控制论[M].北京：经济科学出版社，2004.
26. 于玉林，李瑞生.会计基础理论研究[M].北京：经济科学出版社，2001.
27. 杨时展(沈如琛选编).杨时展论文集[M].北京：企业管理出版社，1997.
28. 易庭源.资金运动会计理论[M].武汉：湖北科学技术出版社，1990.
29. 许家林.会计理论[M].北京：中国财政经济出版社，2008.
30. 汪祥耀，等.中外会计审计准则研究与比较丛书[M].上海：立信会计出版社，1996—2010.
31. 中国会计学会.中国会计研究文献摘编(1979—1999)——会计基础理论卷、财务会计卷[M].大连：东北财经大学出版社，2002.
32. 财政部会计准则委员会.会计准则研究文库(1—3)——会计的基本假设与会计目标、会计信息质量特征、会计要素与财务报告[M].大连：大连出版社，2005.

二、会计工具书类

1. 杨纪琬.中国现代会计手册[M].北京：中国财政经济出版社，1988.
2. 项怀诚.新中国会计五十年[M].北京：中国财政经济出版社，1999.
3. 中国会计年鉴编委会.中国会计年鉴(1996 始，每年 1 卷，光盘)[M].北京：中国财政杂志社.
4. 于玉林.会计大百科辞典[M].上海：上海财经大学出版社，2010.
5. 张文贤.21 世纪 100 个会计难题[M].上海：立信会计出版社，2010.

三、会计实务类

1. 中华人民共和国财政部会计司."会计准则丛书"(1993—2005 年)[M].北京：中国财政经济出版社.
2. 中华人民共和国财政部.企业会计准则[M].北京：经济科学出版社，2006.
3. 中华人民共和国财政部.企业会计准则指南[M].北京：中国财政经济出版社，2006.
4. 中华人民共和国财政部.企业会计制度(2001)[M].北京：经济科学出版社，2001.
5. 中华人民共和国财政部.会计基础工作规范[M].北京：经济科学出版社，1996.

四、专业期刊类

1. 经济研究.中国社会科学院经济研究所.
2. 管理世界.国务院发展研究中心.
3. 会计研究.中国会计学会主办.
4. 审计研究.中国审计学会主办.
5. 中国财务与会计研究.清华大学、香港理工大学主办.
6. 中国会计评论.北京大学等高校联合主办.
7. 会计论坛.中南财经政法大学会计研究所主办.
8. 中国会计学刊.由香港城市大学和中山大学创办.

9. 当代会计评论.厦门大学会计发展中心主办.
10. 财务与会计,中国注册会计师和中国审计.
11. 财会通信,财会月刊和会计之友.
12. Accounting Review.AAA 主办.
13. Journal of Accounting Research.芝加哥大学布斯商学院会计研究中心主办.
14. Journal of Finance and Economics.罗彻斯特大学威廉・西蒙工商管理研究院主办.
15. Journal of Accounting and Economics.罗切斯特大学威廉姆・E.西蒙工商管理研究生院主办.
16. Accounting Horizons.AAA 主办.
17. Accounting,Organisations and Society.英国会计学会主办.
18. Journal of Accountancy.AICPA 主办.
19. Accountancy.ICAEW 主办.
20. 会计研究月刊.台湾,财团法人会计发展研究基金会主办.

五、专业学习网址

1. 中华人民共和国财政部(会计司)——政策解读:http://kjs.mof.gov.cn/zhengwuxinxi/zhengcejiedu/
2. 中国会计学会:http://www.asc.net.cn/
3. 中国注册会计师协会:http://www.cicpa.org.cn/
4. 中国大学 MOOC(慕课)_国家精品课程在线学习平台:https://www.icourse163.org/
5. 爱课程:http://www.icourses.cn/home/